Haar naam is Ragel

'n Roman

HELENA HUGO

LUX VERBI

Haar naam is Ragel

Uitgegee deur Lux Verbi,
'n druknaam van NB-Uitgewers,
'n afdeling van Media24 Boeke (Edms) Bpk,
Heerengracht, Kaapstad 8001
www.luxverbi.co.za

Teksversorging deur Louise Steyn en Elmarie Botes
Omslag en uitleg deur Marthie Steenkamp
Gedruk en gebind deur Interpak Books, Pietermaritzburg

Eerste uitgawe, eerste druk 2013
Tweede druk 2013

ISBN 978-0-7963-1604-2 (sagteband)
ISBN 978-0-7963-1605-9 (ePub)
ISBN 978-0-7963-1719-3 (mobi)

Vir bestellings en navrae, skakel 0861 668 368

Opgedra aan Johan en Lida Botha
wat die kinders van Leipoldtville leer lees het.

'n Gekerm word op Rama gehoor,
'n gehuil en groot gejammer:
Ragel treur oor haar kinders
en wil nie getroos word nie,
omdat hulle nie meer daar is nie.

– MATTEUS 2:18

Erkennings

Die Bybelse Ragel, wat simbolies vir 'n groep treurende vroue van Rama instaan, bly 'n vae figuur – tot jy haar as mens leer ken. Dan word sy jou vriendin wat haar enigste kind aan die dood afgestaan het. Jy herken haar pyn, jy het dit self ook ervaar. Jy besef dat dit nie net sy is wat ly nie. Daar is ook naasbestaandes, ouers en mans en broers en susters. Jy huil en bid saam met hulle, soek na antwoorde en genesing, probeer om die Ragels wat op jou pad kom, beter te verstaan.

Sy het haar in 2004 op 'n besondere wyse by my kom aanmeld toe my pa, wat nou reeds oorlede is, die feministiese teoloë, Serene Jones en Cynthia L. Rigby se lesing: *Sin, Creativity, and the Christian life* vir my gepos het. Ek het nooit besef dat hierdie Ragel dertig jaar lank aan post-traumatiese skok gely het nie. Maar toe het sy Jesus ontmoet. Net Hy kan troos en vernuwe. Daarvoor en vir al sy goeie gawes, dank ek my hemelse Vader. Sonder Hom is daar niks om te sê of te skryf nie.

Aan almal wat meegewerk het om die tema in 'n manuskrip en die manuskrip in 'n boek te verander: baie dankie. Aan my uitgewer, Veronica Scholtz, wat my voorlegging aanvaar het en my vir LuxVerbi gekontrakteer het. Dankie, Veronica, vir jou vertroue en volgehoue meelewing. Dankie, Louise Steyn, vir kundige verhaaladvies en sensitiewe redigering, Elmarie Botes wat geduldig geproeflees het en Marthie Steenkamp vir die treffende omslag en smaakvolle bladontwerp. Dankie vir die verkoops- en reklamespan wat moeite doen.

Ek kan nie nalaat om Johan en Lida Botha te bedank vir inligting oor hul tuisdorp nie. Ek bewonder jul onvoorwaardelike liefde vir ander mense se kinders. Dankie, Francois Gouws, vir jou waardevolle bydrae oor aptekers. Vir my man, Henk, jou kennis en insig en fyn waarneming is, soos altyd, my finale vangnet.

Ek het groot waardering vir jou, my leser.
Kom ons leer saam.
Met liefde in Jesus,
Helena

Een

Tienie trek die motorsleutels uit en draai na Ragel. Haar gesigsuitdrukking versag. Sy lyk moederlik.

"Ek sal saam met jou ingaan … as jy wil … as jy nie kans sien nie."

Sy is tien jaar ouer as Ragel, wat twee en veertig is – dus nie oud genoeg om Ragel se ma te wees nie. Maar sy glimlag soos 'n moeder wat haar kind bemoedig. Ragel ken daardie glimlag. Hulle is enigste niggies en Tienie was van dogtertjiedae so beskermend teenoor haar.

"Hoe voel jy nou?"

Ragel het nie woorde nie. Die pyn in die regterkant van haar gesig sing soos 'n sonbesie deur haar kop. Sy het nie vanoggend van Stephan se pille geneem nie, te bang sy raak lighoofdig en kan nie vir die dokter verduidelik presies waar en hoe nie. Nou is sy spyt. Sy knyp haar oë toe en pers haar lippe op mekaar.

"Sit, ek maak oop."

Tienie buk, haal haar handsak onder haar sitplek uit.

"Jy wil winkels toe!"

Ragel klink vir haarself soos 'n uitroepteken, 'n skewe uitroepteken. "Ek kan later, môre of so … baie tyd …"

Die motordeur aan Tienie se kant gaan oop. Haar stem raak
verdoof deur die geraas van verbygaande motors. Koue lug stroom in.
Die deur klap toe.

Ragel soek na die knip van die veiligheidsgordel. Die pyn skiet
deur haar kakebeen, ontplof teen die binnekant van haar skedel, stuur
skokgolwe deur haar slape. Sy kelk haar wang in haar hand, vang
die pyn op, hou dit vas. Dit kom tot rus, bly ten minste op een plek,
opgedam tot oorlopens toe. Sy staar deur die venster na 'n windver-
waaide vrou wat met 'n kinderwaentjie en 'n kleuter aan die hand oor
die straat draf. Lyk soos Frankie. Hy is nie Frankie nie.

*Liewe moedertjie, pas tog op, kyk regs en links en weer regs. Versigtig
met die waentjie. Sommige motoriste sal nie stadiger nie.*

Hulle wag op die middelman, die kleuter spring op en af.

Moenie hardloop nie!

Die deur aan haar kant vlieg onverwags oop. Tienie trek haar aan-
dag af. Sy help haar met die veiligheidsgordel, gee haar handsak vir
haar aan, staan tru dat sy uitklim. Ragel kan hulle nie meer sien nie
– die moeder en haar kinders.

Dis koud. Die lig is kleurloos en dun, selfs die son is kilkoud.
Dooie akkerblare skuif saam met papier en stukke polistireenskuim
in die droë leisloot af.

Tienie slaan haar jaspante oormekaar.

Die koue sny deur die serp om Ragel se nek en sit die pyn van voor
af aan die gang.

Tienie slaan haar arm om Ragel se skouers, loop teenaan haar asof
sy die pyn saam met die ysige koue van haar kan afkeer.

"Trappies," sê sy. "Versigtig."

Sy sien, sy weet, sy is nie blind nie.

Maar haar bene wil invou, haar knieë is lam. Haar stewels se hakke
is te hoog en haar handsak is al in die pad. Tienie vat haar elmboog
vas, hou haar regop. Hulle kom veilig bo.

Die pyn trek haar kiewe inmekaar asof sy 'n suurlemoenskyfie in
haar kies het.

Tienie se hand rus teen haar rug, die palm oop tussen haar blaaie, warm vertroostend.

"Veilig bo," prys sy.

Was dit nie vir die pyn nie, het sy nou nog in haar bed gelê, of in die stoel voor die venster gesit met koffie en sigarette. Almal weet dat sy weer begin rook het – Tienie ook. Sy oordeel nie. Sy was self daar, sê sy altyd. Tienie was al oral, of sy dink so. Sy dink sy was al in Ragel se bed, in haar stoel voor die venster – asof enige mens ooit in 'n ander een se plek kan staan.

Ragel wil haar hand uitsteek om die klokkie te lui, maar Tienie spring haar voor.

"Ek sal saam met jou ingaan."

Ragel skud haar kop, haar oë fokus op die rooi deurhandvatsel voor haar. "Dis nie nodig nie … ek kan … alleen."

Tienie se hand gly van haar rug af.

Die rame van die deur is ook rooi, donker soos ou bloed.

"Goed, dan gaan ek gou poskantoor toe, my briewe pos. Sommer my rekeninge ook betaal. As jy klaar is voor ek terug is, wag net hier. Wag binne."

Ragel lig haar hand. Sy kan nie sover kom om die klokkie te druk nie – daar is twee en sy is onseker watter die regte een is. Iets staan geskryf, maar sy kan nie fokus nie. Instruksies. Tienie s'n hou nie op nie.

"Jy sal seker langer as 'n uur besig wees. Sit vyftien minute by vir die wag. Hou jou selfoon aan. Dis nou … halfnege. Ek bel oor 'n uur. Die ontvangsdame sal vir my sê of jy klaar is. Bel my sel as jy vroeg is. Dis reg, dis die een wat jy moet druk."

Tienie kyk hoe Ragel die eenvoudige takie verrig.

Ragel druk die knoppie met mening.

Dit lui iewers binne. Ná drie tellings glip die deurknip los. Tienie stoot die deur oop, du Ragel liggies na binne.

Sy moet nogtans self die een voet voor die ander sit, die wagkamer binnetree. Dis smaakvol gemeubileer met ligpers leerbanke op swart leiklipteëls, olieverwarmers teen die mure. Die ontvangsdame sit agter tralies. Ragel kan nie die tralies onthou nie, die tralies was nie voorheen hier nie. Veiligheid eerste, oral veiligheid.

Die deur klap agter haar toe. Daar sit twee vreemde vroue op een van die banke en gesels. Hulle raak stil toe sy inkom. Ragel knik, hulle knik terug.

Die ontvangsdame agter die tralies is vriendelik. Sy glimlag.

"Ragel Naudé?"

Ragel knik. Tandartsbore sing in die agtergrond.

"Dokter Swart," fluister sy.

Eintlik Blackie, dis hoe sy hom ken – een van Stephan se studentemaats.

"Ons het jou ingedruk, jy sal moet wag." Die ontvangsdame sit haar potlood neer. "Het jy baie pyn?"

"Ja, maar dis nie so erg nie."

Nie so erg soos wat nie?

"Ons help jou so gou as moontlik. Sit solank, Ragel."

"Dankie."

Ragel het die vrou se naam vergeet. En sy werk al hoe lank by Blackie, seker vandat hy die praktyk begin het.

Die ander dokter, nie Blackie nie, verskyn in die binnedeur regs. Hy knik in Ragel se rigting, oorhandig 'n lêer.

"Santa, sorg dat meneer Diedericks so gou as moontlik 'n uurafspraak kry."

Dis haar naam – Santa!

"Volgende? Paula?"

Een van die vroue op die bank word nader gewink.

Ragel soek 'n sitplek. In die hoek blom 'n skokpienk orgidee. Sy kies die stoel naaste aan die orgidee. Toe sy gaan sit, sak sy weg – te diep. Sy klem haar handsak op haar skoot vas, kyk stip na haar skoenpunte. Nou sien sy hulle is vaal van die stof – net van staan in die hoek van die kamer. Sy kan 'n snesie uithaal en hulle afvee, maar liewer nie hier voor almal nie. Die pyn is haar hele kop vol. Iemand druk die deurklokkie. Die geluid sny deur haar. Iemand stoot die deur oop. Koue glip na binne. Skerppuntskoene, harde sole. Dis 'n bode met 'n helm op en 'n leerwindjekker aan. Hy gooi pakkies op die toonbank, trek een leerhandskoen uit, haal 'n boek en 'n pen uit sy skouersak en stoot dit oor na Santa. Sy teken en bedank hom.

"Dis seker koud op jou fiets?" vra sy.

"Mevrou wil nie weet nie! As ek my nie vandag doodvries nie, sal ek nooit. Totsiens, mevrou, dalk kom ek weer vanmiddag as ek dit oorleef."

Dood, oorleef, dood, leef … Maklik praat jy van lewe en dood.

"Die wolke lyk na nog sneeu!" sê hy toe hy uitstap. "Koue wolke!"

Die deur klap toe.

"My seun en sy vrou het verlede jaar Kanada toe getrek. Hulle sê ons moenie praat van koue nie," sê Santa vir die man wat naaste aan die toonbank sit.

"Ja," brom hy. "Ek hoor die temperatuur daal tot dertig grade onder vriespunt. Was jy al daar?"

"Nee, maar ek gaan beslis nie in die winter nie."

Was jy al daar? Is jy daar? wonder Ragel. Wil ek hier wees? Op hierdie stoel in ons tandarts se wagkamer op 'n winteroggend soos vandag? In 'n vaal winterjaar, die vaalste, die koudste wat my lewe nog was? Seer het my binnetoe gedryf, agter die vier mure van ons huis, agter toe deure in. Ek wou my daar skuilhou en nooit weer deel wees van die wêreld buitekant nie. Wie sou kon dink dat daar 'n ander pyn is wat my kon uitdryf, tandpyn om alles te kroon. Dis so ordinêr, terselfdertyd so vreemd.

Santa se telefoon lui. Die vrou wat op die bank agtergebly het, wink vir die man wat naaste aan die toonbank sit. Sy gee vir hom 'n tydskrif aan.

"Quebec in die winter," sê sy. "Wys vir Santa."

"Dokter is vol bespreek," sê Santa. "Ons kan jou eers in September help. Ons het 'n waglys vir dringende sake. Ek kan vir jou 'n afspraak maak en jou bel as daar 'n kansellasie is. Goed, laat weet my dan."

"Die berge rondom ons lyk dié winter presies dieselfde."

"Nie die dorp nie. Daarvoor moet jy Vrystaat toe gaan, of Karoo toe."

Santa plak die foon neer, trek die tydskrif nader. Sy kyk na die foto's, sidder en slaan haar arms om haar.

"Ek het vanoggend amper nie uit die bed gekom nie," sê sy. "Maar hier is ek. So, miskien is dit nie so erg nie."

"Gelukkig het ons verwarmers," sê die vrou wat die artikel in die tydskrif ontdek het.

Haar jas lê op haar skoot.

Ragel wil nie aan die gesprek deelneem nie. Sy kry warm, maar sy is nie lus om haar jas uit te trek nie. Sy wil ook nie haar serp om haar nek en geswelde wang losmaak nie. Sy maak haar oë toe, dink aan niks, probeer om nie te hoor en nie te sien nie, nie te wees nie. Die pyn laat haar nie toe nie. Dit vreet, dit verteer, dit spoeg haar uit, spoel haar uit, hier.

Blackie se vennoot kom met sy pasiënt uitgestap. "Maak vir ons 'n uurafspraak," beveel hy vir Santa.

Dis die man se beurt. Die vrou gryp 'n ander tydskrif. Ragel sien bladsye soos vlerke oopgaan. Hulle was nie daar toe hy hulle nodig gehad het nie – die engele wat kindertjies met oopgespreide vlerke volg. Hulle het ook weggekyk. Die deurklokkie lui weer, die deur gaan oop en die koue lug is dié keer soos 'n lafenis. Iemand kom verby na die toonbank. Ragel kan haar nie volkome afskakel nie. Dit kom en gaan, daar is 'n roesemoes soos van bye om 'n korf. Die telefoon lui. Santa is so besig. Het hulle van haar vergeet? Die pyn het nie, die pyn rek en krimp en los haar nie.

"Ragel Naudé. Ragel?"

Sy skrik vir haar naam en Blackie wat in die deur staan en kyk. Amper kom sy nie uit die lae stoel op haar voete nie, amper vergeet sy haar handsak. Iemand gee dit vir haar aan. Al wat sy sien, is die hand.

'n Vinnige dankie en sy volg Blackie na sy martelkamer waar hy haar gaan verlos.

Die stoel wag vir haar met al sy aanhangsels.

"Hoe gaan dit?" vra hy en kyk haar aan, sy gesigsuitdrukking sag.

Hy en Stephan is goeie vriende, hy ken haar storie. Hy was ook by hulle aan huis, hy en Elna. Elna het kos gebring. Sy was een keer op die stoep met 'n houer. Ragel het haar deur die venster gesien en haar nie ingelaat nie, haar laat wag, laat klop en nie oopgemaak nie. Dis omdat sy die trooswoorde nie meer kon aanhoor nie. Sy wou alleen gelaat wees, heeldag in haar pajamas loop en niemand sien nie, selfs nie vir Elna nie.

Nou voel sy haarself verstok, sy kan nie praat nie.

"Ek sien," sê hy. "Tandpyn ook. Stephan sê jy't 'n abses. Kom ons kyk."

Hy steek sy hand uit en help haar op die stoel. Toe sy sit, haal hy haar serp af, vat haar handsak en sit dit op die bankie teen die oorkantste muur neer. Die assistent kom ingestap, groet en hang vir haar 'n papierborslap om. Ragel vleg haar vingers inmekaar. Maak haar oë toe, rek haar mond oop.

Hy werk saggies. "Hmm … ja … lyk of dit wil oopgaan. Ek gaan eers antibiotika en 'n mondspoelmiddel voorskryf, dan kyk ons hoe lyk dit volgende week."

Nog 'n keer. Weer! Moet sy weer aantrek en uitgaan vir 'n tand?

Hy het wel nog iets ontdek, Blackie kry altyd iets.

"Terwyl jy hier is, maak ek gou dié enetjie vir jou reg."

Terwyl hy werk, praat hy oor sake van die dag, die jongste nuus. Sy het nie die vaagste benul wat in die wêreld aangaan nie, selfs nie op die kunstefront nie. Vir die eerste keer in haar lewe is sy bly haar mond is vol instrumente en sy kan nie praat nie. In die verlede, voor daardie verskriklike dag, die tiende Januarie, was sy wel ter tale, het sy 'n mening gehad, nie 'n duim teruggestaan nie. Nou kan dit haar nie skeel of amateurs gesogte pryse wegdra en akademici onnosele aannames maak nie. Wat maak dit saak dat dit sneeu in die Karoo? 'n Aardbewing kan Kaapstad middeldeur skeur, mense kan soos vlieë sterf en 'n meteoriet kan na haar huis op pad wees, dit maak nie meer saak nie. Toe Blackie klaar is en sy opsukkel, sit hy haar so en kyk.

"Dit neem tyd, Ragel," sê hy. "Maar dit sal regkom."
Cliché! Cliché! Nie vir my bedoel nie.
Sy prewel 'n groet en vlug wagkamer toe.

Twee

Dis aand en Stephan staan langs haar bed. Hy lyk dof en ver in die lig wat van die patio af inskyn. Sy skreef haar oë. Dit is hy, haar man wat altyd saam met haar in die dubbelbed geslaap het. Was dit maande of jare gelede? Deesdae sien sy hom min. Hy is altyd by die werk of op pad werk toe. Soms doem hy so, soos 'n gees, voor haar op.

"Ragel?" sê hy en hy vat aan haar skouer.

Sy roer om te wys sy hoor hom.

"Dis negeuur. Tyd vir jou volgende antibiotika."

Hy weet van die medikasie. Tienie het vanoggend by sy apteek stilgehou met Blackie se voorskrif. Ragel wou nie ingaan nie. Sy het nie kans gesien vir hom en sy personeel nie – sy aspirant-aptekers, sy giggelende meisies agter die toonbank, en Constance. As sy saam-gegaan het, sou sy reg deur die winkel na hom toe moes loop, na Stephan en daardie Constance-vroumens agter die verste toonbank waar die voorskrifte verwerk word en waar hy aangaan met sy lewe asof niks verkeerd is nie. Tog – hy het verouder. Sy kan aan sy gesig sien hy verouder. Hy lyk al hoe meer soos sy pa, die professor. Sy het vir hom gesê hy lyk soos sy pa, so oud.

Hy het gegrinnik. Sy pa was pas getroud, op 'n wittebroodsreis met sy tweede vrou en gelukkig. Geluk het hom jonger gemaak, hom gouer getroos.

"As ons maar so jonk soos my pa-hulle kon voel," het hy gekeer. "Hy en Leonie is op pad Italië toe. Onthou jy dat jy graag weer Italië toe wou gaan?"

Sy het gedroom sy is daar. Sy was nog in haar droom toe hy haar wakker maak.

Nou staan hy voor die venster, hy trek die gordyne toe en sit die leeslampie aan die ander kant van die bed aan, die kant waar hy eers geslaap het. Dan loop hy om en kom staan weer langs haar.

"Hoe voel jy?" vra hy.

"Oukei."

"Ek moes jou wakker maak."

"Dis niks."

Sy het heelmiddag geslaap. Seker die pynpille wat sy saam met die slaappil geneem het. Maar dit help nie meer nie. Die pyn is terug. Sy sukkel orent, soek blindweg na die sigarette op haar bedkassie. Hy sien dit en gee vir haar aan, kyk hoe sy een uithaal en aansteek. Haar hande bewe. Haar vingers is so dun soos stokkies en sy bewe soos 'n ou vrou. Stephan maak nie 'n aanmerking nie, maar sy weet hy sien.

"Ek moes oortyd werk, anders was ek vroeg," sê hy. "Toe bel my pa uit Rome net voor ek wou sluit."

Sy trek die rook diep in, sê niks van haar droom nie.

"Hy en Leonie het die Sixtynse kapel gesien. Hy sê ek moet vir jou sê jy is reg oor Michelangelo. Hy is, naas Leonardo da Vinci, die grootste kunstenaar van sy tyd. Hy sê hy het hiernatoe ook gebel, maar niemand het geantwoord nie."

"Jy't gesien ek slaap," sê sy bot.

Dié keer is sy eerlik, sy het nie die telefoon gehoor nie. Maar Stephan is reg. Sy praat nie meer oor telefone nie – nie oor die huisfoon of oor 'n selfoon nie. Sy praat nie meer so graag soos sy altyd gepraat het nie.

Hy probeer om die gesprek wat hy begin het, aan die gang te hou.

"En jou tandpyn?"

Sag kloppend, maar teenwoordig – nes die ander pyn.

"Beter."

"Het jy geëet?"

Tienie het haar gedwing om 'n muffin by haar tee te eet voor sy die eerste pil kon sluk. Sy haat dit om verslag te doen van alles wat sy eet en drink terwyl hy eet en drink wat hy wil. "Muffin … vanmiddag," mompel sy.

"Dis negeuur. Tyd vir jou volgende antibiotika."

Verbeel sy haar of het hy dit al gesê?

"Ja."

"Gaan jy opstaan?"

Sy rook asof dit 'n taak is wat sy moet afhandel.

"Nou-nou."

"Van wanneer af is jy al weer in die bed?"

"Vandat Tienie hier weg is, weet nie hoe laat nie. Ek was moeg."

"Van tandarts toe gaan?"

"Ja."

"Ek't gedag julle gaan inkopies doen."

"My tand was te seer."

"En jy wou in die bed kom."

"So?"

Hy lig sy ken en kyk na die venster se kant.

"Jy moet uitkom, Ragel."

"Ek voel beter in die bed."

Dis waar sy die hele winter wil bly, tussen elektriese komberse en duvets met vere gestop. Sy wil stadig gaar kook, nie vinnig in vlamme opgaan nie. Dan is dit te gou verby.

"Blackie het apteek toe gebel."

"Het hy 'n fout gemaak met sy voorskrif?"

"Hy sê hy kan niks doen voor die abses opgeklaar is nie. Hy sê hy het jou amper nie herken nie, jy moet by 'n dokter uitkom. Jy is ondervoed. Hy sien dit aan die kleur van jou tandvleis, die swart kringe om jou oë. Jy het gewig verloor. Hy takel my daaroor, maar ek kan jou nie heeldag oppas nie."

Jy kan niemand oppas nie, Stephan, nie eens een klein seuntjie vir 'n paar uur nie!

Sy sê dit nie, maar hy praat en praat en ryg die verwyte uit. Noudat sy helder wakker is, besef sy hoekom hy so waagmoedig is. Hy ruik na drank.

"Het jý vandag geëet?" vra sy toe hy asem skep.

Hy antwoord nie. Hy lig serpe en truie van die stoel langs die bed op, hang dit oor die bedstyl en verander die onderwerp. Weer Italië.

"Pa sê dis somer in Italië, hulle dra somerklere en sandale. Miskien moet ons ook gaan, gaan son vang?"

Sy wil skree van frustrasie. Dis die soveelste reis wat hy voorstel, die soveelste vakansie, en sy sien nie kans nie. Italië is te ver van haar pyn, te romanties, te sonnig, te volgeprop met kuns.

"Ons land in Rome, bly een week of twee, nes jy wil. Ons bestee tyd in Florence, Napels, Tivoli. Spreek die woord. As jy vandag ja sê, koop ek môre kaartjies. Ons het visums, ek kan verlof neem. Ons kan 'n draai maak in Venesië. Ons moet wegkom, Ragel."

Hy mik na die stoel, wat steeds oorlaai is met klere, en gaan sit dan op die kant van die bed, teen haar, so naby sy moet asem ophou. Wat drink hy deesdae dat hy altyd 'n walm om hom het? Sy arm pen haar vas, hy buk oor haar. Sy oë is bloedbelope. Sy asem onaangenaam.

"Wil jy gaan? Italië toe?"

As ek gaan, sal dit sonder jou wees na 'n plek waar jy my nie kan kry nie.

"Nee." Sy wil haar kop wegdraai, vars lug soek.

"Hoekom nie?"

"My tand! Het jy vergeet van my tand?"

"Jou tand is oor 'n week gesond."

"Nee."

Hy trek hom regop. "So gedag."

Soms probeer hy om haar te soen, soms vertel hy haar dat hy haar
liefhet en verstaan. Sy wag daarvoor, al maak dit haar benoud en deur-
mekaar en al wil sy hom nie naby haar hê nie. Sy verlang na hom en na
die sekerheid van hulle huwelik, na die tye toe hulle mekaar volkome
verstaan het. Al wat sy van hom oorhet, is 'n gesmeek en gesoebat, die
daaglikse boetedoening, sy gesukkel om haar aan die gang te kry. Dit
is al wat hulle nog bymekaarhou.

"Hou jy nie meer van Michelangelo nie?" vra hy.

"Michelangelo is dood," sê sy moedswillig.

"Nie sy kuns nie."

"Kuns is dood."

"Dis nie waar nie."

"Vir my, ek stel nie belang nie."

"As ons eers in Italië is en die beeldhouwerke en skilderkuns …"

"Nee! En los my uit!"

Hy skrik so, sy kop ruk. Sy is self verbaas oor haar skielike uitroep.

"Ek loop," sê hy. By die deur gaan staan hy. "Sop en 'n toebrood-
jie?" vra hy.

Kitssop. Sy haat dit.

Hy wag nie vir 'n antwoord nie, hy loop.

Sy wou nog verskoning maak, sê sy is jammer, sê sy weet self nie
waar dié soort reaksie vandaan kom nie. Maar hy is weg. Sy druk die
sigaret dood, staar 'n ruk lank na die asvlokkies op die duvet, hoor
kasdeure in die kombuis toeklap. Soms voel dit vir haar asof sy twee
mense in een liggaam is, soms weer asof sy gehalveer is en Frankie 'n
stuk van haar saam met hom weggeneem het. Hulle sê sy moet terug-
gaan sielkundige toe. Maar hy het haar so moeg gemaak. Sy moes
opstaan en aantrek en uitgaan en vorms en vraelyste invul en pille
drink wat haar ware gevoelens so onderdruk het dat sy 'n skuldgevoel
ontwikkel het en opgehou het met die pille sodat sy weer kon huil en
hartseer wees, wees soos sy die graagste wil wees. Niks, net 'n asem.

Niemand kan haar troos nie.

Bedags slaap sy en snags sit sy wakker.

Ironies genoeg wag sy vir hom, vir Stephan. Hy kom tuis, dan maak hulle rusie en dan gaan hy weer. Sy vra nie waarheen nie, want sy wil nie weet nie al weet sy dis Constance. Miskien sal dit help as sy opstaan en gaan help met die aandete.

Sy trek haar kamerjapon en pantoffels aan, was haar gesig, onthou om hare te kam. Sy prop die sigarette en die aansteker in haar kamerjapon se sak. Die gang is donker, maar daar is lig aan die onderpunt en sy slof soontoe.

Stephan staan in die koue kombuis met sy rug na die gangdeur. Die skottelgoedwasser is oop, die inhoud toevallig skoon al is dit nog nie uitgepak nie. Tienie se werk, sy het vanoggend daarop aangedring om die kombuis op te ruim voor sy loop.

Ragel behoort weer iemand aan te stel om skoon te maak, maar sy sien nie kans vir 'n vreemdeling in haar huis nie. Sy en Saar het goed reggekom, maar Saar het haar bedanking ingedien, gesê sy wil nie meer hier werk nie, nie in dié neerdrukkende atmosfeer nie, nie as daar onverwags op haar geskreeu word en deure in haar gesig toegeklap word nie.

Stephan se skouers is krom. Sy praat nie voor sy by hom is nie.

"Ek is jammer, ek het nie bedoel om te skree nie."

Daar staan 'n brandewynbottel en 'n halfvol waterglas voor hom. Hy vat die glas en neem 'n groot sluk, kyk na haar asof hy haar uitlok om 'n aanmerking te maak. Sy doen dit nie. Sy skakel die elektriese ketel aan. Sy is moeg en haar tand pyn.

"As jy wil, kan jy alleen gaan," sê hy. "As jy dink dit sal help."

"Waarheen?"

Sy soek in die kruidenierskas na pakkies sop, kry hoender-en-sampioen.

"Italië. Oorsee."

"Wil jy my wegstuur?"

Hy hou die glas met albei hande vas. "Dis nie asof jy hier is nie."

"Touché."

"Frankryk?"

Dit bring 'n glimlag op haar gesig en 'n steekpyn in haar kies. Sy ervaar dit so intens dat sy vinnig aan haar wang raak.

"Seer?" vra hy.

Sy knik, laat hom dink dis die tand.

"Jou tand sal gouer gesond word as ..."

"As wat, my kop?"

"Droom jy nie meer nie?"

"Ek het vandag gedroom Michelangelo staan voor my met verf wat soos trane uit sy oë stroom. Hy praat Latyn, maar ek verstaan wat hy sê. Hy sê hy moes nooit 'n kwas of 'n beitel in sy hand geneem het nie. As hy kon, sou hy alles wat hy geskep het, vernietig."

Hierop het Stephan geen kommentaar nie. Hy skink vir hom nog brandewyn.

Sy haal twee bekers uit die skottelgoedwasser en maak twee soppakkies daarin leeg. Tienie het vars broodrolle gekoop. Die antibiotika staan prominent langs die ketel. Sy haal een pil uit. Haar blik vang Stephan se naam op die etiket. Sy het nooit gedink sy sou met 'n apteker trou nie, maar sy het op hom verlief geraak en hy stel belang in kuns, hy is verfynd, 'n man na haar hart. Altans – hy was, hy was. Of is hy nog?

Hy keer haar, voor sy water in die tweede beker gooi. "Nie vir my nie, ek het geëet."

Die kunsmatige geur van hoender en sampioen wat saam met die stoom van die beker af opstyg, maak haar naar. As hy vroeër gepraat het, het sy koffie gemaak.

Sy stoot die beker wat vir hom bedoel was, weg van haar. Sy dra die een met die sop en die pak broodrolle tafel toe, pluk 'n stoel uit, gaan sit, skeur die pak oop, haal een uit en doop dit in die sop.

Sy eet terwyl hy haar dophou, glas in die hand.

Wat het van hulle geword? Hulle kon so saam kosmaak, vars groente skil en kap en in olyfolie roerbraai, met glase witwyn op die patio sit en eet en praat oor alles wat hulle nog in die huis en tuin wil doen. Nou het die huis in 'n dak oor hulle kop verander, die tuin krap met spookvingers teen dowwe ruite. Niks word meer versorg nie. Alles verkrummel en verpulp en verander in kompos.

Stephan gaan haal die kapsule wat sy langs die ketel vergeet het.

"Jou antibiotika."

Sy vat dit en sluk dit saam met 'n lepel van die slegte sop in. Dan haal sy haar sigarette uit haar sak. Die helfte van die brood bly in die helfte van die sop agter.

"Ek gaan stort," sê Stephan. "Onthou om die kombuislig af te sit voor jy kamer toe gaan. Nag, Ragel."

"Nag, Stephan."

Hy loop sonder om haar te soen. Sy mis dit, maar sy doen niks om hom te keer nie, kyk van hom af weg na die sopmengsel in haar beker en gril. Haar seer kies voel beter.

In 'n stadium was dit so erg sy het gehoop die pyn kom van 'n breingewas. Sy het haar gereed gemaak om met waardigheid te sterf, niks vir Stephan gesê nie – tot sy eergisteroggend met die swelsel opgestaan het en hy onmiddellik gesien het wat aangaan.

'n Tandabses. Niks om van dood te gaan nie.

Sy was so teleurgesteld, sy het selfmoord oorweeg. Sy dink steeds aan selfmoord.

Drie

Die volgende oggend toe sy haar tande borsel, bars die abses oop. Sy spoeg verbaas die etter saam met tandepastaskuim uit en spoel haar mond 'n paar keer met water en die mondspoelmiddel wat Blackie voorgeskryf het. Die pynverligting is merkbaar, selfs die verandering aan haar gesig. Sy glimlag vir haarself in die spieël en ... kry skielik lus om huis skoon te maak! Sy kan beddens opmaak en uitvee en afstof. Die wasgoedmandjie loop oor en dit reën buite, maar sy kan was ook. Hulle het 'n droër. Die pyn in haar kies is weg, die helfte van haar pyn is weg!

Sy kom in beweging, maak al die muwwe handdoeke in die huis bymekaar en gaan steek hulle in die wasmasjien. Daar is plek vir haar handdoekstofkamerjapon. Sy gaan grawe 'n paar jeans en 'n trui onder die hoop klere op die stoel langs haar bed uit, kry 'n skoon handdoek in die linnekas en gaan stort eers. Maar toe staan sy te lank en kyk na die skuim wat teen haar afspoel. Sy lyk vir haarself soos 'n voëlhok. Haar maag het ingeval, haar ribbekas staan uit, haar knieë en gewrigte is prominente knoppe.

Een van die dae bly daar net 'n raamwerk oor. Dit sal 'n interessante

selfportret maak. Nee, sy moet dit uit haar kop sit! Maar sy is maer en
so moeg sy blaas terwyl sy afdroog en lyfroom aansmeer. Voorheen
was sy sterk en energiek. Sy en Stephan het gebou en gebreek en gespit
en geplant. Hulle het fietsgery, Frankie in sy abbasak voor haar bors
of toe hy groter was op Stephan se rug. Hulle het gereeld Strand toe
gegaan en lang ente langs die see geloop, Helderberg uitgeklim.

Hulle was vry en gelukkig.

Nie dink nie, nie te veel terugdink nie.

Sy gaan sit op die bed, bene lank uitgestrek. Haar blik vang die
horlosie op haar deurmekaar laaikas. Dis byna tienuur, 'n uur te laat
vir haar antibiotika. Noudat sy soveel beter voel, wil sy die kursus
voltooi. Maar sy spring te vinnig regop. 'n Oomblik lank is sy duiselig
– sy moet 'n rukkie staan voor sy die sigarette gryp en kombuis toe
loop waar sy een aansteek, koffie maak en een van Tienie se broodrolle
met botter smeer.

Die reën spat teen die ruite. Om die hoekie werk die wasmasjien.
Sy let vir die eerste keer vanoggend op dat die skottelgoedwasser
uitgepak is en dat die meeste van die goed gebêre is, ook Stephan se
brandewynbottel en glas.

Het hy 'n skuldige gewete of kry hy haar jammer? Probeer hy 'n
voorbeeld stel of iets sê wat hy nie in woorde durf uitspreek nie? Sê
hy sy kan gaan vakansie hou, hy sal regkom, of: Sy kan in die bed bly,
hy sal sorg?

Kan hulle so aangaan, moet hulle?

Sy eet stadig, kou aan die gesonde kant, sluk moeilik.

Die kombuis lyk nie soos sy haar kombuis onthou nie. Die
muurteëls en kaste en vloere het geskitter, die kantgordyntjies was
spierwit en daar was vars vrugte en blomme. Die kombuis was ge-
sellig, soos ouma Ragie se plaaskombuis. Nou is dit vuil en moet
dringend skoon kom.

Maar sien sy kans? Wil sy hier aangaan?

Miskien is Stephan reg. Sy moet uitgaan en wegkom, iewers heen
waar sy nie gedurig gekonfronteer word met haar perfekte verlede nie.

Selfs die deur in die gang wat Stephan toegesluit het sodat sy nie daar kan in nie, selfs daardie deur gaan soms oop en dan sien sy die wolke teen die muur, die reënboog en die vlieërs en voëls en vliegtuigies, sy bedjie, sy boks met speelgoed, sy kleertjies in die kas, sy glimlag.

Here, waar was Jy toe hy Jou nodig gehad het? Waar was jou engele?

Trane wel in haar oë op, die stukkie brood wat sy moet insluk, steek in haar keel vas.

Sy kan nie so leef nie, sy wil nie so leef nie.

En haar mond voel seer noudat sy geëet het.

Buite druk die wind en water die takke van die wildedruif teen die kombuisvenster. Sy sluk haar kapsule saam met die koffie in, rond dit af met twee pynpille. Bed toe, sy kan in die bed lê en luister hoe skuur die takke teen die ruite, luister of sy stemme hoor, trooswoorde, antwoorde. Haar seer kies brand. Moet sy haar mond uitspoel of haar polse sny om verligting te kry?

Sy skrik toe die wasmasjien oorskakel na die spoelsiklus, 'n bekende geluid, maar net so opdringerig soos die geklop aan die voordeur. Wie op aarde loop buite rond in dié weer? Dol honde en Engelse? Jehovas-getuies? Wie ook al – Ragel Naudé is nie hier nie. Sy sluip badkamer toe, spoel haar mond, borsel versigtig en spoel weer. Toe sy in die slaapkamer kom, sien sy deur die venster vir Tienie met 'n sambreel oor haar kop by die wildedruif verbykoes.

Háár kan sy nie ignoreer nie.

Tienie klop nog aan die agterdeur, toe maak sy al oop en nooi haar binne.

Tienie het praktiese reënstewels aan. "My stewels is die ene modder," sê sy en hou 'n sak met inkopies en 'n bos geel krisante na Ragel toe uit. "Vat, ek wil nie jou huis vuiltrap nie."

Sy klou aan die deurkosyn en wikkel haar stewels af, staan op dik gebreide sokkies en skud haar sambreel uit voor sy inkom.

"Iemand was wasgoed," sê sy goedkeurend. "Het jy my nie by die voordeur gehoor nie?"

Ragel bloos. "Ek't nie geweet dis jy nie."

"As jy net 'n telefoon wil optel, kan ek 'n afspraak maak. Hoe gaan dit?"

"Die ding het toe vanoggend gebars."

"Mooi! Ek kan die verskil sien. Bly jy is op en aan die gang."

Ragel gaan nie vir haar sê sy was op pad bed toe nie. "Ek maak vir ons tee," sê sy en tap water in die ketel.

Tienie haal 'n plastiekhouer met 'n sjokoladekoek daarin uit die inkopiesak. "Ek het koek gekoop, Swartwoud, smelt in die mond, klou aan die heupe. Jou wasgoed is reg. Sit hulle in die droër, ek sal die blomme rangskik. Dis wat ek gister gemis het. Jy het altyd blomme in die huis gehad."

Ragel sluk haar trane en glip om na die washoekie om die handdoeke in die droër te pak.

Tienie praat die hele tyd, sy vertel haar van die water wat weer die mense op die vlakte uit hul huise het, van die verkeer in die dorp, die onbeskofte bestuurders, van een van haar en Kobus se gemeentelede wat skielik oorlede is. Die begrafnis is anderkant die berg – sy glo nie sy sal dit waag nie.

Toe Ragel terug is in die kombuisgedeelte, staan die bos geel krisante soos 'n son in die middel van die tafel. Die teekoppies en koekbordjies is gedek, die koek gesny.

"Dis te veel!"

"Ons moet jou gestel opbou."

"Jy sny te groot."

"Dis soos jy 'n Swartwoud sny, Ragel."

Sy sug. Tienie sien dit en sit haar arm om haar, hou haar 'n rukkie vas. "Dit sal regkom, ek belowe jou."

"Dít sal miskien," sê Ragel. "Ek nie."

Tienie trek 'n stoel uit en stoot Ragel soontoe. "Sit, ek sal tee maak."

Ragel tel die sigarette op. Dit voel vertroostend, die pakkie in haar hand. "Gee jy om dat ek rook?"

"Vra jy my?" Sy kan sien hoe Tienie se gesigsuitdrukking verander. "Dis nie goed vir jou gesondheid nie."

Sy steek nietemin aan, hou dit so dat die rook nie in Tienie se rigting waai nie.

"Stephan drink."

Tienie sit die teepot op die staandertjie, trek die mussie oor. "Bid julle nog saam? Bid julle?"

"Ek weet nie wat Stephan doen as hy alleen is nie ... Ek is te kwaad vir die Here. Soms raas ek met Hom. Ek glo nie dis dieselfde as bid nie. Nee, ek bid nie meer nie."

Tienie gee nie haar mening nie. Sy tel haar koekvurkie op.

"Eet jou Swartwoud," sê sy.

Ragel kyk na die koek op die bordjie. Dis haar gunsteling, maar vanoggend is sy nie lus nie. Sy neem 'n happie om Tienie te plesier. Die room is suur, die versiersuiker te soet, die kersies smaakloos.

"Heerlik," sê Tienie. "Ulrich weet wat hy doen."

Ragel wurg hare in. Die koekgedeelte smaak soos papier.

"Hoe lank is dit nou al?" vra Tienie toe sy halfpad deur hare is.

"Ek tel nie die dae nie. Ek kyk nie op die almanak nie. Watter dag is dit vandag?"

"Die twintigste Julie. Vrydag."

"Ses maande, ses jaar? Elke uur wat ek wakker is, voel soos 'n jaar."

Tienie trek die teepot nader, skink en stoot die koppie oor na Ragel. "Dis omdat jy heeldag niks doen nie. Jy't klas gegee, jy't uitstallings gereël, jy't kunswerke geskep, jy't sperdatums gejaag. Jy was besig in jou huis en in jou tuin."

"Het ek maar meer tyd aan my kind bestee."

"Jy was hier vir hom – elke oomblik wat hy wakker was."

"Baie keer nie. Soms was ek ongeduldig, soms selfsugtig."

Tienie sit haar hand op Ragel s'n. "Jy is 'n mens met talent, jy moet dit uitleef."

"Ek wil nie meer nie."

Ragel trek haar hand weg. Die sigaret wat sy langs haar op 'n piering neergesit het, het uitgebrand. Sy gryp daarna en besef te laat dat dit net 'n stompie is.

"Ek wil nie vir jou preek nie, my liewe mens," sê Tienie. "Jy mag maar treur, vra my. Jy sal hom nie vergeet nie en jy hoef nie. Maar hierdie apatie, hierdie … futloosheid van jou, dit hou te lank aan. Dis genoeg, Ragel. Doen iets, ter wille van jouself en jou kuns. Jou aanhangers het jou nodig. Belangriker nog – jou man het jou nodig. Ek het geskrik toe ek hom gister by die apteek sien. Julle stuur af op 'n ramp en julle trek ander met julle saam! Dink daaraan, dis sy apteek. As hy ten gronde gaan, vou die besigheid. Wat van die personeel? Die mense is lojaal en afhanklik."

Ragel speel met 'n nuwe sigaret. "Constance het 'n aandeel, sy sal sorg."

"Hoe groot?"

"Weet nie, twintig persent, vyf en twintig. Iemand sal die plek koop."

"Dit mag nie gebeur nie, en dit hang van jou af. Wil jy hê Stephan moet in 'n alkoholis en 'n boemelaar verander?"

Ragel voel die wrewel soos 'n insek in haar loskom. "Is ek nou die skuldige?"

Tienie lyk of sy reg is om te ontplof. Sy tel haar teekoppie op en sit dit netjies in haar koekbordjie neer. "Ek het net kom kyk hoe dit gaan," sê sy en staan stadig en statig op.

Tipiese gewese predikantsvrou, dink Ragel, maar sy wil huil, sy wil die hele tyd huil. Vaagweg sien sy hoe Tienie buk en haar voete in haar reënstewels druk, regop kom asof haar rug seer is. Sy vat haar handsak en haar sambreel, talm 'n oomblik.

"Wees versigtig," groet sy voor sy die deur oopmaak. "En sluit ag-ter my."

Sy druk die deur hard toe. Dit klink ferm en finaal.

Sluit agter my. Bly hier. Moenie roer nie.

Kom ons gaan Italië toe. Jy moet uitkom. Uit.

Ragel gryp na haar sigarette, sy steek een aan en rook, rook al vin-niger. 'n Plan wat lankal by haar spook, neem vorm aan. Sy druk die sigaret dood, staan op en loop na die huistelefoon om Anke te bel.

Die foon lui lank voor dit opgetel word en 'n kind antwoord.

"Dis Larissa wat hier praat. Hallo!"

Ragel aarsel. Die onskuldige stemmetjie deurboor haar siel, dit steek gate in haar oordromme, pynig haar met glassplinters en geroeste spykers.

"Hallo?" herhaal die kind.

"Larissa, dis tannie Ragel."

"Ma! Tannie Ragel wil met Ma praat!"

Die kind reageer so spontaan. Sal Anke onthou hoe hulle maande gelede uitmekaar is en wat sy haar alles toegevoeg het? Sy kan nie die presiese woorde herroep nie, maar die gedagte daaraan is genoeg om haar hartkloppings te gee. Haar hande sweet, sy hou asem op. In die agtergrond hoor sy Anke 'n gillende baba kalmeer en vir Nanny aangee, hard met Larissa praat.

Anke was haar ander beste vriendin, vandat hulle as eerstejaars saam ingeskryf het vir kuns.

"Is jy seker dis tannie Ragel?"

Anke se stem klink skerp.

"Ja, Ma, sy het gesê."

"Moenie die lyn so uitrek nie, gee hier!"

"Ek rek nie die lyn nie, dis Ma!"

"Ek raps vir jou, hardloop kamer toe. Ragel?"

"Dit is ek."

"Ek kan dit nie glo nie. Ek bedoel – ek mis jou en jy mis al die skindernuus. Hoe gaan dit? Wat doen jy?"

"Ek voel beter en ek … was wasgoed. Anke, ek weet ek …" Hoe sê sy dit? Wat wil sy sê? "Ek was lelik met jou."

"Jy hoef nie te verduidelik nie," stop Anke haar genadiglik. "Ek verstaan, en ek sou al gebel het, maar ek wag toe vir jou."

"Ek wil jou 'n guns vra."

"Enigiets. Wat kan ek vir jou doen?"

"Jy het mos al jou motor se battery self teruggesit?"

"Meer as dit, vriendin. Ek het verlede week die verkoeler afgehaal en vir die ouens gevat wat verkoelers lap. 'n Battery is so maklik soos koek eet."

"Dink jy jy sal my kombi s'n kan terugsit?"

"Die beginsel is dieselfde. Hoekom vra jy nie vir Stephan nie?"

"Ek wil hom verras, ek wil nie hê hy moet weet ek gaan ry nie.'

"Hoog tyd dat jy weer mobiel raak. Ons mis jou by die leeskring en speel ..."

"Jy sal my nie weer by die speelgroepie sien nie."

"Vriendin ... Wie weet? Nie nou nie, later!"

"Ek is twee en veertig. Die tiende September word ek drie en veertig."

"Vandag is dit nie oud nie."

Nee, sy wil nie hierdie deuntjie hoor nie en Anke is 'n goeie mens. Maar sy babbel deurmekaar. Hoekom doen sy dit? Sy wil haar smeek om op te hou. Sy wil die telefoon neersit, die marteling stop en 'n garage bel om iemand uit te stuur. Dis wat sy in die eerste plek moes gedoen het. Maar Anke is vir 'n rukkie stil. Miskien besef sy sy het haar mond verbygepraat. In die agtergrond val iets, 'n kind skree asof hy vermoor word.

"Nanny!" keer Anke. "Verskoon my ..."

Die gehoorbuis word neergesit en weg is sy. Ragel luister na die gekerm van kinders, na Nanny se stem, Anke wat paai, 'n deur wat klap. Drie tellings en Anke is terug, meer gefokus en selfversekerd.

"Jammer daarvoor. Drie kleuters en drie weke se nat koue is genoeg om jou geduld tot die uiterste te toets. En Nanny voel nie lekker nie, ek dink sy het griep. Beter dat sy môre nie kom werk nie, voor sy ons aansteek. Wil jy hê ek moet jou stap vir stap verduidelik hoe om daai battery in te sit?"

"Liewer nie. Ek is nie meganies aangelê nie, dan doen ek alles verkeerd. Wanneer sal jy my kan help?"

"Laat my sien ... As ons nie intussen wegspoel nie, gaan die kinders môre speelgroepie toe. Sien jou teetyd. Ek sal laat weet as iets voorval, dan maak ons 'n ander plan."

"Dankie, ek waardeer dit. Hier is koek ook, Tienie het 'n Swartwoud gebring."

"Lekker! Ons kuier môre. Oeps! Ek moet 'n draai by die supermark gaan maak. Iets wat jy nodig het?"

"Niks. Tienie het gesorg."

"Sy's 'n goeie mens."

"Jy ook, dankie vir jou hulp."

"My plesier! Ek is so bly jy't gebel!"

"Ek ook."

"Een van die dae is jy terug in ons midde – die ou Ragel."

"Ja, een van die dae."

"Ek bid vir jou. Jesus sal jou nooit in die steek laat nie."

"Dankie."

Ragel sit die telefoon neer. *Dis te laat vir Jesus, Hy het my klaar in die steek gelaat!*

Vier

Die reën en koue wil nie wyk nie. Drie weke later is groot dele van Suid-Afrika met sneeu bedek en in die Wes-Kaap word daar selfs 'n bergpas of twee gesluit. Dis Vrouemaand en Nasionale Vrouedag is bibberkoud. Gautengers wat vir die langnaweek Suidkus toe wou gaan, moet hul planne kanselleer. Ander val op die lang pad vas en oornag in yskoue motors.

Stephan beplan 'n verrassing vir Ragel. Sy het die laaste tyd merkbaar verbeter. Sy bly nie meer heeldag in die bed nie. Sy hou die huis aan die kant en kook saans vir hom 'n gebalanseerde maaltyd – nie dat sy self veel eet nie. Sy pik soos 'n voëltjie, maar sy eet ten minste, en soms maak sy vir haar Milo voor sy gaan slaap. Dit lyk nie meer vir hom asof hy haar aan 'n draadhanger kan ophang nie. Sy het gewig aangesit en sy vertoon in die algemeen beter, gesonder.

Hy probeer korter ure werk. Constance verstaan. Sy neem oor en help, vra uit, stel belang. Hulle praat nie oor die nagte wat hy in haar woonstel geslaap het nie – nie in haar bed nie, op die bank in die sitkamer, nadat hulle DVD's gekyk het. Hy bring altyd wyn en wegneemetes saam, ook geskenkies van sjokolade en bossies blomme, asof hy by sy suster kuier.

Dit sneeu nie in hulle omgewing nie, dit reën, en hulle is gewoond aan reën in die winter. Hulle ry buitendien net 'n paar kilometer Spier toe – dis waar hy plek bespreek het. Ragel het ingewillig om te gaan. Hy gaan haar die hof maak, haar spesiaal laat voel. Die bloemis langs die apteek sal deur die loop van die dag 'n ruiker aflewer wat enige vrou na haar asem sal laat snak. Hy het vir haar 'n antieke goue hangertjie in die vorm van 'n hart gekoop waarin sy foto's kan sit, van Frankie as sy wil. Sy hoef hom nie te vergeet nie, net die pyn – dit moet hulle albei nog verwerk. Stephan gaan praat. Vanaand as hulle rustig is, gaan hy sy hart vir haar oopmaak. Miskien luister sy dié keer sonder om verwyte na hom te slinger. Dis 'n restaurant. Mense sit beskaafd om tafels en eet en drink en gesels. Jy moet jou stem laag hou, jou emosies in toom. Dis 'n goeie plek om ten minste te begin.

Al hierdie gedagtes gaan deur sy kop terwyl hy voorrade op die rekenaar nagaan en seker maak dat hulle genoeg het vir die naweek wat voorlê ingeval die aflewering van sommige middels deur sneeu op die hoofroetes vertraag word. Van sy kollegas het reeds gebel en voorskrifte na hom verwys. In sulke omstandighede help almal mekaar.

Constance sit juis 'n voorskrif vir gloukoomdruppels langs hom neer.

"Het ons genoeg voorraad sodat ons hier kan help? Chris Raubenheimer het hom na ons verwys."

Stephan slaan op die rekenaar na. Vier botteltjies. "Tel eers dié op die rak, maar dis die laaste. Ons moet konserwatief mededeelsaam wees, ter wille van ons gereelde pasiënte."

Constance glimlag. As sy glimlag, kry sy die sagste uitdrukking in haar oë. Vandag is haar hare agtertoe gevat en laag in haar nek vasgemaak. Dit beklemtoon haar hoë voorkop en lang nek. Sy kan 'n model wees vir een van Ragel se Madonna-portrette. Maar Ragel sal haar nooit vra nie. Sy hou nie van Constance nie. Lyk ook nie of sy gou weer aan 'n potlood of 'n kwas gaan vat nie.

"Is jy seker jy sal vanaand toesluit?" vra hy.

"Ek het gesê my afspraak is vir negeuur."

Stephan kan die stekie jaloesie nie misken nie. Hy is nuuskierig oor Constance se metgesel vir vanaand, maar hy sal haar nie uitvra nie. Sy bied ook geen inligting nie.

"Dankie," sê hy weer. "Jy kan nie dink hoe ek dit waardeer nie."

Sy knik. Glip daar 'n skaduwee oor haar gesig?

"Verskoon my," sê sy en draai te skielik weg.

Eintlik moet hy vir haar ook blomme laat aflewer. Hy kan nog, hy moet net wag tot sy buite hoorafstand is, of in die manstoilet oor sy selfoon gaan praat. Hy rol eers nog 'n bladsy van die voorraadlys af en vul items wat met rooi gemerk is, op die bestelvorm in. Volgende week behoort al die paaie oop te wees, maar hy is nie bekommerd nie. Hulle word selde deur 'n krisis oorval.

Constance is sy steunpilaar, 'n ware apteker, presies tot op die laaste milligram. Die afgelope paar maande het sy haar slag gewys. Die hele Februariemaand die apteek met die hulp van Amir en 'n finalejaarstudent behartig. Hy skuld haar. Vrouedag is 'n goeie geleentheid om haar te bedank vir haar harde werk en ... haar vriendskap. Die opsigter van haar plek kan die blomme ontvang en by haar gaan afgee, hy sal hom eers bel en seker maak of hy daar is. Die oukêrel ken hom. Hy het hom 'n paar keer saans laat en soggens vroeg daar sien in- en uitstap en gegroet, baie vriendelik, veral toe Constance 'n slag saam was. Die ou kan dink wat hy wil as sy vanaand aan die sy van 'n ander man daar uitstap. Constance kan haar vriende kies soos sy wil.

Stephan sit regop. Daar is niemand wat wag nie en Constance is besig om aflewerings te verpak. Hy staan op en glip vinnig by haar verby, opgewonde oor die vooruitsig om haar die bietjie erkenning te gee. Sy verdien 'n ruiker soos Ragel, weliswaar om 'n ander rede. Want sonder haar sou hy die afgelope maande saam met Ragel nie kon verduur het nie.

Ragel is die laaste paar weke beter, maar ver van reg.

Soms as hy huis toe ry, verwag hy dat sy weer in die bed sal wees, die gordyne toe, die vuil ontbytgoed op die kombuistafel, die atmosfeer koud. Dis nie asof sy hom deesdae so vriendelik verwelkom soos Constance nie. Die paar woorde wat sy sê, is bloot funksioneel.

"Hallo, die kos is op die tafel."

"Jy's laat. Jy kan jou kos in die mikrogolfoond opwarm."

"Julle het laat gewerk!"

Ná ete gaan sy kamer toe en klim in die bed sonder om hom saam te nooi. Hy waag dit tot in die oop deur, maar bly op 'n afstand, bang dat hy een of ander histerie sal ontketen of die gesprek van alle gesprekke begin en sy weer soos 'n slak in haar dop sal kruip. Hy was lanklaas so versigtig.

Hy gee haar nie ruikers en geskenke nie, anders dink sy hy wil vergifnis koop. Sy het dit gesê. Maar vandag is Vrouedag en Vrouedag gee hom 'n rede om na haar toe uit te reik. Hel, dit voel heeltyd of hy halflyf in 'n modderput sit en sodra hy sy arms oplig, sak hy dieper weg.

Nie eens blomme nie …

En sy was so lief vir blomme, dit was nie ongewoon om drie of vier ruikers in een kamer van die huis te sien nie. Daar was altyd orgideë of siklame of begonias in potte. Die huis het gelewe. Kinders het met au pairs en al gekom vir kunslesse en Woensdagaande was die vrouegroep daar, 'n raserige klomp. Die deure en vensters het oopgestaan met musiek wat uitborrel en voëls wat invlieg om kos te steel en die kat en die hond wat mekaar jaag. Frankie se lag kon jy oral hoor.

Toe word dit stil. Tienie het die kat gevat. Dokter Hans het die hondjie teruggeneem. Die kinders en die au pairs het nie meer vir lesse gekom nie, ook nie die vrouegroep op Woensdagaande nie. Selfs Anke en haar drietjies was lanklaas daar, en Tienie is ook skaars.

Was dit nie vir Constance nie …

Stephan sluit die deur van die toilet agter hom en bel die bejaarde opsigter by haar woonstel. Ja, hy sal die ruiker met plesier ontvang en sorg dat dit by juffrou Constance uitkom. Nee, Vrouedag beteken vir hom 'n glasie brandewyn en 'n stukkie droë brood langs sy oorlede wederhelfte se geraamde portret – sy was 'n goeie vrou, hom vyf jaar gelede ontval. Hy mis haar, die gemis hou nie op nie.

Stephan voel hoe die ou man se verdriet by syne getap word, hoe dit hom neertrek en die swartgalligheid dreig om sy optimisme te verswelg. Hy groet met 'n vlugtige trooswoord en bel die bloemiste.

"Jasmine, ek het Constance vergeet en sy staan in by die apteek sodat ek Ragel vanaand kan uitneem."

Jasmine klink besig. "Moet ek dit huis toe stuur of apteek toe?"

Hy gee die huisadres en die opsigter se naam.

"Wat skryf ek op die kaartjie?"

"Die kaartjie? Skryf: Baie dankie vir jou opofferings, beste wense, Stephan Naudé."

Dis moeilik om neutraal te klink en sy stem kom bombasties uit.

"Dankie, Jasmine," groet hy voor sy nog iets wil weet.

Moet hy Ragel huis toe bel, hoor of sy nog reg is vir vanaand?

Liewer nie. Sy sal dink hy spioeneer op haar.

Hy steek sy selfoon in sy sak en stap by die hokkie uit, was sy hande by die wasbak. Sy gesig lyk vandag minder afgerem en sy oë is helderder vandat hy afgeskaal het met die drank. Goed so, hy sal Ragel ophelp. Hulle sal mekaar ophelp. Daar was per slot van sake goeie jare sonder Frankie. Onthou sy dit? Die tyd toe hulle net vir mekaar geleef het, toe hy nog gestudeer het en daarna hard gewerk het om die apteek aan die gang te kry en die besigheid op te bou, sy om vir haar 'n plekkie in die kunswêreld oop te stoei. Dit het hulle twaalf jaar geneem.

Ragel was sewe en dertig toe hulle besluit het om 'n gesin te hê en die miskrame en doktersbesoeke begin het. Frankie het twee jaar later sy opwagting gemaak – 'n gelukkige kind, so voortvarend gelukkig.

Here, hoe raak ek ontslae van die skuld?

Hy sien Frankie altyd lag en speel, en met verwondering kyk na die wêreld wat hy skaars begin het om te ontdek. Hel, as hy langer hier staan, tjank hy.

"Ruk jou reg," vermaan hy homself en stoot die deur oop sonder

om weer in die spieël te kyk. Met die uitstap loop hy hom in Mikaela
vas. "Jammer!"

"Skies, meneer!"

"Nee, dis ek wat te haastig is." Hy glimlag vir haar. Sy is oulik met
haar kort wit krulle, studeer dieetkunde en werk nauurs vir sakgeld
en ondervinding.

Dis middagete. Constance het gesorg vir 'n toebroodjie en tuisge-
maakte sop. Dit wag langs sy rekenaar.

"Jy moet sê as ek dit moet warm maak," sê sy.

Hy neem 'n skeppie. Dis ertjiesop. "Dankie, dis perfek."

"Ek gaan gou haarkapper toe. Amir is hier. Hy bly tot toemaaktyd."

Stephan knik. Amir is een van daardie Bollywood-tipe jongmanne
wat ouer lyk as wat hulle is. Hy is donker en welsprekend, was 'n
briljante student. Die afgelope ses, sewe maande werk hy voltyds
by Stephan-hulle, maar los af waar hy kan om ervaring op te doen.
Hy wil ook sy eie apteek begin en spaar alles wat hy het daarvoor.
Dis hoekom hy nie sy motortjie vervang het wat 'n paar weke gelede
gesteel is nie. Hy vat 'n taxi of ry met die trein of loop waar hy wil
wees. Constance het hom al gaan aflaai as dit reën. Kanse is goed dat
dit vanaand weer reën. Constance hou van Amir. Hy leer vir haar
Arabies en vertel verstommende stories van plekke in Afrika waar nie
een van hulle nog was nie. Dis duidelik, sy – en van die ander ook –
hang aan sy vlesige lippe. Stephan is soms spyt dat hy hom aangestel
het. Vanmiddag is hy onredelik spyt. Amir praat net so graag oor sy
bekering tot die Christendom, en dit maak Stephan éérs kriewelrig –
veral omdat Constance, wat nie 'n kerkganger is nie, hom dit blykbaar
nie verkwalik nie. Sy het al gesê hy is 'n voorbeeld vir ander Christene.

Stephan sien uit die hoek van sy oog hoe Amir verbystap stoor-
kamer toe met een van Constance se toebroodjies in die hand. Dit het
'n dik laag geraspte biltong op. Constance maak dit self, jy koop nie
sulke toebroodjies nie, ook nie sulke ertjiesop nie.

Stephan wonder vir wie dra sy die graagste sop en broodjies aan,
vir hom of vir Amir? En nou is hy simpel, want almal het gekry!

Mikaela bring koffie op 'n skinkbord. Dis goeie filterkoffie. Hulle maak dit in die klein kombuisie wat Ragel so oulik ingerig het. Hy moet op háár konsentreer, op Ragel, nie op Constance nie!

Die middag sleep verby. Buite is dit koud en nat en binne byna te warm. Mense kom windverwaaid in en vertoef langer as nodig, huiwerig om weer die koue te trotseer. Die ligte teëlvloer is vol spore getrap en dit word so vroeg al donker dat Stephan in 'n stadium dink hy is laat vir sy afspraak met Ragel. Maar dis skuins ná vyf. Hy werk tot halfses en laat dan sy rekenaar aan Amir se genade oor. Die apteek sluit sesuur, die noodapteek negeuur.

"Geniet jou aand," sê Constance toe hy haar groet.

"Jy ook."

Hy gee haar 'n ligte kloppie op haar skouer.

"Sterkte," fluister sy, "vir vanaand."

Stephan knik.

Hy gaan by die agterdeur uit. Hy is bly hy dra 'n dik jas en handskoene.

Sy motor staan onder 'n afdak, maar hy moet versigtig trap om nie met sy skoene in plasse water te beland nie. Hierdie nat winters was so romanties toe hulle nog kaggelvure aangepak het en sop en sjerrie voor die vuur geniet het, samesyn en die seën van die Here. Toe het hulle gebid voor hulle geëet het – al was dit net 'n toebroodjie en koffie.

Hy sluit sy BMW met die elektroniese sleutel oop, klim in en klap die deur toe.

Dis koud in die motor, maar hy skakel dit nie dadelik aan nie.

Sterkte, het Constance gefluister.

Wat hy waar kry? Selfs sy sal nie vanaand aan hom dink nie, en al waaraan hy kan vashou, is die stuurwiel van sy luukse motor. Al sekerheid wat hy het, is die feit dat die motor hom veilig by die huis sal bring en dat Ragel vir hom wag – om van voor af te begin, wie weet?

Hy en Ragel was Christene, gelowige mense wat kerk toe gegaan het en Jesus geken het. Of gedink het hulle ken Jesus tot hulle besef het Hy bestaan nie, nie Hy nie, nie God of die engele nie. Dis alles fabels, en die hemel net so onwerklik soos die berg Olimpus. Die wetenskap bewys die teendeel van geloof, en die werklikheid kanselleer die bestaan van 'n liefdevolle Vader. Daaroor stem hulle saam, hy en Ragel. Nooit weer sien hulle die binnekant van 'n kerk nie. En hulle het nie eens nodig gehad om dit vir mekaar te sê nie. Dit het net gebeur. Hulle het opgehou om Sondae aan te trek en te gaan. Dominee het moed opgegee, en Tienie en Anke-hulle praat asof hulle verskoning moet maak vir die oortuigings waaraan hulle bly vasklou al het hulle gesien dit werk nie.

Stephan draai die sleutel, skakel die motor aan. Die enjin snor gerusstellend, die lugreëling werk en die ligte skakel aan. Net voor hy ry, knip hy die sitplekgordel vas. Hy trek stadig agteruit, swaai die motor na regs met sy neus in die oprit. Voor die hek druk hy die heksleutel en dit skuif oop. Die reën waai in vlae voor sy motorruit verby. Hy skakel die ruitveërs aan en val by die verkeer in. Dit gaan stadig.

Daar is geen God wat alles beheer nie, net wetenskap en toeval en lewe en dood – geluk of ongeluk in langer of korter siklusse. Constance sê ook so, al respekteer sy ander se oortuigings; sy glo aan skoonheid en kalmte. Sy gaan see toe om die beweging van die oerwaters dop te hou, te kyk en te luister en in te asem, stukkies skulp en ander uitskot op te tel, 'n rukkie vas te hou en dan weer neer te sit. Verhoudings, glo sy, is ook nie die moeite werd om aan vas te hou nie, al is dit mooi of interessant. Dit gaan verby en dit sal verbygaan. Niks is permanent nie.

Stephan het haar uitgevra oor die mans in haar lewe, maar sy praat nie. Hy vermoed sy vertroetel 'n liefdesteleurstelling of twee. Hy dink sy is een van daardie vroue wat die verkeerde mans aantrek en net vervlietende verhoudings ken, 'n moederlike vrou wat haarself onselfsugtig gee. Ragel was ook moederlik en onselfsugtig. Nou weet hy nie.

Sal hy haar vanaand vertel hoe lief hy haar het en dat sy hom verskriklik seermaak?

Hy nader die huis. Dis geheimsinnig in mis gehul. Die veiligheidsligte brand soos dobberende sterre, maar die res van die huis vertoon donker en hy moet glimlag. Sy het hom in die verlede dikwels verras met kerse en Glühwein. Maar vanaand moet hulle uit, al is dit trietsig. Sy hoef nie nat te reën nie. Die garage is aan die huis vas en by die restaurant behandel hulle vanaand elke vrou soos 'n BBP.

Hy druk die hek en dan die garagedeur se afstandbeheerder. Dit gaan oop en hy ry in. Iets pla, maar hy kan nie besluit wat dit is nie. Dalk die stilte? 'n Motor ry in die straat verby en verbreek die illusie. Hy laat sak die garagedeure en klim uit. Toe hy by sy BMW se neus verbykyk, sien hy die gat waar Ragel se kombi veronderstel is om te staan. Vreemd. Hulle moet oor minder as 'n uur restaurant toe ry. Miskien is sy nog by haar haarkapper. Dis laat, sy sal moet roer. Maar dit gee hom kans om te stort en te skeer. Hy sluit die kombuisdeur oop, skakel die lig langs die deurkosyn aan. Die ruiker wat hy vandag laat aflewer het, staan op die kombuistafel – 'n eienaardige plek daarvoor.

"Ragel? Ragel!"

Geen antwoord nie. Dis asof die huis asem ophou.

Stephan kry die aardigste gevoel dat die dood hom inwag. Sweet slaan in sy handpalms uit, koue rillings loop teen sy ruggraat af. Sy het gedreig, gesê, belowe om haarself om die lewe te bring. Moet dit vanaand wees? En hoekom in die kombi?

Hy gee 'n tree, en nog een dieper die vertrek binne.

Die wit koevert op die tafel trek sy aandag omdat sy dit teen 'n beker staangemaak het.

Hy sak op die stoel neer, tel die koevert op en skeur dit oop.

Vyf

Ragel het dae aaneen gewonder wat sy moet skryf. Sy het loop en woorde uitdink, maar sodra sy gaan sit het, was alles uit haar kop. Wat sy wel neergeskryf het, het verkeerd gelyk. Een lang brief het sy 'n uur later opgeskeur. Korter briewe lyk onbeskof, en sy wil nie so wees nie. Sy het die snippers verbrand en van voor af begin. Haar tasse was dae al gepak, ook haar kombi se ruim kattebak, met beddegoed en kruidenierssware, selfs klein sentimentele besittinkies, CD's en boeke en ouma Ragie se lappieskombers wat sy nie wou agterlaat nie. Van Frankie – 'n album met foto's en die teddiebeer wat sy gered het voor Stephan die kamer toegesluit het. Daar kon sy nie in nie, al het sy alles probeer behalwe om die deur af te breek.

Dis toe hy met sy Vrouedag-reëlings begin het dat sy besluit het sy skryf die brief soos dit uitkom, pak die laaste goed en gaan. Tienuur in die oggend is sy gereed. Sy staan net 'n laaste beker koffie in die voorkamer en drink, terwyl sy uitkyk na die reën wat in grys vlae neersak, toe Jasmine se bussie voor die tuinhekkie stilhou. Ragel herken die bloemis se krulletternaam en blomversierings.

Ag, Stephan, dink sy, wat doen jy my aan! Of dalk is hulle by die verkeerde adres?

Twee mans klim uit. Die een hou 'n sambreel oor die ander een. Hulle maak die agterste deur oop en haal 'n reuseruiker uit, stoot die tuinhekkie, wat al weer nie gesluit is nie, oop en stap flink nader. Ragel haal diep asem. Hulle is op die stoep. As dit haar ruiker is en sy ignoreer dit, bel Jasmine vir Stephan om te sê hulle kon nie aflewer nie. Toe die voordeurklokkie lui, tel sy tot tien en gaan maak oop.

"Mevrou Naudé?" vra die een man.

Sy knik.

"Ruiker vir 'n gelukkige vrou!"

Die ander een hou die ruiker na haar toe uit.

Sy maak of sy verras is, sluit die veiligheidshek oop, neem die blomme en druk die deur vinnig toe. Dis 'n duur ruiker en duidelik 'n voorspel tot die aand wat Stephan vir hulle beplan. In die verlede sou sy opgewonde kon raak, nou voel dit of alles in haar versteen. Sy staan verstok, haar arms ongemaklik vol proteas en heide, angeliere en rose en lelies. Die reuk van gekneusde blomblare is koel en vars. Dit is 'n voorbode van die lente, van lewe, 'n nuwe begin wat hy op haar wil afdwing, wat almal van haar verwag, en waarvoor sy nie gereed is nie.

Sy sal kalm bly en helder dink. Maar dit het sy nie verwag nie, nie dié soort uitspattigheid nie. Sy byt op haar tande, loop in die gang af en gaan sit die ruiker op die kombuistafel neer. Daar is 'n kaartjie by. Sê nou dis nie van Stephan nie, maar van een of ander galery wat haar op Vrouedag daaraan wil herinner dat sy hulle 'n uitstalling skuld? Dit knaag soms aan haar dat sy ná Frankie se dood links en regs kontrakte verbreek het. Tog sal sy minder sleg voel as Stephan nie die ruiker gekoop het nie. Sy maak die kaartjie oop. Dis getik en die woorde is min maar gelaai met betekenis.

Tot vanaand
Liefde
Stephan

Dis romanties van hom, maar verkeerd, en dit maak haar hartseer en kwaad. Hoe kan hy by hul verlies verbykyk en op hul liefdes- verhouding fokus! Sy soek nie romanse nie, sy soek troos, sy soek boetedoening. Sy wil die kaartjie in haar vuis opfrommel, maar los dit oop op die tafel sodat hy kan sien dat sy dit gelees het. Dan gaan tap sy water en gooi dit in die houer. Geen rede waarom die pragtige blomme moet verlep nie.

Sy het die brief wat sy vir hom geskryf het in 'n koevert gesit en teen die badkamerspieël vasgeplak. Maar sy besluit dit sal beter wees dat hy dit met die intrapslag langs sy nota in die kombuis ontdek. Sy gaan haal dit en balanseer dit teen die waterbeker. Daarna loop sy 'n laaste draai deur die huis, vat haar skouersak op die bed wat sy vroegoggend met skoon lakens oorgetrek het.

Sy het die huis deur die loop van die week sistematies van hoek tot kant skoongemaak – byna soos die week voor Frankie se geboorte toe sy elke kas in elke kamer reggepak het, vensters en kantgordyne gewas het, die vrieskas ontvries het, die stoof en oond skoongeskrop het. Destyds het sy dit openlik gedoen en saans vir Stephan gewys wat sy uitgerig het. Dié keer het sy skelm gewerk, skelm geld uit haar bankrekening oorgeplaas na 'n ander bank, ook 'n groot bedrag kon- tant getrek, skelm 'n ander selfoonkontrak bekom, haar kombi laat diens, sonder Stephan die volgende fase in haar lewe beplan.

Die kombuishorlosie staan op drieuur toe sy haar tasse uitsleep, die agterbank van die kombi afslaan en alles finaal inlaai. Sy sluit die huis en ry – eers in die rigting van die see. Dis 'n vaal winterdag. Die reën sif neer op dakke en akkerbome en oop sambrele. Hier en daar waar water in holtes versamel, spat dit op en moet voetgangers dit ontgeld. Ragel kyk na alles soos iemand wat afskeid neem. Sy voel skuldig. Soms lyk dit asof mense op die sypaadjie haar agternakyk. Soms voel dit asof 'n bekende agter haar aanry, haar enige tyd sal keer.

Ry versigtig, vermaan sy haarself, 'n oorywerige verkeerskonstabel kan ook jou planne verongeluk.

Sy volg die uitpad wat sy so dikwels al Strand toe gery het, hou

nougeset by die wisselende spoedgrens en stop betyds by verkeers-
ligte. Nogtans is sy verbaas toe sy sonder voorval op die sandbelaaide
Kusweg land. Die see begroet haar in een van sy mistroostige buie.
Hierdie dag is nie gemaak vir vakansiegangers en strandlopers nie.
Enkele motors kruie stadig verby en sy kan kies waar sy wil parkeer.
Die strand is leeg en die wind waai skuim uit die see. Dit druk yl
grasse op nat duine plat, beur 'n verwronge boom nog skewer teen
die aarde, skep meeue vlerkklappend die lug in. 'n Enkele wandelaar
vertoon klein teen die leegheid. Wat het daardie persoon in dié gure
weer uitgedryf om langs dié bose see te loop?

Ragel weet wat háár weggedryf het van haar huis, waar sy veiliger
is as hier. Trane brand haar oë as sy die klein figuurtjie sien krombeur
teen die wind. Dis asof sy haarself sien veg teen die oormag van on-
genade wat haar byna al verswelg het. Dit maak haar so benoud sy kan
versmoor daarvan! Vars lug!

Sy moet 'n ruit laat sak en sy doen dit so onbeholpe, die wind wat
teen haar nek en skouers vaswaai, betrap haar onverwags. Sy soek deur
haar trane na die regte pyltjies, maak agter toe en laat sak die ruit aan
haar regterkant halfpad. Ysdruppels tref haar wang. Die lug ruik skerp
na dooie vis en vrot rioolwater. Met bewende hande grawe sy haar
sigarette uit die skouersak op die bank langs haar en steek een aan.

Waarheen nou? Sy kan nie hier bly nie, dis te na aan die huis!
Stephan ken die plek. Hulle kom sit dikwels hier, soms net om te
kyk na die see. Op mooi dae klim hulle uit en loop die hele ent heen
en weer – eers na Gordonsbaai se kant en dan weer in De Beers se
rigting tot by die draad wat langs die seevoëlreservaat gespan is. In
die somer swem hulle in die see – veral buite seisoen, wanneer dit
rustiger is. Frankie het dit geniet om vissies en kluisenaarskrappies in
die rotspoele dop te hou, die slakkies wat gate in die nat sand boor.
Hy was 'n nuuskierige kind – kon skaars praat, toe vra hy al vrae. En
hy was nie tevrede met stories nie, hy het feite gesoek. Het hy geweet
sy tyd is kort? Weet hy nou alles, meer as die grootmense, meer as sy
mamma en pappa?

Sy het vandag meer vrae as hy, en die antwoorde bly ontwykend.

Dit word koud in die motor. 'n Rilling trek deur haar. Sy maak die ruit aan haar kant toe, rook meganies terwyl sy die golwe dophou, staar na die skuimtoppe, die water wat aanrol en terugtrek en op die sand uitmekaarspat. Sy kyk tot sy geen gedagtes meer het nie, geen verwyte nie, net 'n vae vrees dat sy nie alleen oor die weg sal kom nie.

Nadat sy die sigaret klaar gerook het en die stompie in die asbak gedruk het, kom die gedagtes weer. Sy en Stephan was in Desember twaalf jaar getroud. Hulle was gelukkig en vol verwagting vir die toekoms – tot die 10de Januarie. Dit pla haar dat sy hom in die steek laat, veral nou dat hy dit die minste verwag.

Miskien moet sy terugry huis toe, daardie brief vernietig, haar tasse uitpak, mooi aantrek en grimeer vir vanaand. Miskien moet sy vir Tienie bel en raad vra voor sy die fout van haar lewe maak.

Sy sluit haar oë en leun terug. Die gesuis van die see sus haar vir 'n rukkie. Maar dan is sy weer by die ruiker op die kombuistafel, en by al die ander ruikers toe die huis vol blomme was wat sy nie wou hê nie. Te veel om op te noem, te veel blomme en kaartjies van medelye en geskenke en trooswoorde en inspuitings en pille. Sy sien die traanlose begrafnis, die klein kissie, spierwit soos dit 'n kissie van 'n hemelengeltjie betaam, sy en Stephan aan weerskante daarvan, hul vingerpunte wat raak. Geen trane nie, geen gevoel nie, die niksheid wat agterbly, smart wat die volgende dag uit haar lyf losskeur, sy op haar knieë langs sy bedjie, haar arms om sy speelgoed en sy kleertjies die kamer vol. Sy sien Stephan wat haar wegsleep na hul dubbelbed en langs haar kom lê en haar met seks wil troos. Sy is histeries, sy skree en skree. Sy onthou die dokter, nog inspuitings, die hospitaal, haar tong wat in haar mond opswel.

Sy kan nie soontoe teruggaan nie!

Iemand krap teen die ruit, iemand tik harder. Dis 'n ouerige man met 'n gebreide mus op sy kop, 'n tandelose mond, bakhand. Hy vra, sê iets wat klink soos geld, geld vir 'n treinkaartjie huis toe.

Sy skud haar kop en hy staan terug, sy hande aan weerskante

oopgegooi. Hy pluk sy sakke se voerings uit om te wys hoe leeg hulle is. Hy maak danspassies, hy spring soos 'n duiwel te hoog.

Die straatligte gaan aan, dis nie veilig vir 'n vrou om alleen in haar motor te slaap nie. Wat besiel haar? Sy skakel die kombi aan en ry agteruit by die dansende man verby. Hy loop en spring al om die motor, probeer haar voorkeer. Sy mond is oop. Hy skreeu nog iets. Hy volg haar. Sy ry te stadig oor die spoedhobbels. Eindelik laat sy hom agter. Watter kant toe? Gordonsbaai of Bellville? Om in Khayelitsha te beland is om haar dood te soek. Sy ry in die rigting van Somerset-Wes, kies die N2 en ry.

Stephan trek die brief uit die koevert. Hy moet dit oopvou, maar sy moed begewe hom. Dit sal iets sê, iets verduidelik, maar moet hy nie eers die huis deeglik deursoek nie, seker maak? As Ragel nog hier iewers is, op haar bed of in die badkamer of in haar ateljee, het hy dalk meer as genoeg rede om die brief te lees. Of wou sy hom keer deur die brief hier te los waar hy inkom en waar hy dit dadelik kan oopmaak? Hoe dit ook al sy, dis ewe erg om te dink dat sy selfmoord gepleeg het soos sy gedreig het om te doen, of net die pad gevat het. Die skok sit hom aan die bewe, sy mond is droog.

"Ragel?" Sy stem kraak, soos die brief wat hy oopvou. "Wat doen jy aan my?"

Dis met die hand geskryf op spesiale papier, swart letters op 'n gelerige agtergrond, Ragel se egalige handskrif, soos skoonskrif, asof sy dit oor en oor gedoen het tot sy tevrede was.

Hy knip sy oë, hy fokus, hy lees.

Liewe Stephan,
Dis die moeilikste brief wat ek nog geskryf het, maar ek is te lafhartig om vir jou te sê dat ek weggaan. Nee, ek is nie van plan om selfmoord te pleeg en die aarde te verlaat nie. Ek het tot die

slotsom gekom dat ek daarvoor ook te lafhartig is. Jy sien, ek het nog 'n vae vrees dat God bestaan en dat Hy my dan sal straf en my nie toelaat om my kind weer te sien nie. Maar ek gaan weg. Ek het geen keuse nie, ek moet na 'n plek waar ek alleen kan wees en waar niemand my ken nie. Ek moet perspektief kry, antwoorde op my vrae. Ek kan nie hier waar alles my aan Frankie herinner nie, almal my aankyk en dinge van my ver-wag, soos om aan te trek en uit te gaan, winkels toe, na plekke waar daar kinders is, van sy maatjies wat saam met hom gespeel het, van die speelgroepie se ma's wat my aanstaar, mense wat my geken het, wat dink hulle het my geken.

Ek is jammer oor vanaand. Jy het moeite gedoen om vir ons 'n mooi aand te maak, jy verdien dit nie dat ek jou hoog en droog laat nie en ek wil jou nie seermaak nie. Maar dit werk nie, solank ek by jou bly, doen ek dit. Ek sê en doen goed wat jou seermaak en ek wil nie, maar ek kan nie help nie. As ek na jou kyk, wil ek jou verwyt.

Jy het al gesê ek moet wegkom. Daar doen ek dit al weer, ek laai die verantwoordelikheid op jou skouers. Maar ek moet antwoorde kry, ek moet myself in 'n ander konteks sien, vir jou en Frankie ook. Gee my tyd, asseblief.

Ek kan jou nie sê waar ek sal wees nie, ek weet nog nie, ek ry net.

Moenie probeer om my te soek nie. Ek belowe ek sal terug-kom wanneer ek gereed is.

Kyk na jouself, ek is jammer, ek het nie 'n keuse nie.

Ragel

Stephan verstik amper van woede. "En ek ook nie … ek het lankal nie meer 'n keuse nie!"

Die brief in sy hande reageer soos 'n lewende ding. Die letters spring op en af en wil nie gaan staan nie. Liewe Stephan, noem sy hom, maar daar eindig haar liefde vir hom. Wat oorbly, is jammerte, en nóú sê sy dit! Sy moes tog vroeër al besef het hoe sy op hom teer, hoe sy hom uitmergel. Sy kon in die bed bly met die kombers oor haar kop getrek. Hy moes opstaan en uitgaan en geld verdien sodat hulle hul rekeninge kan betaal. Sy het haar hande gevou, haar ateljee se deur agter haar toegetrek en niks meer gedoen nie. Hy moes namens haar mooipraat en verskonings maak oor opdragwerke wat nie klaarkom nie en deposito's wat sy uitgegee het, terugbetaal. Wanneer hy die slag haar aandag kon kry en in haar oë kyk, was daar geen dankbaarheid of toegeneentheid nie, maar kon hy die swak versluierde beskuldigings lees soos hy vanaand hierdie brief lees. Nie net die uitdrukking in haar oë nie, haar bewegings en haar houding – die manier hoe sy opstaan en loop en gaan sit, alles was daarop gemik om hom met die verantwoordelikheid vir Frankie se dood op te saal.

Nou moet hy ook mede-verantwoordelik wees vir haar besluit om die pad te vat! Want hý sal haar storie agtermekaar moet kry vir hul vriende, vir die mense wat getrou uitvra en belangstel of bloot nuuskierig is. Monde sal ooprek en toeklap sonder om te dink wat hulle sê.

Ragel Naudé het weggeloop, niemand weet waarheen nie en sy wil ook nie hê iemand moet weet nie, allermins haar eie man.

Weet Tienie of Anke? Het sy dit met hulle bespreek?

Dit voel vir Stephan of daar sand tussen sy tande is. Hy frommel die brief in sy vuis. Dis harde papier wat moeilik meegee en maklik in die hoek van die kombuis beland toe hy dit met 'n kragtige armbeweging in die rigting van die vullisdrom werp.

Hy het kennis geneem, hy weet nou wat sy van sy verspotte restaurantaand dink, van die blomme wat sy seker met 'n suur gesig in ontvangs geneem het. Die bloemistekaartjie lê oop langs die ruiker. Dus het sy dit gelees.

Hy druk sy elmboë op die tafel, vat die kaartjie en skeur dit flenters.

Spikkelfyn sif hy dit deur sy vingers.

Vir 'n oomblik herinner dit hom aan konfetti wat neerreën – en hulle troue. Ragel wou 'n outydse troue hê in 'n outydse kerkie. Hulle het Rawsonville gekies, waar Tienie se oorlede man, dominee Kobus

Brodie, uitgevat in 'n geleende toga met 'n wit beffie op sy bors, hulle plegtig in die huwelik bevestig het. Daar was drie strooimeisies aan haar kant, drie strooijonkers aan sy kant. 'n Hofknapie het die ringe op 'n satynkussing ingedra. Ses blommemeisietjies het mandjies met konfetti uitgedeel. Hy sien Ragel in haar ouma Ragie se trourok, haar enorme ruiker wat presies soos haar ouma s'n gelyk het, die massiewe rangskikkings op staanders voor die preekstoel en teen die mure en in die portaal, die mooiste proteas en heide wat die blomboere in die omgewing kon afstaan – vir Ragel.

Sy was lief vir blomme, die huis was nooit sonder blomme nie.

Maar die ruiker in die middel van die tafel is 'n klug. Hy wou sy bes doen en dit is toe nie goed genoeg nie. Dit maak hom so kwaad hy kry die tafel beet, lig dit skuins tot die belaglike spul aftuimel en aan die ander kant op die vloer uitmekaarspat. Dis 'n gemors, en dit lyk presies soos hy voel, stukkend. Hy wil haar brief ook stukkend skeur. Hy wil glase en borde rondgooi en skree en met sy vuiste teen die kasdeure hamer.

Maar voor hy sy hand lig, onthou hy sy bottels. Dis byderhand sodat hy saans wanneer hy inkom dadelik kan skink. Daar is drie, een kwart, twee vol. Hy stoot die kwartbottel agtertoe, haal die vol een uit, en 'n glas. Hy gooi dit halfvol en neem groot slukke. Dit brand genoeg om hom nog 'n keer te laat skink, en nogeens en weer tot hy met die bottel en glas in die hand die gang afstrompel en die moed het om op haar te skreeu.

"Ragel, waar is jy? Ons het 'n afspraak, verdomp! Ek gee jou drie tellings! Een, twee, drie! Kom uit!"

Die hoofslaapkamer se deur is toe. Hy skop daarteen en dit bly toe.

"Sluit oop!" skree hy. "Ragel!"

Sy sal nie, nie as hy skreeu nie.

Kalmeer, wag en sagter praat.

Hy sak met sy rug teen die deur af. Sy het 'n brief geskryf om te sê sy gaan weg. Dalk is dit die waarheid, dalk ís sy weg. Hy moet dink, probeer logies dink. Toe hy ingekom het, toe hy vanaand in die garage stilgehou het, was die kombi weg. Dis donker en sy is nog nie terug nie. Hy moet bel, haar vra, haar beveel om terug te kom. Sy selfoon is in sy sak. Hy sukkel daarmee, en met die bottel wat moet regop staan en aanhou neuk om om te val. Hy soek haar naam, die name en nommers is deurmekaar. Die alfabet werk nie meer nie. Dan onthou hy Ragel is verdomp mos op sy spoedlys. Hy druk op haar nommer, hou die foon teen sy oor en luister.

Ses

Ragel ry die nag in agter ander motors aan, deur Malmesbury en Moorreesburg tot in Piketberg, waar die sneeu soos wit wolkomberse op die berge lê. Ver genoeg, besluit sy, en vra by die garage of daar 'n gastehuis is wat oop is.

Die vriendelike man in die kantoortjie bel iemand wat inwillig. Hy beduie haar die pad, hy skryf neer, ook 'n telefoonnommer. Hy vra haar nie hoekom sy dié tyd van die nag nog op die pad is nie. Sy kry die huis maklik. Daar brand 'n lig op die stoep, die hek staan oop en sy ry in. 'n Hond blaf. 'n Dik vrou kom om die hoek gedraf en beduie met 'n flitslig dat Ragel agter die huis onder die prieel moet parkeer, loop dan om die hek toe te stoot.

Ragel bly in haar motor sit. Sy hoort nie hier nie, maar sy is hier.

En sy moet dringend by 'n toilet uitkom.

Sy stoot die motordeur oop.

Die hond hardloop heen en weer tussen haar en die vrou.

"Keiser, kalmeer!" keer die vrou hom. "Tannie Susan," stel sy haarself voor toe die hond bedaar het.

"Marinda Boshoff," sê Ragel.

"Naand, mevrou Boshoff. Net jy?"

"Ja, asseblief."

"Jy kan jou motor hier los, dis veilig. Sluit as dit jou beter laat voel. Volg my."

Ragel vat haar skouersak op die passasiersitplek raak, klim uit en kry haar naweektas op die agterbank. Tannie Susan gryp die tas by haar en gee haar nie 'n kans om te protesteer nie.

"Ons moet gou maak en ingaan, die klam lug is nie goed nie."

Sy loop vinnig vir 'n vrou van haar jare, klim die agterstoep se trap flink.

Die huis is warm. Dit ruik na kookkos en politoer. Tannie Susan sluit die kombuisdeur agter hulle. Sy het 'n breë rug, 'n trui aan met 'n kabelpatroon, kort geknipte rooi hare. Die hond staan en kyk.

"Ek gaan wys jou eers jou kamer, " sê sy toe sy wegstap.

Die plankvloere kraak, selfs die kombuisvloer kraak, maar die gang is eers erg. Die hond loop saam. Sy toonnaels maak klikgeluidjies. Tannie Susan stoot die kamerdeur oop, sit die lig aan. Die bed staan hoog opgemaak en spierwit in die middel van die kamer. Dis koud.

"Dis koud, maar ek maak vir jou 'n warmsak en daar is warm water vir 'n bad. Dit sal jou drie honderd rand kos vir die bed en die bad, dertig rand vir ontbyt. Het jy aandete gehad?"

"Nee ..."

"Ek kan sop opwarm en brood smeer. Kos niks, ons noem dit boeregasvryheid. Jy lyk moeg."

"Ek is. Dankie dat mevrou bereid is om my in te neem – dié tyd van die nag."

Die lig het intussen helderder geword. Tannie Susan is nie so oud nie, net oorgewig.

"Hans by die vulstasie het jou jammer gekry en ek ken hom. Jy kan ontspan, hier is nie vanaand ander gaste nie, maar gewoonlik sit ek hulle in die rondawels. Die badkamer is af in die gang. Bad en dan kom jy eetkamer toe, daar's 'n kaggel aan. Kom, Keiser."

Sy draai om en die hond volg haar.

Keiser – 'n goeie naam vir 'n hond.

En Marinda Boshoff?

Ragel was in standerd vyf saam met haar op skool – so 'n opge-piepte meisietjie met blonde krulle. Hulle het mekaar ná laerskool nooit weer gesien nie. Marinda sal giggel as sy hoor Ragel het haar naam gesteel.

Dis 'n mooi kamer. Daar hang familieportrette en outydse prente teen die mure, teksverse met rose versier. Ragel doen nie moeite om dit te lees nie, dis Hooghollands of Nederlands, en buitendien stel sy nie belang in tekste nie.

Sy sit haar tas op die houtbankie onder die venster, haal skoon onder-klere en haar sakkie met toiletware uit, en gaan soek die badkamer.

Iemand wat weet hoe om dit te doen, het dié vertrek ook pragtig gerestoureer. Dis nuut geteël en skitterskoon. Daar is 'n pootjiesbad, fyn gordyntjies voor die vensters, skoon handdoeke en sepies, 'n toilet met 'n houtsitplek, bypassende houtkassies. Ragel kan nie gou genoeg haar sit op die toilet kry nie. Die verligting stroom saam met die span-ning van die nagrit uit haar uit.

Sy het dit oorleef. Sy leef.

Sy draai die bad se krane oop. Die water loop stadig. Maar tannie Susan het nie gejok nie, dit is warm. Nie nou al uittrek nie, anders staan sy en koud kry. Sy sit op die bad se rand, moeg en klaar. Het sy ooit in haar lewe kon droom dat sy haar huis en haar man sou verlaat? Sy ry nie eens alleen oor die berg Worcester toe of Kaap toe met skilderye nie. Tienie is haar assistent, sy gaan saam, soos 'n vink al kwetterend in die passasiersitplek, hulle twee aan die lag vir skreeu-snaakse grappe, opgewonde oor die vooruitsig wat 'n uitstalling bied.

Maar dit is 'n leeftyd in die verskiet, dit gebeur nie meer nie. Sy is nie meer die bekende portretkunstenaar nie. Sy is nie Ragel Stein-bach-Naudé nie, sy is Marinda Boshoff.

Marinda sit en wag tot daar genoeg water is om te kan bad. Die stoom maak wolke in die lug en druppels teen die teëls. Kyk sy nou in die spieël, sien sy niks en dis goed so. Sy maak haar jeans los en laat sak dit oor haar heupe. Haar bene is darem vreeslik dun. Sy pluk truie oor haar kop, een ná die ander, maak haar ondergoed los, klim oor die bad se rand asof sy oor 'n muur klouter, en sak in die lafenis weg.

Die bad pas haar nie, dis te kort en ongemaklik en vreemd. Sy bad vinnig, droog vinnig af, trek aan. Wat maak sy hier? O ja, sy het haar motor gepak en die huis verlaat. Sy kam haar hare, spuit reukwater aan, vryf haar hande met handeroom in, hang die handdoeke netjies op en stap in die krakerige gang uit om terug kamer toe te gaan. Toe sy 'n tiener was, het sy haar soms verbeel sy leef in 'n storieboek of speel 'n rol in 'n film. Dit voel vanaand net so onwerklik. Sy stoot selfs die verkeerde deur oop. Dis donker aan die ander kant, maar in die lig van die gang sien sy 'n naaldwerkkamer. Sy trek die deur skuldig toe. Die hond staan en loer aan die onderpunt van die gang. Sy bek hang oop, maar hy lyk nie te gevaarlik nie en die geur wat in die lug hang, laat haar besef dat sy vandag niks geëet het nie. Sal tannie Susan haar kwalik neem as sy rook?

Sy kry die regte kamer en gaan sit haar toiletsakkie op die outydse spieëlkas neer. Dis 'n manjifieke stuk houtwerk met 'n glasblad, een groot gekartelde spieël in die middel en syspieëls wat kan oop- en toevou soos vlerke. Sy kyk in die spieëls en sien baie herhalings van haarself. Sy lyk soos die Griekse koor in die *Vroue van Troje* wat die dramastudente een jaar opgevoer het. Die vroue is krygsgevangenes, hulle word weggevoer as slawe, hulle kerm en huil oor hul dooie mans en seuns. Al die porseleinpotjies en geborduurde lappies en kunsblomme pas nie meer by hulle nie.

"My man lê op die slagveld, my seun is dood. My naam is nie meer Naomi nie, noem my Mara. Dit beteken Bitter. Ragel treur oor haar kinders en wil nie getroos wees nie."

Ragel druk haar ore toe teen die stemme, sy soek 'n asbakkie. Sy het 'n sigaret dringend nodig. Maar sy sal uithou en later vra of sy mag. Eers eetkamer toe soos tannie Susan beduie het.

Dis 'n gesellige kamer met banke om 'n kaggelvuur, 'n televisie-stel in die een hoek. Tannie Susan het goeie smaak. Haar meubels is toegegooi met kleurvolle lappe en kussings, die matte is dun geslyte Persiese tapyte. Daar hang afdrukke van bekende kunstenaars teen die mure, twee Pierneefs en 'n Pieter Wenning wat nie te sleg vertoon nie.

"Maak jou tuis," sê die tannie skielik agter haar en beduie na 'n stoel langs 'n ronde tafel. Sy sit die skinkbord met sop en brood neer. "Eet gerus, ek gaan haal vir my my tee."

Iewers in die huis slaan 'n staanhorlosie elf of twaalf slae. Dis middernag, sien Ragel op die kaggelhorlosie. Wat doen Stephan? Slaap hy of soek hy haar? Sy het verduidelik, gesê hy moenie hom bekommer nie. Hy hoef nie – nie as sy hier kan bly nie.

Die sop is dik groentesop met 'n olielagie en stukkies murgvleis, die soort sop wat ouma Ragie gekook het. Langsaan staan 'n broodbordjie met twee snye vars witbrood, die soort wat ouma Ragie gebak het. Dit voel vir Ragel soos kleintyd toe sy die brood dik met die geel botter smeer.

"Hoe smaak dit?"

Die tannie staan langs haar met 'n stomende beker in haar hand.

"Lekker, dankie."

"Alles opeet. Jy is gans te maer."

"Dis 'n vreemde tyd van die dag om te eet."

"Nie as jy honger is nie."

Tannie Susan gaan sit met haar gesig gedraai in die rigting van die televisie. Sy gryp die afstandbeheerder en verander van kanaal toe 'n seksadvertensie op die skerm verskyn.

"Wat vroue besiel om hulle lywe te verkoop," sug sy. "Seker maar vir geld."

Die hond maak hom tuis by haar voete. Sy skakel die televisie af. Die vuur kraak en knetter harder.

"Eet rustig." Sy buk en haal hekelwerk uit 'n mandjie. "Ek slaap nie snags nie. Ek ly aan slaaploosheid. Pille werk nie vir my nie. Ek moet baie moeg wees, dan kom die rus vanself. Gewoonlik vang dit my teen drie-uur se kant. Anders, as ek elfuur bed toe gaan, is ek drie-uur wakker en dan slaap ek nie weer nie. Ek bak snags en kook konfyt, soms heelnag deur. As my bene nie meer wil nie, sit ek en hekel en brei. Die laaste tyd wil my oë nie meer snags masjienwerk doen nie. Daar sal 'n einde kom, ja, daar sal 'n einde kom. Maar ek sal aangaan – solank ek die huis het, en vir Keiser en my gesondheid, sal ek aangaan. Dis nie maklik so alleen nie – veral snags raak ek eensaam. My man het my ontval toe ons pas getroud was. Ek was swanger, toe kry ek 'n miskraam van skok. Dit was 'n volmaakte dogtertjie. Snags verbeel ek my ek hoor haar lag. Ek maak poppe, sulke oulike lappoppe, en hondjies en katjies en so aan vir die vlooimark en die tuisnywerheid, tot in Tulbagh koop hulle die poppe. Dogtertjies hou daarvan. Ek kan nie voorbly nie."

Ragel knik. Sy hoor iets van eensaamheid en harde werk, iets van dood en verlange, van 'n miskraam. Sy kan met die tannie simpati-seer, maar sy is bang dan praat sy ook oor Frankie en Stephan, en sy wil nie. Sy hou haar hard en luister nie juis nie. Sy is honger en vir die eerste keer in 'n lang tyd lus om te eet. Ouma Ragie het jou aangepraat as jy nie wou eet nie. Dit was onmoontlik om 'n stukkie kool of 'n skyfie pampoen op jou bord te los. Sy het jou alles vertel van kinders wat honger ly in die lokasie, jou saamgeneem die volgende keer as die kerk sop en brood of stowekos en mieliegruis gaan uitdeel het. Haar ouma se stoof het nie kans gekry om koud te word nie. Daar was altyd iets wat stowe.

Sy kon nie voorbly nie.

"Kom jy van die Kaap af?"

Ragel skrik toe die vraag in haar rigting kom.

"Nee … eintlik Bellville."

Marinda Boshoff woon in Bellville.

"Dis 'n stuk pad vir 'n vrou om alleen aan te pak, veral met die weer soos dit lyk."

"Ja, maar ek het goed gery."

"Waarheen is jy op pad?"

"Clanwilliam. My ma is siek."

"Jou man moes jou nie alleen toegelaat het nie."

"My man … ek is …" Te laat. Sy dra nog haar ringe. "Ons is pas geskei."

"Die dood het my en Ben geskei, toe ons dogtertjie ook. Dis hoekom ek nie slaap nie, hulle loop in die nag. Nog sop?"

Wat van 'n dogtertjie? Ragel het gehoor die tannie se man is oorlede, maar niks van 'n dogtertjie nie. Sy vra liewer nie.

"Dankie, ek het lekker geëet. Daar is iets … Kan ek, mag ek rook?"

Tannie Susan sug en trek haar gesig suur. "In jou kamer. Maak die vensters oop en wees versigtig om nie gate in die beddegoed te brand nie."

"Ek doen dit nie gewoonlik nie."

"Ek sal vir jou 'n asbak gee."

Ragel staan op. "Baie dankie."

"Jou kamer gaan koud wees."

"Ek het winterpajamas in my tas."

"Ek maak vir jou 'n warmsak."

"Kan ek hierdie kombuis toe vat?"

"Los, ek is op pad soontoe."

Verbeel sy haar of is tannie Susan ongeduldig vandat sy toestemming gevra het om te rook?

Ragel het skaars die kamerdeur agter haar toegetrek, of daar is 'n klop aan die deur. Die tannie gee vir haar 'n porseleinasbak versier met afdrukke van 'n bloedjong koningin Elisabeth en prins Philip.

"Dit was Ben s'n," waarsku sy voor sy vinnig wegstap.

Ragel maak die venster oop en 'n ysige wind tref haar vol in die gesig. Dit pluk aan die gordyne en waai die kamer nog kouer. Amper breek sy 'n ruit toe sy dit te vinnig toetrek.

Nee, sy gaan eers haar warm pajamas aantrek en in die bed klim voor sy vanaand 'n sigaret opsteek.

Nog 'n kloppie aan haar kamerdeur en tannie Susan oorhandig die warmwatersak toegewoel in 'n dik gebreide woljas. Ragel het laas in ouma Ragie se huis 'n warmsak in so 'n woljas gekry. Ouma Ragie was oud en sieklik toe Frankie gebore is, maar sy kon hom nog indra vir sy doop. Sy was lief vir hulle, veral vir Frankie, maar 'n jaar later is sy hemel toe. Daar was geen beter plek vir haar nie en sy het uitgesien na die "dag van haar verhuising", soos sy dit genoem het.

Ragel trek haar pajamas aan, maak weer die venster oop, klim in die bed en steek haar sigaret aan. Sy wil glo dat daar 'n plek is wat lewendes nie ken nie, en dat daar 'n strand is met rotspoeletjies waar ouma Ragie vir Frankie vissies en kluisenaarskrappies en see-anemone uitwys, waar hulle sandkastele bou en draairoomyse eet en dat hy, wanneer dit reën, by ouma Ragie in haar warm kombuis sit en leer om tolletjiebreiwerk te doen en slangetjies-en-leertjies te speel.

Die hemel kan dit nie wees nie, want die hemel is opgemaak, nes God.

Ragel is moeg. Dit is die eerste dag van haar waagstuk en sy is moeg. Sy sorg dat sy haar sigaret behoorlik dooddruk voor sy diep onder die dik gestopte duvet insak, haar tone gepunt teen die snoesige wol van tannie Susan se warmwatersak.

Sewe

Stephan luister drie keer na Ragel se stemboodskap wat sê dat sy nie kan antwoord nie, maar sal terugbel as jy jou boodskap, naam en nommer los. Sy klink soos die ou Ragel, so helder asof sy langs hom staan. Dit maak hom hartseer en bereid om haar te vergewe. Maar hy los nie 'n boodskap nie. Sy sal tog sien dat hy probeer het om te bel.

Haar kamerdeur is nie gesluit nie en hy maak oop, strompel in en skakel die hooflig aan. Waarom hy nog verwag het om haar daar te kry! Hy glo tog haar brief, dis hoekom hy nog nie hier in was nie.

Sy het alles netjies gelos. Die bed is opgemaak. Die leunstoel wat altyd met klere oorlaai was, staan leeg. Sy is weg.

Hy val op die stoel neer, kyk na die selfoon in sy hande. Hy gaan haar weer bel en vir haar sê waar hy is en hoe leeg die kamer is, maar dat sy eintlik nog hier is, dat sy hier hoort. Hy druk die nommer. Dalk is sy by haar bestemming, dalk antwoord sy nou.

Haar foon lui. Dit lui langsaan op die bedkassie!

Hy verdraai byna sy nek, sukkel orent, staar na die foon, en wag tot haar boodskap deurkom, hoor dit met eggo's.

"Dit is Ragel Naudé se foon, ek kan nie nou antwoord nie, maar laat jou naam, nommer en 'n boodskap. Ek bel jou sodra ek kans kry, dankie!"

Daar lê die foontjie. Sy het dit met opset gelos, netjies langs haar bed, 'n nota ter verduideliking daarby.

Ek het die kontrak gekanselleer. Van die einde van die maand af is dit ongeldig en dan sal hierdie nommer ook verval.

Hy tel die foon op en staar na die rits onbeantwoorde oproepe. Daar is sy naam drie, vier keer, 'n halfdosyn Tienies en Ankes. Met groeiende ontsteltenis lees hy die SMS'e wat Tienie en Anke gestuur het, asook 'n bevestiging van haar verskaffer dat die kontrak die 31ste Augustus afgehandel word.

Sy is weg, sy het hulle almal afgesny en agtergelaat. Sy keel trek toe, dit bring trane in sy oë. Hy moet keer of hy skree soos 'n wolf in die maanskyn. Ragel is weg! Maar sy is nog hier. Hy kry haar reuk. Hy sien haar om die bed loop, by die venster staan en uitkyk, voor die spieël haar hare kam, vorentoe leun om grimering aan te sit. Hy kan sien hoe sy haar kasdeur oopmaak en 'n jas uithaal, dit aantrek, die sleutels vat, die handsak op die bed, vir oulaas omkyk voor sy uitstap.

Daar staan van haar persoonlike besittings op die bedkassie en spieëlkas, haar paar ou pantoffels langs die badkamerdeur, haar elektriese tandeborsel aangeskakel asof sy dit enige oomblik gaan nodig kry. Wat het sy alles ingepak? Haar nagrok is dan nog opgevou onder die kussing.

Hy kyk oor sy skouer. Sy speel speletjies met hom. Sy terg hom soos sy altyd gemaak het toe hulle pas begin uitgaan het en sy vir hom weggekruip het. Ragel kan baie goed wegkruip. Hy moet lewe kry en haar soek. Sy is iewers in die huis. Miskien het sy die sleutel van die kinderkamer gekry en lê sy op Frankie se bedjie opgekrul. Daar is 'n spaarsleutel in die kluis, net hy weet daarvan. Maar dalk het sy uitgevind.

Hy steier, hy pyl op die pantoffels af en tel dit op.

Sy kan nie te ver wees nie, nie sonder haar gunstelingpantoffels nie.

"Ragel?" vra hy saggies, dan harder. "Ragel! Jy't lank genoeg weg-gekruip! Kom uit, ek vergewe jou. Kan jy my vergewe?"

Stilte.

Geen antwoord nie, nes vroeër, geen antwoord nie.

Hy is naar en dors, hy voel nie lekker nie en dit het hy aan homself te danke. Constance het hom ernstig gewaarsku teen die drank, sy alternatief vir Ragel se slaappille en sigarette. Maar soms neem Ragel ook 'n stywe dop. Sy moenie dink hy weet dit nie. Constance wil hê hy moet 'n dokter gaan sien, 'n dokter en 'n sielkundige. Nee, hy is te trots om 'n voorskrif vir senuwees by hul huisdokter of enige ander dokter te vra. Probleem is, hy ken hulle almal te goed. Voor hulle wil hy sterk wees. En hy kan homself help. Soms kyk hy verlangend na die barbiturate en antidepressante wat hulle agter slot en grendel moet hou. Maar hy het nog nie so laag gedaal om geskeduleerde me-disyne in sy eie apteek te steel nie. Dan koop hy liewer cannabis by die Rastas. Nou het hy 'n regmaker nodig, 'n teensuurmiddel om die sooibrand te neutraliseer en hoofpynpille – nie koffie nie, kos. Dalk is daar 'n bevrore maaltyd in die vrieskas.

"Ragel!!"

Hy gaan staan in die gang voor die kinderkamer se toe deur en klop en klop.

"Is jy daar? Ragel, slaap jy? Ek kom jou uithaal!"

Hy druk sy oor teen die slot. Geen geluid nie.

Die trane neem oor. Hulle stroom.

Hoeveel keer het hy nie snags sy oor teen die deur gedruk om te hoor of Frankie slaap nie?

Nag, my kind, nag, Pa se seun.

Nou trommel hy met sy vingers teen die deur, dowwe kloppies, sagte tikkies asof hy bang is hy maak hom skrik, vir Frankie. Hulle het nooit nodig gehad om hard met hom te praat nie. Hy was 'n soet kind. Nuuskierig en lewendig, maar stroopsoet en slim, en sterk op sy stewige beentjies. Sy oupa het ook so gesê. Hulle sou hom Nuweland toe gevat het om te gaan kyk hoe speel die WP. Hulle sou Helderberg gaan klim het en met die visbote uitgegaan het, al die dinge saam gedoen het voor oupa Faan te oud word om by te hou.

Stephan keer sy trane met sy hande. Dit help nie. Sy hande kan nie soveel trane hanteer nie. Dit drup tussen sy vingers deur en spat op die vloer. Hy huil en skreeu tot hy nie meer kan nie en die stilte soos 'n nat sak op hom neerdaal.

Wat sou erger gewees het? Om sy pa te verloor of sy seun? Sou hy kon kies?

Maar hier staan hy stokalleen. Geen wonder sy pa is 'n jaar ná sy ma se dood getroud nie. Die huis is grafstil sonder sy vrou en sy kind. Dis nie soos hy dit beplan het nie, nie soos hulle dit saam uitgedink het nie.

Die pad loop nie reguit nie, dit kronkel en verander onverwags van netjies geteer na 'n vieslike moddersloot. Ragel moet konsentreer om die kombi aan die gang te hou. Die wiele gly gevaarlik en dit voel of daar niks is om teen vas te trap nie. Die voertuig val skielik na 'n kant toe. Sy hang aan die stuurwiel, ruk dit weer regop, sukkel deur slote en skeure. Dit reën hard en aanhoudend, en al werk die ruitveërs teen hoogste versnelling, sien sy net water en nogmaals water. Is haar kombi 'n skip wat sy deur 'n stormsee moet stuur? Maar skielik is die stortbui oor en is sy weer op teerpad. Sy hoor hoe klonte modder en klip wegspat, ontspan en ry aan. Dan doem die volgende stuk grondpad voor haar op. Dis nie 'n pad nie, dis 'n vlak stroompie toe onder wit watervoëls en sy moet daardeur. Sy trap vas en skrik wakker, sien deur die slaap witterige vlerke na haar toe aangevlieg kom. Angs het haar vasgegryp. Die plek is vreemd en koud. Is sy eindelik hier – by hom?

"Frankie?" vra sy sag.

Sy luister, en hoor ver weg hane kraai. Sy het laas op die plaas gehoor, toe sy kind was, hoe hane vroegdag kan kraai, asof hulle vir mekaar boodskappe stuur van die nuwe dag wat breek.

Sy weet nou waar sy is. Op Piketberg, in tannie Susan se gastehuis.

Buite ontwaak nog ander geveerdes, binne is dit stil. Die tannie slaap nie snags nie, maar miskien oorval dit haar in die vroegoggend. Die luggie wat by die oop venster inkom en die kantgordyne kort-kort lig, is so koud, Ragel trek die duvet oor haar tot net haar neus uitsteek. Sy lê 'n ruk so, haar voete teen haar louwarm watersak, skuif dan regop en soek na die pakkie sigarette op die bedkassie.

Sy het nie veel geslaap nie, maar wonder bo wonder nie lank wak-ker gelê voor sy weggeraak het nie. Sy was deurmoeg, dis hoekom. Haar skouers en blaaie is stram en styf, haar bene en arms ook. Dis nie net spanning nie, sy het gewerk soos 'n besetene om die huis met al die kaste en die kombuis silwerskoon agter te laat. Buitendien was sy heeltyd bang Stephan loer in die kombi en sien sy is besig om te pak. Die rit hiernatoe was ook nuut vir haar, so alleen in die nag. Maar hier wil sy nie bly nie, nie in dié koue kamer nie.

Vandag ry sy in die daglig, en sy wil by haar bestemming afpak. Sy wil nie oral aandoen en 'n spoor agterlaat wat maklik gevolg kan word nie.

Sy druk die sigaret dood, voel skielik skuldig omdat sy meer tyd in haar gedagtes aan haarself en haar planne afstaan as aan Frankie.

Nee, Ma se kind, ek sal jou nie vergeet nie.

Sy sak weer onder die duvet weg, lê en bewe en oorweeg of sy sal opstaan en die ellendige venster toestoot, toe sy 'n deur verder hoor oopgaan. Die gangvloer kraak, Keiser se toonnaels klik-klik en die agterdeur word oopgesluit. Sy hoor die hond in die agterplaas uit-hardloop, die agterdeur toeklap.

Kasdeure gaan oop en toe, potte en panne klap teen mekaar.

Tannie Susan is aan die werk.

Ragel lê toe-oog en luister. Die hond gaan aan die blaf, iemand praat met hom. Dis 'n ander vrou. Kort daarna gaan die agterdeur oop en twee vroue praat met mekaar. Die wekker langs die bed sê dis halfses. Tyd om op te staan, want hier is sy nie in beheer nie. Sy wil wegkom en haar eie plek soek, waar tyd nie bestaan nie en sy kan kies wanneer sy in die bed wil bly en wanneer sy wil opstaan, dag en nag kan omruil soos tannie Susan seker doen. Maar vanoggend is sy al weer vroeg op. Sy kan van haar kop af raak, sy kan gevaarlik raak. Geen mens kan onbepaald sonder slaap nie.

Ragel steek haar voete in haar nuwe pantoffels, gooi haar kamerjapon oor en maak eers die venster toe. Sy vat haar wassakkie saam badkamer toe. Haar hare lyk gekoek. Sy sal dit uitkam en vasmaak, nie hier sukkel met was nie. Oor 'n uur of twee wil sy op pad wees.

Sy trek dieselfde klere as gister aan. Sy maak seker dat sy alles inpak en die kamer netjies los, trek selfs die duvet reg. Sy is nog daarmee besig toe iemand aan haar kamerdeur klop. Dis 'n bleek vrou met sagte bruin oë. Sy het 'n roesrooi trui aan met 'n wit voorskoot oor.

"Goeiemôre, ek is Linda, ek werk hier by die gastehuis. Mevrou het glo gesê koffie is goed."

Ragel kan nie onthou nie, maar sy waardeer dit.

Linda sit die skinkbord op die bedtafel neer.

"Hoe lyk dit dan mevrou is klaar ingepak?"

"Ja, ek's bietjie haastig. My ma is siek."

"Ek verstaan. Dis goed mevrou kan haar nog gaan sien. Mevrou wil seker vroeg ontbyt neem?"

"Ek wil julle nie verontrief nie."

"Nee, ons het deesdae mikrogolfoonde. Mevrou kan so tien voor sewe se kant kom aansit, nè?"

Linda wag nie vir haar antwoord nie, sy loop. Maar trek darem die deur agter haar toe.

Daar is beskuit op 'n bordjie. Die koffie is stomend warm, die melk ook.

Ragel slaan die kaartboek wat sy vir dié doel gekoop het, oop. Sy gaan tog Clanwilliam se koers inslaan. Die veldblomme is nog nie uit nie en daar sal blyplek wees. Dalk stoot sy aan tot in Upington, of kry sy 'n gehuggie soos Ratelfontein of Eendekuil om tot rus te kom.

Maak nie saak nie. Wanneer sy eers daar is, wil sy nie eens weet waar sy is nie. Sy wil net wees.

Die koffie is lekker – nie kits nie, geperkoleer.

Sy het haar roete uitgewerk. Sy bly op die N7 Citrusdal toe en dan Clanwilliam. Daar sal sy wel haar afdraaipad vind, of dalk deurstoot na Trawal of Klawer. Gelukkig het die reën opgeklaar. Die pad sal skoon wees en die pad sal haar wegneem.

Sy maak die boek toe, kyk weer in die kamer rond of sy alles wat hare is, ingepak het.

Nou eers sien sy die Bybel op die ander bedkassie – asof mense wat graag Bybel lees nie hul eie Bybel saamkarwei nie. Sy stel nie belang nie. Tog kan sy nie help om te dink aan die oggende wat sy gereeld gelees het nie, aan die huis waar sy grootgeword het, haar ma en haar ouma wat vir haar Bybelstories lees, die kategeseklas, die gemeente waar sy en Stephan lidmate was. Dominee Louw wat Frankie begrawe het, het so herhaaldelik na hulle toe teruggekom dat sy verplig was om Stephan te vra om hom te vra om asseblief nie weer te kom nie.

Wat tussen hulle bespreek is, weet sy nie. Sy het haar in haar kamer toegesluit.

Sy wou ook nie hoor wat Stephan daarna te sê gehad het nie. Maar dominee Louw het nie weer kom aanklop nie, ook nie een van die ander pastorale werkers nie. Dis net Tienie wat volhou om die Here Jesus se Naam voor haar te noem, ook Anke nou die dag, byna verskonend. En Ragel het die indruk gekry dat selfs hulle onseker is oor die krag van God en die werking van die Heilige Gees. Hulle kon dit immers nie meer waarneem in Ragel en Stephan se omgewing nie.

Sy wil niks meer hoor van so 'n wrede God nie.

Sy stel nie belang nie.

Die boek op die bedkassie is oorgetrek met 'n lapomslag en versier met valle wat by die kamer pas, maar dis ooglopend 'n Bybel. Ragel grinnik. Die Bybel is een boek wat dit regkry om sy teenwoordigheid te laat geld. Of dit oorgetrek is met sagte lap of stewige leer, dit verteenwoordig 'n standpunt en maak 'n mededeling wat nie ontwyk kan word nie. En skielik is Ragel benoud. Waar het sy dié stelling gekry, in watter preek, by watter Bybelstudiegroep? Is God hier, soek Hy na haar soos Hy na koning Dawid gesoek het? Waarheen sal ek gaan om u Gees te ontvlug? Dis in die Psalms. Waarheen sou ek vlug om u teenwoordigheid te ontkom? Wil Hy haar dwing om die Bybel oop te maak? Nee, sy sal gestraf word. Sy sal nie vergewe word nie, want sy wil nie vergewe nie.

Sy moet maak dat sy wegkom uit hierdie kamer en uit hierdie vreemde huis met sy dwalende huisvrou en haar dooie man! Sy wil loop, maar die Gotiese skrif keer haar vas in swart letters op 'n silwer agtergrond versier met 'n kitsch krans van blinkrooi rose.

Ende wy weten dat den genen die Godt lief hebben alle dinge medewercken ten goede.
Romeynen 8:28

Nee, hierdie een is nie vir haar bedoel nie, want sy het Hom nie meer lief nie.

Maer in desen allen zijn wy meer als overwinners.
Romeynen 8:37

O nee, sy is 'n verloorder. Geen keuse nie, dis wat sy vir Stephan geskryf het. Sy vlug blindelings, en sy weet nie of haar oë weer sal oopgaan nie. Is dit van God wat sy wegvlug? Is daar iewers 'n plek waar sy kan wegkruip vir Hom? Sy het al klein dorpies gesien wat so lyk – Godverlate. Dis wat sy soek, 'n plek sonder 'n kerk waar God nie bestaan nie. Daar moet so 'n plek wees.

Ragel slaan haar arms om haar lyf, sy draai haar rug op die tekste.

Sy het haar hand op die deurknop toe iemand aanklop.

"Mevrou Boshoff?"

Dis Linda.

"Ontbyt is gereed."

"Dankie, ek kom!"

En dankie, ek hoef nie nog 'n nag in dié kamer te slaap nie.

Ragel maak die deur oop en volg Linda in die gang af. Die geur van spek en eiers en vars geperkoleerde koffie hang in die lug. Sy het lanklaas haar dag met 'n behoorlike ontbyt begin.

Agt

Stephan skep opgehoopte lepels vol kitskoffie in 'n beker. Dis amper middag, sien hy op die kombuishorlosie. Hy moet bel, hy moet reëlings tref, verklarings maak, verskonings indien. Hy stoei met die regte woorde, met besluite. Sy kop voel dik van die vorige aand se doppe, te veel om te tel, wel maklik om te skat aan die hand van hoe min oor is in die bottel wat hy in sy kamer voor sy bed opgetel het en saamgebring het. Die kombuis lyk vreeslik. Die ruiker wat hy vir Ragel laat aflewer het, lê die vloer vol. Sy skuld – hy het dit van die tafel afgegooi. Maar Jasmine sal nie weet hoe hy haar handewerk verniel het nie. Die restauranteienaar wat hom gisteraand gebel het om te verneem of meneer Naudé nog die tafel neem, het dit nie so gelukkig getref nie. Wat het hy die man toegesnou? Hy sal 'n tjek moet uitskryf, met 'n verskoning daarby, iets om sy reputasie as sakeman te red.

Hy het gereageer, verkeerd en deurmekaar, dis al. Moes hy Ragel gaan soek het, haar verdwyning by die polisie aangemeld het? Tienie geskakel het, Anke op hol gejaag het? Maar nadat hy haar selfoon ontdek het, was hy so ontwrig dat hy met niemand wou praat nie, net met die bottel. Hy het haar lief, verdomp! En sy het hom bedrieg.

Die ketel kook – 'n harde geluid in die stil huis. Hy is so deur die blare, toe hy kookwater in sy beker gooi, loop dit oor. Die koffie is te warm om te drink en hy het dit nóú nodig. Hy gooi die helfte in die opwasbak uit, roer 'n goeie skoot brandewyn by en gaan sit by die tafel met haar brief, vryf dit plat, lees dit weer stadig deur.

Sy is weg na 'n plek waar sy alleen kan wees en perspektief kan kry, waar herinnerings aan Frankie haar nie sal pla nie, waar sy hom, Stephan, nie in die oë hoef te kyk nie – hy, die skuldige. Sy beskuldig hom, sê dat sy op sy aanbeveling weggaan. En dan sê sy sy is jammer en hy moet homself oppas. Wil sy háár daardeur verontskuldig?

Sy het glo nie 'n keuse nie, maar sy het! Sy kon hom meer krediet gegee het, meer tyd, hom die aand wat hy beplan het, gegun het. Dit was moeilik genoeg om self sover te kom, self weer te wil begin werk aan hul verhouding, nie net ander mense na te praat nie – sy pa, Tienie, Blackie-hulle. Ragel het hom moed gegee toe sy haar kombi aan die gang gekry het en begin bestuur het, die huis skoongemaak het, vir hom kos gekook het. Toe was dit alles taktiek, bedoel om hom vals hoop te gee. Hoe weet hy haar smart is eg? Hoe weet hy dit het nie lankal begin nie, voor die ongeluk, haar begeerte om van hom af weg te kom?

Hy laat sak sy kop in sy hande, probeer terugdink aan die tyd voor die ongeluk. Die beelde is so vaag, hy kan hulle nie sien lag en speel nie, nie sien saamwerk en saamslaap nie. Maar daar wás goeie tye, hulle wás lief vir mekaar tot daardie vreeslike dag in Januarie. Dis toe dat sy verander het en haar aan die swartgalligheid oorgegee het, hy ook in die hel afgedaal het. Waarom? Waarom 'n engeltjie uit die hemel stuur om twee mense hel toe te jaag?

Nou het sy tyd nodig. Hoeveel tyd nog? Hoe lank gee jy iemand om reg te kom en terug te kom? Is sewe maande nie genoeg nie? Want hier was sy ook afwesig – en hy die gek wat om haar ronddans en gun-sies bedel. Buitendien, jy kan funksioneer, jy kan soos 'n beskaafde mens leef al is jy ongelukkig. Dis hoe mense is, die meeste loop met hartseer en pyn , die meeste is siek in die kop, maar hulle staan in die oggend op en trek aan en doen hulle werk en leef tot hulle doodgaan.

Hoekom wil sy so spesiaal wees? Hy het hom reggeruk, hy werk weer, hy praat met mense, hy lag selfs.

Hy stoot die brief eenkant toe en trek dit dan weer nader, stryk dit nog 'n slag plat, vou dit netjies. Dis sy bewysstuk, indien sy hof toe gaan met die saak. Hy sal hom verdomp nie deur haar laat beroof nie. Hy skuld haar niks, sy skuld hom! Hy sal sorg dat sy betaal.

Stephan gryp die koffie. Hy versluk hom daaraan.

Vergeefs! Sy sal vergeefs iets uit 'n egskeiding probeer wen.

Hy plak die beker neer.

"Te hel met jou, Ragel!"

Sy stem slaan teen die kombuiskaste vas. Die yskas sidder en skakel af. Dis koud, al het dit vir 'n uur of wat opgehou reën. Hierdie winter ken geen genade nie. Hoe laat het hy gesê kom hy vanoggend apteek toe? Tienuur … en dis nou kwart oor een.

Te hel met die apteek ook.

Sy beker is leeg en hy bly dors. Hy slaan sy hand om die bottel se nek en tiep die laaste slukke tot by die droesem in sy keel af. Dit verdof sy oë en ore, maak sy kop beurtelings lig en swaar.

Hy moet …

Hy moet bel. Waar is sy selfoon? In die kamer waar hy geslaap het of waar? Met die opstaan gooi hy die stoel om en gryp na die naaste kombuiskas, staan 'n rukkie voor hy die tog na die huistelefoon aandurf. Maklikste manier om sy foon te kry, is om die nommer te bel.

Hy grinnik.

Toe verneder sy hom, vat die pad, verlaat hom.

Weg …

Ragel is weg.

Hy lig die gehoorstuk. Daar is boodskappe, hoor hy. Eers luister, die kode skakel. Wat is dit nou weer? Dit staan in die boekie langs die foon. Hy slaan dit na en tik dit in, luister.

Vyf boodskappe, nee ses. Constance se stem.

"Stephan, dis elfuur en jy is nog nie by die werk nie! Het jy en

Ragel vergeet jy moet jou skof kom doen? Ek kan nie aanhou dub-
belskofte werk nie. Jou selfoon is af, die huisfoon lui en lui, wat gaan
aan met julle!"

"Ragel, ek klop en bel tevergeefs. Waar loop jy rond?"

Dis Tienie en dan weer Constance.

"Ek gaan Amir bel om te kom instaan, sal hom 'n storie spin. Dis
nie mooi van jou om so te maak nie."

"Ragel, hoe gaan dit? Ek het die aardigste gevoel oor jou, maar jy
bel mos nou weer. Bel my, ek is bekommerd. Jou selfoon is ook af."

"Ek het die apteek gebel en Constance sê julle is uitstedig. Jammer
ek pla."

Verdomp! Hy weet nie of dit Tienie se boodskappe aan Ragel is
wat hom die meeste ontstel of dié van Constance wat die apteek in
sy afwesigheid moet bestuur en hom en Ragel boonop beskerm nie.
Hulle is albei so lojaal, hulle verdien 'n verduideliking.

Hy kyk op die horlosie teen die muur. Dis ná een in die middag,
die tiende Augustus. Wie moet hy eerste bel, vir Tienie of Constance?
Hy het byna 'n hele dag gemis, dronk gelê. Sal Tienie verstaan? En
Constance? Moet hy haar vertel? Kan hy steeds op haar skouer huil,
of is daar grense aan haar medemenslikheid? Wat sê hy?

Tienie. Sy sal hom kan raad gee.

Hy skakel die huisnommer. Dit lui nie lank nie.

"Tienie Brodie hier."

"Tienie, dis Stephan."

"Stephan! Ek is so bly jy bel. Is julle terug? Ek bedoel, het julle toe
die aand geniet?"

"Ons was nooit uit nie."

Tienie is stil, dit klink of sy asem ophou en haar woorde tel. Hy
wil nog verduidelik, toe vra sy met 'n dun stemmetjie: "Wat is aan
die gang?"

"Ragel is weg. Sy het die pad gevat."

"Wanneer? Hoe?"

"Gister met die kombi."

"Het sy gesê waarheen?"

"Sy't 'n brief gelos – en haar selfoon. Sy wil nie hê ons moet weet waarheen nie."

Tienie sug. "Ek was bang sy doen iets onverantwoordeliks."

"Sy was die laaste tyd beter."

"Sy was nie regtig nie. Wat gaan jy doen?"

"Ek weet nie."

"Mag ek die brief sien?"

Hy huiwer.

"Ek weet dis persoonlik, maar miskien sien ek iets wat jy mis. Ons sal moet koppe bymekaarsit, Stephan. Ons sal haar moet soek, ek sal as jy nie kan nie. Wat van die polisie?"

"Ek wou, maar sy is nie ontvoer nie, sy het weggeloop, en dis nog nie vier en twintig uur nie. Dis 'n deurmekaarspul."

"Jy moet die polisie laat weet, sy is onstabiel, sy kan nie alleen nie."

Stephan is lus om te skree: *Wat van my? Ek is ook onstabiel, ek kan ook nie alleen nie!*

"Kom eers, kom lees die brief," sê hy sag.

"En jy?" sê sy onverwags. "Hoe tref dit jou?"

"Dis die laaste strooi. Ek kan nie meer nie."

"Ek is jammer. Ek dink toe net aan Ragel. Doen wat jy dink reg is, ek maak kos, dan bring ek vir jou saam."

"Dankie, Tienie."

Hy sit die telefoon neer. Dit behoort makliker te wees om Constance te bel, maar liefs nie apteek toe nie, na haar selfoon.

Hy skakel syne om haar nommer te kry, hoor die luitoon dof in die slaapkamer. Hy sal daardie spul blomme op die kombuisvloer moet optel voor Tienie hier uitslaan. Sy foon lui iewers onder die duvet. Hy haal dit uit, gaan sit op die bed en bel. Constance se stemboodskap versoek hom vriendelik om sy naam en nommer te laat.

"Constance, dis ek," is al wat hy sê.

Toe keer hy op sy rug om en lê en staar na die plafon. Hy voel of iets uit hom losgeruk is, hy voel agtergelaat, en stokalleen.

Ragel volg die teerpad tot anderkant Lutzville en kan nie besluit of sy wil verder nie. Sulke harde klipwêreld staan haar nie aan nie, hoewel Upington langs die Gariep ook deur wingerde en landerye gekenmerk word. Sy en Stephan was al 'n slag Augrabies toe, in 'n droë jaar toe die rivier min water oor die val gestort het. Hulle het besluit om terug te gaan wanneer daar weer 'n behoorlike waterval te sien is. Dit was drie of vier jaar gelede, en intussen was daar oorstromings en Frankie is gebore.

Sy dink heeltyd terug, sy kan nie ophou onthou nie! Sy luister radio en steek CD's met klassieke musiek in die speler, probeer haar gedagtes aan Frankie en Stephan met Bach en Beethoven uitwis. Maar dit is nie moontlik nie, want sy sien te veel bekende landmerke, en die dorp lyk ook skielik te bekend. Dis omdat sy en Stephan al voorheen hier deur is.

Sy stop by 'n garage met 'n uithangbord: TEEKAMER. Het die tyd hier gaan stilstaan of het sy die plek in haar verbeelding besoek? Sy parkeer die kombi en gaan maak 'n draai in die damesruskamer. Sy wil nie in die spieël kyk nie, maar sy lig onwillekeurig haar ken terwyl sy haar hande was. Die gesig wat na haar terugstaar, lyk so anders sy herken skaars die vrou, so kleurloos, asof sy enige oomblik kan wegsmelt en geen grimering 'n verskil sal kan maak nie.

Maar sy hou nie van grimering nie en het nog altyd min gedra – meer as hulle saans uitgaan, geen of min bedags. Sy was gelukkig en het dit nie nodig gehad nie. Daar was 'n natuurlike blos op haar wange en haar oë het geblink. Nou is sy grys, haar eie skaduwee, 'n voëlverskrikker, 'n ou vrou met 'n wolmus op haar kop en 'n serp om haar nek wat nie veel van haar gesig wegsteek nie. Sy drapeer dit nogtans effens beter, skud haar skouersak reg en stap oor na die teekamer, waar sy koffie bestel.

"Iets om te eet?" vra die vrou wat die bestelling neem. "Ons het lekker wraps."

"Wraps?"

"Pannekoeke met vulsels. Mevrou kan kies tussen sout en soet."

Ragel skud haar kop. "Ek sal nie nou eet nie, net koffie."

Die kelnerin knik teleurgesteld. Ragel kyk hoe sy wegstap en die bestelling vir die ander vrou agter die toonbank gee. Dis 'n huislike kafee met prente van Namakwaland se blommeprag teen die mure. Benewens die gewone winkelgoed, is daar rakke gepak met tuisgemaakte produkte. Ragel let op dat daar ook 'n hoekie vir rokers is waar mans om 'n tafel lag en gesels, wolke rook om hulle.

Nou is sy spyt dat sy nie 'n wegneemkoffie gekoop het en in die motor gaan sit het nie. Sy wil nie so ooglopend alleen wees nie.

Die vrou wat agter die toonbank staan, kyk na haar en glimlag. Sy sê iets vir die meisie langs haar, skuif agter die toonbank uit, loop reguit na Ragel toe.

"Mevrou lyk vir my so bekend."

Ragel kan nie dink waar dit vandaan kom nie. Sy het die vrou nog nooit voorheen gesien nie. Sy probeer glimlag.

"Mevrou is nie dalk familie van die Viljoens van Eendekuil nie?" vra die vrou.

"Nee, ek ken hulle nie."

"Jy lyk nes Aletta Viljoen," sê die vrou. "Uitgeknip."

"My van is Boshoff," sê Ragel.

"Jou getroude van?"

"Ja."

"Was jy 'n Viljoen?"

"Nee, ek was nie 'n Viljoen nie."

"Daar is iewers van hulle in jou voorsate, jy moet uitvind, mevrou Boshoff."

"Ek sal probeer."

Die kelnerin bring die koffie en sit dit neer.

"Niks te ete nie?" vra sy weer.

"Nee! Dankie," sê Ragel.

Sy vou haar hande en wag vir die twee om te loop.

"Sy lyk nog steeds vir my soos Aletta," sê die vrou vir die kelnerin toe hulle eindelik wegstap.

Ragel sit haar elmboë op die tafel, stut haar kop in haar hande en kyk na die stoomwalmpies wat uit haar koffie opdwarrel en verdwyn. So, net so was sy lewetjie, 'n asempie in die wind. Saam met die effense hitte teen haar wang, voel sy die branderigheid van trane in haar oë.

Mevrou Aletta Viljoen van Eendekuil.

Is sy 'n gelukkige mens? Of het sy ook rede om te treur? Wanneer Ragel terugdink aan haar spieëlbeeld en hoe sy vanmiddag daar uitsien, lyk Aletta Viljoen van Eendekuil seker ook nie na 'n vrolike soort mens nie.

Ragel neem 'n sluk van die koffie. Dis nog te warm en sy moet versigtig drink.

Sou ons mekaar kon troos, Aletta? wonder sy. Of is jy, soos ek, te moeg en gedaan om jou aan iemand anders te steur – te hartseer? Kan daar nog 'n vrou in die wêreld wees wat haar enigste seuntjie verloor het, nog 'n Ragel, nog 'n Frankie?

Ragel byt haar onderlip, die hartseer sit so vlak. Maar sy durf nie in die teekamer voor almal huil nie. Sy moet klaarkry en wegkom en haar eie plek soek waar sy kan wees wie sy is. Nie hier nie, nie verderaan nie, dalk terug. Sy en Stephan was hier, maar hy ry nie graag grondpaaie nie. So, as sy van hom af wil wegkom, sal sy van die teerpad moet afdraai, na dorpies wat sy nog nooit gesien het nie.

Ragel los dertig rand op die tafel. Dis te veel vir die koffie, maar vergoed ten minste vir die kelnerin se teleurstelling.

"Ry versigtig!" maan die vrou agter die toonbank.

Ragel maak die petroltenk vol. Sy ry op haar spore terug na Trawal, waar sy die afdraai vat na Ratelfontein Sy hou nie weer stil nie, sy ry tot sy 'n grondpad kry soos die een wat sy in haar nagmerrie gesien het, en dan 'n stukkie teerpad wat in 'n nog slegter grondpad verander. Dit is nie 'n droom nie. Dit het regtig swaar gereën, want die pad is vol slote en modderwalle en sy moet konsentreer om nie vas te val of te gly nie.

Hier woon mense, want die modder is vol vars wielspore, en vorentoe wag die dorpie onder die wakende torings van minstens twee kerke. Sy kan omdraai en verder vlug, maar sy sien nie kans nie. 'n Groepie kinders draf langs die pad en sy ry stadig by hulle verby, stadig verby die eerste woonhuise, die ry platdakwinkels. Algemene handelaar, bakkery, slaghuis, poskantoor. Sy draai in 'n systraat af, Kerkstraat, met 'n witgepleisterde kerk wat lyk of dit uit 'n vorige eeu dateer. Dis 'n elegante gebou, maar wie sê God is nog daar, nog hier? Sy ry verby gewelhuise met stoepies wat reg op die sypaadjie eindig, en aan weerskante erwe met geil groentetuine en vrugtebome en rank-rose. Twee vroue in pienk oorjasse, duidelik huiswerkers, loop langs mekaar en gesels en lag, 'n hond hardloop oor die pad, hoenders soek kos op die sypaadjie. Daar is 'n paar huise met TE KOOP-bordjies, ook 'n gastehuis met die nodige uithangborde, maar niks te huur nie. Die wolke pak saam vir die volgende reënbui.

Ragel draai weer af, ry nog stadiger. Die woonhuise begin al plek maak vir pakstore en geboue wat soos werkwinkels lyk. Die grens tussen ryk en arm raak duidelik toe sy die rye eenderse vaalwit huisies bereik, die skoon geveegde erfies met skewe hoenderhokke en honde wat aan kettings vas is, kinders in swerms, ook 'n kleiner kerkie met 'n korter toring.

Maar skielik neem die pad haar al langs 'n strook goed versorgde landerye na 'n imposante hek met daaragter die oprit na 'n wit plaas-opstal. Het die dorp teenaan die opstal ontstaan, of het die boer sy boerdery hier aangelê omdat goedkoop arbeid naby is? Sy kan nie uitmaak wat op aarde hier verbou word nie. In een kampie wei skape.

Ragel ry terug na Hoofstraat en parkeer voor die algemene handelaar. Langsaan is 'n kleiner aanbouseltjie, duidelik gemerk met 'n prominente naambord: BAKKER SE BAKKERY. Amper glimlag sy. Die bakkery spog verder ook met songeel-gestreepte seilkappies oor die vensters, wit geverfde hortjies en blou mure. Al is die voordeur toe teen die koue lok dit haar aan. Iewers moet sy uitvind of iemand vir haar 'n huis wil verhuur, en sy klim uit en stap nader.

In die loop vergaap sy haar aan die tros kindertjies wat verbydraf asof hulle laat is vir ete. Is dit hulle wat sy vroeër langs die pad gekry het? Van die heel kleintjies word geabba of op die heup saamgedra, ander kom huilend agterna. Almal is met modder besmeer. Ragel staar so, sy loop haar byna vas teen 'n fris geboude man wat met 'n bruin kardoes in sy arms voor haar opdoem.

"Jammer," mompel sy.

Die man groet vriendelik en dit lyk of hy 'n geselsie wil aanknoop, maar sy maak dat sy wegkom.

Nege

Constance bel teen vyfuur. Stephan is besig om die kombuis op te ruim. Sy hande is nat en hy kan nie die selfoon lekker hanteer nie. Hy bel haar terug. Sy klink nie alte vriendelik nie.

"Wat gaan aan?" vra sy bot.

"Ek weet self nie."

"Jy weet self nie?"

"Dis Ragel, sy ..."

"Verskoon my."

Constance praat met iemand wat nie kan wag nie. Stephan luister geduldig na die gewone roesemoes. Die apteek is bedrywig, hy kan dit hoor. En hy behoort in sy motor te klim en soontoe te ry en te help. Maar met sy bloedbelope oë en die alkohol wat nog nie deur sy liggaam uitgewerk is nie, hoort hy agter tralies, nie agter 'n aptekerstoonbank nie.

"Stephan? Is jy nog daar?"

"Ek is. Klink my jy's besig."

"Ek kan nie praat nie, ons hardloop soos mal miere. Almal is siek. Die dokters hou aan faks en ons kan nie aflewer nie. Lester is siek en die student skryf toets. Ek is vingeralleen met een student en twee assistente."

"Wat van Amir?"

"Hy is so vrot van die griep hy kan nie reguit dink nie. Toe stuur ek hom huis toe. "

"Ek wil graag help, maar ek kan nie. Ek is jammer."

"Ek ook!"

"Hoeveel uur nog?"

"Vier – nee, vyf. Jy beter vanaand inkom vir na-ure, ek is klaar."

"Ragel het my verlaat."

"Ekskuus?"

"Ragel is weg. Sy't haar kombi gepak en gery. Toe ek gistermiddag hier aankom, is sy weg. Ek het dit bietjie … oordoen."

"Stephan … ek weet nie wat om vir jou te sê nie. Ek is jammer vir jou, vir haar ook. Maar jy's 'n grootmens en miskien moes jy so iets verwag het. Ek moet gaan. Ek sal cope, solank jy môre inkom. En dankie vir die blomme, ek het dit nie verwag nie. Dis 'n baie mooi ruiker."

"My plesier. Ek's bly jy hou daarvan. Dankie dat jy cope, ek sal môre oopsluit. Moenie jou bekommer nie. Kom later of bly tuis. Ek is jammer, oor alles."

"Nee, ek sal inkom, en vroeg. Daar is goed wat ek vir jou moet verduidelik en ek het nie tyd om alles oor te tik nie. My notas is deurmekaar. Ek gaan, ek moet gaan."

Stephan staan 'n rukkie en kyk na die selfoon voor hy dit neersit. Constance se aandeel in die apteek is so klein, hy kan haar skaars sy vennoot noem. Maar sonder haar sou hy nie kop bo water kon hou nie. Hy sou die apteek moes sluit, hy sou alles waarvoor hy gewerk het, verloor. Sy dra en verdra hom, verduur hierdie ellende nou al maande saam met hom. Aan die begin het sy selfs huis toe gekom en Saar gehelp met die huishouding, vir Ragel gedoen wat sy kon – en dit was bitter min. Want Ragel het almal uitgesluit, behalwe haar niggie, Tienie.

Dit was Tienie wat haar die eerste keer sover gekry het om te eet. Sop wat Constance gekook het. Stephan glimlag wrang. Hulle het vir Ragel gelieg, gesê dis Tienie wat dit gemaak het. Tienie het ewe die bestanddele opgenoem. Toe glo sy haar en eet ses lepels vol. Ragel het tóé al so klein geword, so nes 'n kind, maar 'n koppige kind. Die dokter het gesê hulle moet haar kans gee om te lê, sy sal weldra opstaan.

Nou het sy.

Stephan vee die kombuis, hy tel die gemors op en vat die bondel uit na die groot vullisdrom. Die paadjie wat hulle drom toe aangelê het, is oorstroom van die modder en verrottende blare, selfs 'n paar nat koerante. Maande gelede sou Ragel nie kon wag om dit op te ruim nie. Hy prop die sak vol gebreekte takke en leë bottels in die drom, sit die deksel stewig op.

Net betyds. Toe hy die agterdeur agter hom toetrek, hoor hy die voordeurklokkie. Hy stap vinnig soontoe en pluk die deur oop. Tienie staan agter die veiligheidshek, haar gesigsuitdrukking stroef, 'n mandjie in haar een hand, haar motorsleutels in die ander.

"Het jy al iets gehoor?" groet sy.

Hy skud sy kop en sluit die hek oop, laat Tienie in en druk dit weer toe. Sy snuif die lug. "Ruik of jy partytjie gehou het."

"Ek het, en ek't vergeet om vensters oop te maak."

"Los, dis koud. Julle huis was altyd warm van die kaggel."

"Ragel het die laaste tyd net haar bed verwarm."

Tienie pak die mandjie op die kombuistafel uit.

"Ek het bobotie en rys gebring, en kluitjies. Jy moet eet. Was jy vandag by die werk? Nee, jy was nie."

Een kyk in sy rigting en Tienie weet.

"Kan ek tee maak?" vra hy.

"Asseblief, dis koud buite. Waar dink jy is sy?"

"Ek het geen idee nie."

Ragel se brief steek onder Tienie se mandjie uit. Stephan lig die mandjie op en gee die brief vir haar aan. Terwyl sy lees, maak hy die ketel vol water en haal die teegoed uit.

Agter hom haal Tienie skaars asem. Hy staan lank met sy rug na haar, beleef weer saam met haar elke woord, weet wat sy lees. Die ketel kook en hy gooi die water op die teesakkies voor hy omdraai.

"Sien jy," sê hy.

Tienie lyk besorgd. "Sulke tye wens ek Kobus leef nog. Hy sou raad geweet het. Hy sou haar dalk uit haar depressie kon uitgepraat het. As hy die begrafnis kon waargeneem het …"

"Hy sou niks aan die tragedie kon verander het nie. Frankie is dood."

"Julle dominee het sy bes gedoen."

"Maklik vir hom. Dis nie sy kind wat dood is nie."

"Dis nooit maklik om 'n kind te begrawe nie. Kobus moes dit 'n paar keer doen. En hy was op sy dag aan die grens, hy het van sy vriende sien sterf, jong mans. Ek het Kobus sien sterf, almal moet sterf."

"Frankie was 'n onskuldige kind."

"Dit was sy tyd, en jy en Ragel … Ek gaan dit nie sê nie."

Stephan wil nie met Tienie stry nie, maar hy hou nie van sinne wat in die lug bly hang nie. Ragel het ook dié manier. Dalk is dit 'n familie-kwaal om dinge halfpad te los – onbeantwoorde vrae, halwe stellings.

"Sê dit, Tienie."

"Jy sal dink ek is hard."

Tienie vou die brief toe. Sy kan hom nie in die oë kyk nie.

"Dis van al hierdie half gebakte woorde dat ons is waar ons is." Hy plak die teekoppies taamlik hardhandig op die tafel neer. "Ek glo nie ons sal ooit tot 'n punt kom nie."

"Dis omdat ons mekaar liefhet. Ons wil mekaar nie seermaak nie – Ragel ook. Jy kan dit sien in die brief, hoe sy jou gevoelens in ag neem."

"Deur die pad te vat, deur te verdwyn, deur my uit te sluit? Ons kon saam weggegaan het, ons kon saam gaan soek het."

"Sy is siek, Stephan. Sy wil soos 'n siek dier wegkruip tot sy gesond is, dan kom sy terug, sy belowe. Hier staan dit. Sy sal terugkom."

"Dink sy ek sal oukei wees as sy eendag terugkom? Dink sy dis maklik vir my?"

"Ons kan nie redelikheid van haar verwag nie."

"Ja, jy slaan die spyker op sy kop. Sy is uiters onredelik en selfsugtig."

Tienie tik met haar wysvinger op die brief. "Hier … Sy vra jou hier om verskoning."

"Maar ek hoor die verwyte, ek sien dit in haar houding, hoe sy nie meer na my wil kyk nie en hoe sy van my af wegdraai … Ek wil haar troos, ek wil haar vashou, maar sy kan dit nie eens verdra dat ek my hand op haar skouer sit nie."

Tienie lyk verbaas. "Julle het tog … by die graf?"

"Dit was die laaste wat sy spontaan aan my geraak het."

"Dis nie reg nie," sê Tienie. "Dis so verkeerd."

"Is dit my skuld?"

Tienie lê haar hand op Stephan se arm.

"Ek is jammer vir julle albei, en ek voel julle pyn. Dit hang soos 'n wolk oor hierdie huis."

"Die huis is vervloek."

"Nee, dis deurdrenk van trane," sê sy sag. "Dis een van die redes hoekom sy wou weggaan. Hier is te veel wat haar hartseer maak. Dis 'n put dié, en sy moes uit."

"So, wat moet ek doen? Hier bly, in die put?"

Hy gaan staan met sy rug teen die kombuistoonbank, sy arms gevou om sy bors.

"Jy het twee opsies," sê Tienie skielik helder. "Jy kan die pad vat en haar gaan soek, of jy kan aanbly en jou lewe leef – elke oggend werk toe gaan, die apteek aan die gang hou, vir haar wag. As jy nie hier wil woon nie, kan jy die huis verhuur en 'n woonstel iewers huur."

Stephan kan die logika insien. Beide die opsies lyk haalbaar.

"Ek kan nie verhuur nie," sê hy dan.

"Hoekom nie? Dit lyk of dit jou uitweg is."

"Wat van Frankie se kamer?"

Tienie sug. "Bly dan tot sy terug is, maar hou kop. Jy gaan alleen wees."

"Ek staan ten minste elke oggend op en gaan werk toe."

"Jy het nie vandag nie."

"Constance het my klaar daaroor uitgevreet."

"Constance is 'n sterk vrou," sê Tienie. "Aantreklik ook …"

Daar speel 'n dubbelsinnige glimlaggie om haar mond.

Stephan ignoreer die skimp. Hy sit die teepot en melk en suiker op die tafel neer. "Moet ek skink?" vra hy, en doen dit sonder om op haar antwoord te wag.

Tienie gaan sit en trek vir haar 'n koppie nader. "Ons gee haar 'n week of twee."

"Vir Ragel?" vra hy.

"Vir Ragel en vir Constance," antwoord sy.

"Jy wil tog nie impliseer dat ek ontrou is nie?"

"Nee, ek waarsku jou net oor hoe maklik dit kan gebeur." Tienie stoot die ander koppie en suiker en melk na sy kant van die tafel. "Alles hier op aarde vereis 'n sekere hoeveelheid waagmoed. Jy waag dit om hier te bly. Ons waag dit om Ragel se verdwyning tussen ons te hou en nie by die polisie aan te gee nie."

"Ons sal medeverantwoordelik wees as sy nie terugkom nie," sê Stephan.

Hy voel reeds hoe die las van Ragel se verdwyning ligter op sy skouers rus, noudat hy dit met Tienie deel.

Sy kyk hom reguit aan.

"Ek gaan hierdie besluit vir die Here gee," sê sy. "Ek sal bid dat Hy haar bewaar en dat Hy haar heel aan ons terugbesorg. Waar sy ook al is, ek wil glo dat dit vanaand die regte plek is."

Die dik man agter die toonbank het nie 'n haar op sy kop nie. Hy dra 'n wit voorskoot oor 'n wit hemp. Sy moue is hoog opgerol en daar pryk 'n tatoeëermerk op sy een arm, lyk soos 'n hart met 'n naam op 'n gekrulde lint.

'n Tipiese bakker, dink Ragel, met iets anders. Entoesiasme? Gulhartigheid? Vir 'n oomblik wens sy sy het haar kamera sodat sy foto's kan neem en hom later in pastel of olie verewig; net vir 'n oomblik ervaar sy 'n speldeprik van die skeppingsdrang wat haar lewe tot Januarie nog oorheers het.

"Goeienaand!" Hy hang oor die toonbank, sy regterhand uitgestrek asof hy haar wil nader trek. "Welkom by ons."

Ragel kan nie anders nie, sy steek haar hand uit en verduur sy handdruk.

"Bakker, en moenie lag nie – dit is my naam. Maar mevrou weet waarskynlik, anders het mevrou nie van die Lambertsbaai-pad afgedraai om eers brood te koop nie. Is ek reg?"

Bakker brei sy r'e met mening. Dit maak dat hy nog vriendeliker klink.

"Eintlik nie, ek is nie op pad see toe nie. Ek wil hier bly."

"Mevrou is meer as betyds vir die blomme."

"Toe sien ek die winkel is oop."

"Tot seweuur vanaand. Skryf mevrou 'n boek?"

"Nee, ek skryf nie."

"Ek vra, want hier was laas iemand wat geskryf het."

"Ek soek losies. By wie kan ek uitvind?"

"Ons het twee gastehuise op die dorp. Ek kan mevrou soontoe beduie."

'n Klein vroutjie kom van agter af met 'n plaat vol stomende pasteie. Sy groet vriendelik en stap in die rigting van die louoond.

"Tienke, die dame soek 'n gastehuis. Na watter een moet ons haar beduie?"

Tienke sit die plaat langs die oond neer. "Gerda is vol. Dit sal die pastorie moet wees."

By die aanhoor van die woord "pastorie" krimp Ragel ineen. Sy is tog nie lus vir 'n kamer in die predikant se huis nie.

"Ek wil 'n huis huur!" blaker sy dit uit. "Ek soek 'n huis."

Hulle kyk vir mekaar. "Mevrou Visser se dorpshuis!"

"Ek sal bly wees as ek dit kan kry. Is dit beskikbaar?"

"Blomtyd is oor twee weke. Hulle sal vir mevrou kan sê of dit nog oop is. Miskien is dit beter om vanaand eers by hulle oor te slaap."

"Hulle?"

"Dominee en mevrou, hulle hanteer mevrou Visser se huis vandat sy Strand toe is na die ouetehuis."

Ragel kry die gevoel dat sy vas is. Haar voorland is 'n nag in die pastorie, tensy sy ry tot sy die volgende eenstraatdorpie kry. Maar sy is moeg en bang vir die pad en sy hou van hierdie plekkie.

Bakker spring agter die toonbank uit, rats vir sy grootte, en uit by die deur. "Ek gaan kyk of ek hom kan keer. Dominee was nou net hier!"

"Hy't kom brood koop," sê Tienke. "Mevrou Van Velden kook smiddags groot. Maar jy sal nie honger gaan slaap nie. Dominee-hulle koop soggens en saans vars."

Ragel knik, sy het niks om te sê nie.

Tienke trek plastiekhandskoene aan en pak die glasoondjie vol. "Ons bak twee keer 'n dag vars brood, wit en bruin," sê sy. "Die mense hier is vas aan hulle gewoontes. Maar Bakker hou altyd 'n voorraad in geval van reisigers, veral in blomtyd. Mense wat gereeld verbykom, ken hom, en die tweede dag verkoop ons halfprys. Wag jou man in die motor?"

Ragel sien sy kyk na haar ringvinger. "Hy is nie saam nie."

"O."

Dis uit, nou sal hulle praat en wonder en hul eie afleidings maak. "Ons is pas geskei," voeg sy by. "Ek kon nie by die huis bly nie."

"Dis niks," sê Tienke. "My suster is ook geskei van haar man, toe gaan werk sy in Doebai, wou die wêreld uit vlug. Nou trou sy met 'n Palestyn. Kan jy dit glo?"

So loop die stories, dink Ragel. Teen môreaand weet almal met vaste gewoontes wat hul brood by Tienke en Bakker koop van die vrou wat van haar man geskei is en hierheen gevlug het. Laat dit so wees, die waarheid is vreemder as die leuen en dit deel sy met niemand.

"Hier, dominee!"

Die deur word oopgestoot en Bakker en nog 'n fris geboude man tree na binne. Ragel herken die man. Sy het haar 'n paar minute gelede teen hom vasgeloop.

"Johan van Velden," sê hy en steek sy hand uit.

"Ek is Marinda Boshoff."

Dis gesê, dis haar naam in dié geweste.

"Aangename kennis, en welkom by ons. Ek verneem van Bakker jy soek 'n huis te huur?"

"Hulle sê dominee en mevrou kan my help."

"Mevrou Visser se huis staan leeg, maar jy sal vanaand in die pastorie moet slaap dat ons môre eers die vensters en deure oopmaak en die stof en spinnekoppe uitjaag. Is dit jou kombi wat daar oorkant staan?"

Ragel knik.

"Ek moet by die huis kom voor die brood koud is. Ry agter my aan, die pastorie is langs die kerk. Dis 'n hoekerf, jy kan dit nie mis nie, ingeval ek te vinnig is vir jou." Hy hou die deur vir haar oop. "Dankie, Bakker. Geruste nag, Tienke!"

"Nag, dominee. Nag, mevrou Boshoff."

Ragel draai by die deur om en groet met 'n kopknik. Hulle staan langs mekaar, die groot bakker en sy klein vroutjie, 'n prentjie wat sy vroeër sou geskilder het. In die vervolg sal sy haar brood by hulle koop en versigtig wees wat sy sê, voor haar storie die pad vat en met 'n lang draai by Stephan uitkom. Sy voel hul oë op haar, voel hul nuuskierigheid aan, die afwagting om haar lewensverhaal in besonderhede aan te hoor.

Sodra die deur toegaan, sal Tienke vir Bakker vertel dat mevrou Boshoff en haar man geskei is. Of dit wettig en finaal is, weet sy nie, dalk net van tafel en bed. Feit bly staan, mevrou Boshoff het weggeloop, sy kan dit nie meer by die huis uithou nie, arme vrou. Bakker sal haar vermaan om nie uit te praat nie ... of sal hy? Verskil is, niemand hier weet wie sy is nie, al lyk sy soos Aletta Viljoen van Eendekuil of soos Ragel Steinbach-Naudé wat geteken en geskilder het, getroud is met Stephan Naudé en skielik die pad gevat het.

Wat dink hy van haar? Is hy ontsteld, hartseer, kwaad?

Ragel keer die opwelling van verlange. Soos sy hom ken, het hy gaan werk en staan hy nou agter die toonbank en maak of daar niks verkeerd is nie, lag en gesels met sy pasiënte en assistente asof niks hom pla nie. Intussen het hy 'n kopseer omdat hy laas nag wakker gesit het en weer te veel gedrink het. Het hy Constance ingelig? Weet Tienie en Anke? Is hulle van plan om, ten spyte van haar brief, polisie toe te gaan? Moet sy hom bel? Sy het 'n nuwe selfoon en sy het haar belangrikste nommers gelaai.

Die dominee loop straatop na 'n ou Ford-bakkie. Voor hy kan inklim, word hy voorgekeer deur 'n bruinman met die houding van 'n bedelaar. Hulle raak aan die gesels. Ragel sluit haar kombi oop en klim in. Sy haal haar selfoon uit haar skouersak.

Tien

Stephan skrik wakker toe sy selfoon lui. Hy gryp na sy sakke. Die foon lê op die koffietafel langs sy leë borde. Die bobotie wat Tienie gebring het, was sterk gegeur en so voortreflik hy het als opgeëet, ook die souskluitjies.

"Naand!" blaf hy sonder om eers te kyk wie dit is.

"Stephan, dis ek."

"Constance."

"Ek bel om te hoor of jy oukei is. Het jy geëet?"

"Tienie het kos gebring."

"Dis gaaf van haar."

"Sy was hier om Ragel te soek. Sy't eers gebel, toe sê ek vir haar."

"Hoe gaan dit?"

"Ek voel beter."

Hy bars voor hy haar vertel dat sy hom voor die televisie aan die slaap gevang het.

"Wat sê Tienie?"

"Sy sê ons moet Ragel 'n kans gee."

"Vir al wat ons weet, is sy môre terug."

"Miskien, en dit sal goed wees. Hoe gaan dit met jou?"

"Moeg, maar ek leef. Maak gou iets om te eet, dan's ek in die bad en in die bed. Jou blomme is so mooi, ek wens ek kan hulle saamneem werk toe. Môre wag daar nog 'n vroeë dag."

Stephan loer op sy horlosie. Dis twintig voor nege.

"Ek is jammer dat ek jou in die steek gelaat het. Ek sal van jou skofte oorneem, ons kan dit môre uitwerk."

"Vanselfsprekend, meneer Naudé! Jou woord is mos jou eer?"

Klink sy koketterig of verbeel hy hom?

"Ek belowe jou op my woord van eer, ek sal vir jou drie ekstra skofte inwerk."

"En tot Kersfees geen sterk drank oor jou lippe bring nie."

"Hoekom tot Kersfees?"

"Rede om iets te vier, tensy Ragel haarself uitsorteer en vóór Kersfees terug is in jou bed."

Klink sy nou venynig of verbeel hy hom dit ook?

"Kersfees is ver," sê hy lamlendig.

"Ag, ek het nie bedoel om katterig te wees nie. Ek kan dit net nie meer verdra om jou te sien swaarkry nie. Besef sy dit, hoe moeilik sy jou lewe maak?"

"Sy is te deurmekaar en te verward om te verstaan wat sy doen."

"Jy is 'n goeie mens, Stephan Naudé – te goed."

"Nee, jý is te goed. Dankie dat jy vir my ingestaan het."

"Dis niks – vir jou doen ek dit weer. Nag, Stephan."

"Constance ..."

Maar Constance het afgelui en hy bly agter met die naklank van haar stem in sy ore. Met die begeerte om nou by haar te wees, in haar gesellige woonstel met die groot bank voor die televisie waar hulle laataand sit en DVD's kyk en hy 'n paar keer oornag het omdat Ragel hom in een van haar histeriese buie uitgejaag het. Sy het hom nog nooit gevra waar hy gaan slaap nie. Miskien besef sy dis by Constance.

Hy verlang op die oomblik meer na haar as na Ragel. Maar hy sal nie in sy motor klim en soontoe ry nie. Vir al wat hy weet, verwag sy die ander man – die een wat haar op Vrouedag uitgeneem het. 'n Jongkêrel – nie, soos hy, 'n getroude man met probleme nie. Hy is so vreksels alleen, as hy nou 'n bottel in die kas uitkrap, vergeet hy van alles ...

Nee!

Hy loop kamer toe, grawe 'n sweetpak en drafskoene uit en trek dit aan. Buite sif die misreën so onophoudelik dat die sypaadjie 'n tonnel is waardeur hy koes-koes hardloop terwyl die lig van die straatlampe deur laag hangende boomtakke beur.

Hy draf tot hy die bekende huise en tuine onder die miskombers agterlaat. Hy draf tot hy langs die hoofweg beland en vinnige motors een ná die ander by hom verbyswiep. Hy is reeds in die middedorp toe hy besluit om om te draai. Sy asem jaag in sy keel, sy hart klop so gevaarlik dat hy van draf na stap moet oorslaan.

Miskien het Ragel intussen ook omgedraai en huis toe gegaan. Miskien wag sy vir hom, maak sy haar arms oop, smeek sy hom om haar te vergewe, en sy vergewe hom en vertel hom dat sy hom liefhet en dat sy weet hoe lief hy vir Frankie is en hoe lief hy vir haar is, hy hoef dit nie eens te sê nie, sy sien dit.

Hoe nader hy aan die huis kom, hoe meer is hy oortuig daarvan dat hy haar daar sal kry.

Ragel is aan tafel in die pastorie. Sy sit so regop asof sy 'n laaistok ingesluk het. Voor haar, aan die oorkant van die tafel, is 'n buffet volgepak met outydse porselein en 'n spieël met bont weerkaatsings. Langsaan teen die muur, hang 'n versameling portrette van mans in swart pakke. Dominee Johan hou huisgodsdiens vir haar en vir sy vrou en 'n bejaarde paartjie wat duidelik getroue kerkgangers is. Ragel is terug in haar tienerjare toe haar pa uit die Bybel gelees het en almal daarna in die ry af moes vrae beantwoord en bid. Sy verwag dit enige oomblik.

Tot haar verligting sluit die dominee sy voorlesing af met 'n gebed wat die tafelgebed ook insluit.

Mevrou Van Velden – haar naam is Emma – lui 'n klokkie en 'n bruin vrou dra die sop op tafel. Daarby kom vars brood en plaasbotter, korrelkonfyt en kaas.

Die pastoriepaar en die ander gaste gesels terwyl hulle eet. Die Van Veldens se kinders is in die koshuis op Malmesbury, 'n dogter en 'n seun. Die ander twee besoekers is afgetrede onderwysers van Bloemfontein wat die land deurreis voor hulle te oud raak vir sulke avonture. Toe hulle jonk getroud was, was hulle lidmate van die bekende Tweetoringkerk. Hulle praat van beroemde predikers wat daar opgetree het en van die galery se smal bankies wat so ongemaklik is, gesels opgewonde oor president Steyn en eerwaarde Kestell se grafte.

Ragel skakel af en luister nie meer nie. Sy raak al hoe meer in haar dop gekruip.

Een van die afgetredenes, die vrou, gee vir haar die brood aan en vra vir haar in watter kerk is sy.

"Ek gaan nie kerk toe nie," sê Ragel bot.

Vir 'n oomblik is daar 'n doodse stilte om die tafel.

"Koffie of tee?" vra Emma van Velden.

Sy is kleiner en korter as haar man, maar duidelik 'n raakvatter.

Almal bestel koffie. Die gesprek verskuif van kerke na die blommeseisoen. Daar is 'n kaggelvuur in die sitkamer, televisie vir dié wat wil kyk.

"Ek is baie moeg," maak Ragel verskoning en gaan na die kamer wat vir haar aangewys is, nogal met 'n private badkamer.

"Dit kos niks ekstra nie," het Emma haar vroeër verseker. "Slaap tot jy wakker word. Moenie jou steur aan klokkies wat lui en stofsuiers wat raas nie. Eet saam met ons aandete, môre kan jy tot nege-uur toe ontbyt neem. Ek sal intussen sorg dat die Visser-huis vir jou gereed gemaak word."

Ragel sluit die kamerdeur en sak op die bed neer. Haar eie plek, dis wat sy soek, nie lang tafels met links en regs entoesiastiese vakansiegangers wat aangaan oor kerke met twee torings en grafte van beroemde Afrikaners nie. God is nie daar nie, God is nêrens – ook nie in die katedrale van Europa nie, lank nie meer in die katedrale nie.

Dis koud en sy moet opstaan en gaan water tap vir haar bad. 'n Warm bad sal help om haar gespanne spiere los te maak.

Daar is 'n elektriese kombers op die bed, geen Bybelversies teen die mure nie, wel 'n Bybel op die bedkassie. Ragel skuif die Bybel eenkant toe, skakel die kombers aan en haal haar pajamas en haar toiletsakkie uit haar tas. Sy volg haar aandroetine soos 'n robot. Sy voel soos een. Sy voel asof sy in 'n droom beweeg. Haar naam is nie Ragel Naudé nie, haar naam is Marinda Boshoff.

Toe sy klaar gebad het, sluk sy een van haar slaappille en klim in die bed. Sy neem gewoonlik twee, maar sy wil nie môre heeldag slaap nie. Probleem is, een pil werk nie vir haar nie. Sy lê en lê en wag vir die slaap wat nie kom nie. Haar spiere pyn, haar beendere pyn. In elke hand klem sy 'n snesie vas, trane loop oor haar wange.

Sy en Stephan was gelukkig. Sy het hom vertrou, met baie dinge. Hy hanteer hulle finansies, betaal versekerings en lenings, laat haar toe om haar geld op die huis en tuin te bestee, om rustig vir uitstallings te werk, klere te koop waar en wanneer sy wil. Hy het haar soos 'n prinses behandel toe sy Frankie verwag het. Saam met haar na die voorgeboorte-klasse gegaan, bygestaan by die geboorte, alles byna fisiek saam met haar deurgemaak. Tuis het hy snags opgestaan, Frankie gebring vir sy voedings en hom agterna aan die slaap gesus. Sy het Frankie dikwels in sy sorg gelaat. Hulle was 'n oulike pa en seun. Sy het bewyse daarvoor, hope foto's digitaal geneem. Sy het van hulle laat druk, portrette geteken en geskilder, selfs 'n solo-uitstalling met 'n vaderskaptema gehou. Daar is vandag portrette van Stephan en Frankie in baie huise. Die bestes het sy nie verkoop nie. Maar ná die begrafnis het sy hulle van die mure afgeruk en op die vloer neergegooi. Was dit ná die begrafnis of ná die ongeluk? Stephan moes hulle opgetel het en iewers gaan wegsteek het. Sy het hulle nie weer gesien nie, al onthou sy dit, al sien sy hulle in haar nagmerries. Sy het immers maande daaraan gewerk.

Ragel keer haar trane met die snesies. Aan die begin was sy so woedend, sy wou alles maak en breek. Toe raak sy lusteloos en sit en lê asof sy verlam is, kyk ure aaneen na 'n stukkie van haar kamermuur, of 'n skaduwee wat aangekruip kom, die nag wat teen die ruite krap om in te kom. Bedags het sy die gordyne toegetrek en in haar eie huis rondgesluip asof sy nie weet waar sy is nie, selfs komberse bo-oor die gordyne gehang om elke strepie lig behoorlik uit te hou. Sy wou nie uitgaan nie.

Nou is sy uit. En dit was nie so moeilik nie, dit was net nodig om te besluit en by haar besluit te hou. Sy gaan hier wegkruip – vir alles. Sy gaan haar gordyne toetrek en haar deur sluit en wegkruip. Die geslaap in gastehuise, die gepraat met vreemde mense is te uitputtend om vol te hou.

Sy sal nie praat nie, hulle hoef nie te weet nie. Selfs sy weet nie presies wat gebeur het nie. Tog laat dit haar nie in vrede nie. Sy herhaal dit in haar gedagtes, herhaal dit en herhaal dit.

Frankie hou die hondjie te styf vas. Die diertjie wriemel los en spring weg. Frankie sit hom agterna. Ragel sien sy ruggie, sy stewige beentjies, hoe die knietjies en voetjies lig. Sy armpies en elmbogies klap soos vlerkies. Hy roep Vlekkie terug. Hy hardloop agter die hondjie aan. Vlekkie se oortjies wip, hy gee 'n tjankblaffie en kies die oop voordeur. Frankie gaan staan. Nee, Frankie hardloop en hardloop tot die lig alles uitwis.

Ragel hou asem op en wag.

Hy roep haar, hy roep haar.

"Mamma … Mamma … Ma."

Toe sy ure later bykom, is dit dag.

Sy skakel haar selfoon aan. Dis kwart voor agt – 'n skaflike tyd om op te staan. Maar die kamer is koud en die bed so snoesig sy wil liewer bly lê. Musiek en stemme kom in rukke en stote na haar toe aan. Iewers speel 'n radio of 'n televisie. Sy is weer by vreemdes, in 'n pastorie van alle plekke. Laas nag het hulle haar in vrede gelaat, maar vanoggend gaan hulle haar uitvra en ondervra totdat sy met die waarheid moet uitkom.

Sy sal nie.

Nog 'n paar uur, dan is sy weg en dan sluit sy haar voordeur. Sy weet nie eens hoe lyk die huis wat sy huur nie en sy gee ook nie om nie, solank dit vier mure het en 'n dak wat nie lek nie. Sy soek 'n bed om in te slaap en 'n ketel om water in te kook, gordyne voor die vensters, sleutels in die deure.

Maar eers moet sy die Van Veldens en hul ander gaste trotseer en voor hulle maak of sy normaal is. Sy is nie normaal nie. Haar oë is al weer vol trane en sy moet haar gesig was en was voor sy die moed het om haar hare te kam en aan te trek. Sy staan by die deur en haal diep asem voor sy haar hand op die deurknop sit, die sleutel draai en uitstap in die gang. Watter kant toe? So 'n lang gang, nes al die ander gange waar sy verby soveel deure moet loop, en die deure is altyd toe, toe. Sy moet aan die muur vashou om regop te bly. Iemand kom aangestap, 'n vrou, sy stoot 'n stofsuier.

"Môre, mevrou! Die kombuis is nog oop vir ontbyt!"

Ragel groet en stap by haar verby.

Dis stil in die eetkamer, die lang tafel is skraal gedek.

Sy gaan sit maar, skink lemoensap. Sit en staar na die buffet aan die oorkant. Die weerkaatsings in die spieël, sien sy, kom van natuurtonele wat teen die muur agter haar hang. Sy wil omdraai om dit te bekyk toe Emma van Velden aangedraf kom.

"Goeiemôre, Marinda, goed geslaap? Jammer, dis Saterdag en teen Saterdag wil niemand meer werk nie! Maar moenie jou bekommer nie! Ek kon gelukkig 'n spannetjie bymekaarlas vir die Visser-huis. Wat verkies jy vir ontbyt? Ons het mabela, hawermout, muesli, spek en eiers, wors, roosterbrood, muffins! Tee, koffie?"

"Ek wil nie moeite wees nie."

"Jy betaal vir moeite!"

Ragel kan haarself nie sover bring om te glimlag nie. "Roosterbrood en koffie, asseblief."

"Dis nie 'n ontbyt nie! Wat van 'n gekookte eier?"

"Nie eier nie, net 'n broodjie."

"Goed, maar belowe my jy eet van die marmelade. Ek het dit self gekook!"

Emma van Velden is te besig om lank te vertoef. Sy haas haar by die deur uit en Ragel hoor hoe sy bevele uitdeel. Die afgetrede paartjie is hopelik al op en uit.

Lyk so, te oordeel na die tafel wat byna klaar afgedek is.

Die buffet met die groot spieël trek weer haar aandag en dwing haar om om te kyk. Die muur is die ene bont gespikkelde olieverf-prente – 'n blommesee aan die Weskus, en Namakwaland in lente-glorie. Kolletjies, kolletjies oranje, wit, pers, rooi en blou. Te veel kleure, te onoordeelkundig bont! Belowend, maar duidelik die werk van 'n amateur, besluit sy, en kyk liewer voor haar na die geraamde portrette van groepe mans in swart pakke en wit dasse. Kerkrade. Sy onthou dit van ouma Ragie se huis. Oupa Pieter was jare in die kerkraad en het graag met sulke groepfoto's gespog. Deesdae kry jy nie kerkrade soos hierdie nie. Mans dra nie meer swart pakke en wit dasse nie, sit nie meer in die voorste banke nie. Dis nou vroue en mans deurmekaar. Hulle sit waar hulle wil en trek aan wat hulle wil. Ragel was self in 'n stadium 'n hulpwerker, sy en Stephan albei. Maar die Here het hulle nie nodig nie. Hy het nie raakgesien hoe ywerig hulle die oumense en siekes besoek het nie, hoe getrou hulle die wyk se bydraes ingesamel het nie.

Frankie is gedoop. Francois Stephanus. Dooplidmaat. Francois omdat hulle van die naam hou, Stephanus omdat dit Stephan-hulle se familienaam is. Hy was 'n dooplidmaat toe hy weg is.

Die Here het hom afgeskryf, die Here wou hom nie hê nie.

Ragel se hande gaan so aan die bewe, sy moet hulle onder die tafel vasvat. Toe sy weer opkyk, kyk sy vas in 'n stukkie van Michelangelo se Sixtynse Kapel. Dis 'n afdruk van die skepping van Adam. Die vol-maakte Adam lê nakend op sy een elmboog gestut, sy ander arm en hand na God uitgestrek. God dra 'n mantel van engele. Hy strek sy hand uit na Adam. Hulle vingers raak.

Die namaaksel van die kunswerk wat sy in al sy glorie al gesien het, lyk klein en oorbekend. Tog kan sy nie wegkyk nie. Dis groot kuns, dis die werk van 'n denker, die werk van iemand wat dit as vanselfsprekend aanvaar het dat God bestaan, al dryf God hom ook teen die mure uit om sy bestaan te bewys en sy storie te skilder.

"Die idee dat God Adam tot die lewe opwek deur bloot aan sy vingerpunt te raak, fassineer my ook," sê iemand skielik naby.

Dis Emma wat 'n skinkbord ingedra het. Ragel gaan haar nie sê wat sy alles dink nie. Sy kan nie eens vra waar hulle die afdruk gekoop het en of hulle al in Rome was in die Vatikaan – in pous Sixtus IV se kapel nie. Sy kyk hoe Emma die koffiepot en koppie van die skinkbord afpak, die roosterbrood laaste.

Hy kan sy hand wegtrek. Hy kan Hom toevou in sy mantel van engele en wegkyk.

"Johan het dit present gekry by Herman en Andrea Bezuidenhout. Hulle is van ons gemeentelede wat dit kan bekostig om elke tweede jaar oorsee te gaan. Dis 'n voorreg waarvoor ons nog jare moet spaar. Ek sou graag hierdie kapel in die werklikheid wou sien – hoe hoog die mure is, hoe ver die dak van die vloer af. Die arme Michelangelo het lang tye op sy rug gelê en skilder, vier jaar swaargekry en nogtans nie moed opgegee nie. Kan jy dink hoe't die verf in sy oë gedrup en hoeveel keer moes hy op- en afklouter? Haai, ek praat en jou roosterbroodjies word koud. Geniet jou ontbyt in vrede, ek hardloop oor na die Visser-huis. Die Noltes is vroeg vanoggend vort en Johan is uit in die distrik. Lui die klokkie as jy iets nodig kry, ons huishoudster is in die kombuis. Haar naam is Rosie."

Emma laat 'n wolkie vars laventel agter.

En amper glimlag Ragel.

Elf

Toe Stephan agter die apteek parkeer, staan Constance se Honda reeds daar. Dit reën nie vanoggend nie, maar haar motor is erg met modder bespat. Dis van heelweek se werk toe ry in die slegte weer sonder om kans te kry om by die motorwassers uit te kom, dis omdat sy boonop twee dae in sy plek moes werk. Hy moet haar gepas bedank, vir haar 'n geskenk koop, haar sê hoeveel hy haar waardeer en bewonder. Om te dink dat sy hom vanoggend van vroeg al inwag, nadat sy gister laataand eers tuisgekom het.

Hy het goed geslaap en betyds opgestaan. Hy is hier, maar hy is moeg en sy spiere pyn asof hy griep onder lede het. Seker van die ent se draf gisteraand en die teleurstelling toe hy tuiskom en Ragel is nie terug nie. Die huis het oornag 'n soort leegheid ontwikkel. Sy voetstappe is hol klanke wat teen die mure vasslaan. As hy 'n deur toemaak, vibreer die kosyne. Ragel is weg en hy mis haar – veral soos sy die laaste tyd was, byna die ou Ragel.

Hy is nie lus vir die dag nie, maar hy is nou hier en hy moet uitklim en gaan hoor wat Constance vir hom te sê het. Werkdinge, seker, al was sy gisteraand meer begaan oor sy situasie by die huis. Sy kan nogal baie professioneel wees as sy wil.

Hy vat sy werktas en stoot die motordeur oop. Amper trap hy in 'n modderpoel, amper struikel hy. Maar hy haal die afdak sonder 'n ongeluk. Dis koel, eintlik koud. Hy sluit die veiligheidshek oop, laat dit agter hom toeklap, klim die trap na die agterdeur soos 'n ou man met stywe bene. Toe hy oopsluit, sien hy Constance agter die rekenaar. Sy het 'n rooi truitjie aan en haar donker hare tuimel glad en blink oor haar skouers. Hy verbeel hom hy ruik haar parfuum voor hy die deur behoorlik oop het. Sy is besig, maar toe sy hom hoor, kyk sy om.

"Stephan?"

Sy fluister sy naam met soveel deernis, hy kan huil.

"Môre, Constance."

"Hoe gaan dit vanoggend?"

Sy is so mooi en goed versorg, hy kan nie glo sy het haar die laaste tyd oorwerk nie.

"Ek is oukei, maar … "

"Bekommerd?"

"Bekommerd en bang."

"Niks gehoor nie?"

"Nie 'n dooie woord nie."

Sy vou haar arms en wag 'n oomblik, oorweeg duidelik haar woorde voor sy praat. Haar truitjie span oor haar borste. Dis nie die eerste keer dat hy oplet hoe haar borste teen haar truitjies beur nie, maar vandag is dit so opvallend, hy moet wegkyk. In die somer knoop sy haar bloese soms te laag oop.

"Stephan …"

Sy dwing hom om weer na haar te kyk, deur die manier hoe sy sy naam sê.

"Jy sal moet aanvaar dat sy weg is."

Skuldgevoelens wil hom oorweldig oor sy onkuise gedagtes en sy versuim. Hy moes Ragel se verdwyning gaan aangee het, maak nie saak wat sy geskryf het nie.

"Sy kan dood wees en ons sal nie weet nie!"

"Dis twee dae. Iemand sou haar teen dié tyd gekry het."

"En as sy nie gekry wil word nie?"

"Die tyd sal leer."

Dit laat hom op die horlosie kyk. "Ons het minder as 'n uur voor die ander hier is."

"Ja, en hier is 'n paar voorskrifte waarna jy moet kyk." Sy kry 'n ander stemtoon, sy raak amptelik besig. "Dokters weet nie aldag wat hulle aanvang nie. Kyk hier. Jy sal dokter Wessels moet bel, hy luister na jou, nie na my nie. Ek moet jou toestemming kry oor die lys, dan bestel ek solank vir volgende week."

Stephan staan agter haar, hy skuif nader om oor haar skouer na die rekenaarskerm te kyk. Die warmte wat van haar af uitgaan, haar bekende parfuum, is so prikkelend dit maak hom lam in die knieë. Hy sal moet terugtree voor hy haar vasgryp en aan haar klou asof sy sy reddingsboei is. Hy is besig om te verdrink in 'n see van ellende en sy wil lyste en bestellings bespreek! Weet sy nie dat hy troos nodig het nie!

Constance, help my en hou my regop.

Het hy dit hardop gesê? Dalk het hy, want sy draai om en kyk na hom.

Hy is getroud en hy bly getrou, al hou Ragel hom die laaste maande op 'n afstand. Hy en Constance werk al byna twee jaar saam. Hulle is kollegas, vriende, goeie vriende. Selfs snags in haar woonstel het hy nie aan haar geraak nie. Vanoggend, op hierdie oomblik, is sy eenvoudig te naby.

Sy kry die sagste uitdrukking in haar oë, hulle blink.

"Ag, Stephan ..."

Sy sit haar arms om hom en hou hom liggies vas. Sy is so moederlik en tegelykertyd so uitdagend vroulik. Hy trek haar nader tot sy teen hom is. Haar borste druk teen hom en stuur skokgolwe deur sy lyf. Hoe het hy dit nie gemis nie, om 'n vrou in sy arms te hou, 'n vrou wat troos soos net 'n vrou kan troos. Maar dis Constance hierdie, sy kollega, sy goeie vriendin. Hulle het mekaar nog nooit so vasgehou nie, nog nooit gesoen nie. O ja, sy het hom 'n slag geluk gewens met sy verjaardag, en die keer toe hulle die saketoekenning van die stadsraad gekry het. Hy onthou dit noudat hy haar mond op syne proe – en dis maar die begin. Haar hande streel sy rug, masseer die stywe spiere. Dis maande laas dat iemand vir hom omgegee het. Sy arms word lam, hy laat sy hande langs haar lyf afglip. Sy is anders as Ragel, molliger en in 'n sekere sin vrouliker.

Die soen wat so onskuldig begin het, raak driftiger. Hy begeer haar, hy het haar nodig en dis opwindend, die omhelsing, die beste ding wat in maande met hom gebeur het – om Constance te soen.

"Ek kan nie langer vir haar wag nie," fluister hy asof die res van die apteekpersoneel net om die draai is.

"Kom bly by my, dan besluit ons wat ons te doen staan."

"Wat sal daardie vriend van jou sê – die een wat jou eergister uit-geneem het?"

"Ons is nie meer vriende nie."

Sy streel sy slape, sy ore, sy wenkbroue. Sy soen hom so liefdevol, en staan dan terug en kyk vir hom, haar arms om sy nek, 'n blos op haar wange. Sy is mooi, sy is mooier as wat hy gedink het.

"Jy bedoel ek kon gisteraand al in jou arms gelê het?" vra hy ligweg.

Wat besiel hom! Hy is buite beheer, in 'n gevaarsone, op die randjie van 'n afgrond.

Sy glimlag skalks, sy vee lipstiffie van sy mond af met haar duim, sy trek sy hempskraag tydsaam reg. "Ek gaan vir ons koffie maak. Jy wil nie hê die ander moet hiervan weet nie. Hulle mag nie – nie nou al nie."

Sy gesig is aan die brand. Hy kan die bloed in sy ore hoor suis, sy hartklop kom te stadig tot bedaring. Voor sy kan wegkom, trek hy haar weer nader en hou haar vas. Sy nestel teen hom aan met haar wonderlike sagte borste, staan tot hy haar loslaat. Haar parfuum klou aan hom. Maak nie saak nie. Hy gee nie om nie. Hy en Constance het vandag meer in gemeen as hy en Ragel.

Ragel en Rosie het die kombi afgepak. Die bokse staan rond en bont in die Visser-huis se voorkamer. Omdat dit so deurmekaar is, lyk dit na 'n groot trek. Rosie bied aan om te help met die uitpak, maar Ragel sê sy wil dit rustig doen en betaal haar goed vir die afpak.

Rosie is natuurlik so nuuskierig sy kan iets oorkom, maar sy moet terug pastorie toe. Ragel sluit die voordeur en gaan sit op die bank en kyk vir die bokse. Sy is nie lus om 'n steek verder te werk nie. Sy trek haar skouersak nader en grawe daarin rond vir haar sigarette. Dis die eerste keer vandat sy in die pastorie beland het, dat sy kans kry om in vrede te rook. Van haastigheid laat val sy amper die aansteker op haar skoot. Salig om met die eerste teug al te voel hoe elke hoekie en gaatjie van haar skedel dof raak, die pyn in haar bors skiet gee, die angs ligter raak.

Hulle soek haar. Sy weet hulle soek haar. En miskien moet sy hulle gerusstel en sê sy het veilig aangekom. Maar sê nou Stephan oortuig haar dat hy haar kan kom haal – of erger, dat hy 'n paar dae verlof sal neem sodat hy saam met haar kan rus? Nee! Sy wil alleen wees.

Sy wil niemand ken nie. Sy wil net wees.

Sy rook stadig. Daar is nêrens 'n asbakkie te sien nie en die as val maar op die blink gepoleerde vloer. Sy moet minder rook. As hier nie asbakkies is nie, behoort sy nie hier te rook nie, buite miskien. Maar vir wie wil sy beïndruk? Sodra sy betaal het, doen sy wat sy wil. Slaap in elke bed, rook in elke kamer.

Emma het die sitkamergordyne oopgetrek. Ragel kyk tussen twee Doriese stoeppilare deur. Daar hang 'n varing in 'n pot langs die een pilaar. Die huis sit voor teen die straat soos die meeste huise hier rond, soos al die huise in die straat. Daar het 'n ouerige man op 'n bank voor sy voordeur gesit en koerant lees. 'n Huishulp was besig om sy groen stoep nog groener te poleer. Hy het opgekyk en gegroet. Emma het vrolik gewaai en vir Ragel beduie dis meneer Swanepoel wat jare lank skoolhoof was en wat net vir party mense toestemming gee om hom "oom Swanie" te noem.

"Hier sit ons graag soggens en saans op die stoep," het Emma bygevoeg.

Die Visser-huis se stoep is rooi, die bank is wit en die varings wat aan die balke hang, is 'n gesonde groen.

Is sy veronderstel om dit nat te gooi noudat sy hier woon?

Eienaardig dat sy haar bekommer oor varings wat nie hare is nie. By die huis het sy al haar stoepplante laat doodgaan. Stephan het ook nie 'n poging aangewend nie. Hulle het die asaleas en krismisrose, haar pragtige fuchsias 'n stadige dorsdood laat sterf, die tuin wat sy met liefde en geduld en harde werk uit die as van 'n vorige verwaarlosing gered het, gelos dat dit vergaan.

Waarvoor sal sy omgee vir vreemde varings?

Ragel kry nêrens 'n bakkie om die sigaret in dood te druk nie.

Sy staan op, dwaal kombuis toe en kies die opwasbak. Iewers sal daar tog iets wees wat sy vir 'n asbak kan gebruik.

Die kombuis het groot vensters en baie kaste, 'n opwasbak onder een venster en 'n tafel in die middel. Sy loop van kas tot kas. Die breekgoed en glase is nuut, met hier en daar 'n kosbare stukkie antieke porselein. Daar is tee, koffie, suiker en poeiermelk in die spenskas, verseëlde flessies konfyt en Marmite, pakkies sop en Provita, selfs 'n baksel karringmelkbeskuit. Emma het haar verseker dat alles vars en eetbaar is.

Sy het 'n bak met vrugte op die tafel gesit en haar gemaan om brood en melk te koop voor vieruur die middag, wanneer Bakker sy winkel vir Sondag sluit. Die res van die dorp is ook Sondag toe, selfs die Sondagkoerante word Maandag eers afgelewer. Kerk is negeuur soggens en sesuur saans.

Het Emma nie gehoor dat sy nie kerk toe gaan nie?

Daar hang 'n kerkalmanak agter die deur. Die boonste helfte bestaan uit 'n afdruk van die groot wit kerk en die onderste helfte uit maand-vir-maand-aanduidings van gemeentelike bedrywighede. Die laaste maand wat afgeskeur is, is April. Op die blad vir Meimaand is daar hier en daar dae omkring. Seker toe iemand wat belang gestel het in kerksake, in die huis oorgebly het.

Toe Ragel fyner kyk, lees sy dat die gemeente in 1905 gestig is en die foto tydens die eeufees in 2005 geneem is. Sonder om verder te dink, druk sy met haar een handpalm teen die kerkfoto en skeur die boonste paar maande af tot by Augustus. Die blokkies met inskrywings beteken vir haar niks en sy lees dit nie, kyk skaars voor sy die bladsye stukkend skeur en in die kombuis se vullisblik gooi.

Dan sluit sy die agterdeur oop en gaan uit op die stoep wat seker eers oop was en later met glas toegemaak is en met diefwering versterk is. Daar staan 'n gemaklike rusbank en twee leunstoele, 'n teetafel oorlaai met tydskrifte en 'n leë potplanthouer.

Die venster is oop. 'n Ligte bries dryf kinderstemme soos 'n hand vol blare na binne. Sy het gehoop hier is nie kinders in die omgewing nie. Nou is hier. Toe sy die sonfiltergordyn wegskuif, sien sy 'n ry bome wat soos vyebome lyk, en stukkies van 'n hoë muur. Dis Saterdag. Die bure se kinders sal buite speel, veral noudat die son vir die eerste keer in dae skyn. Dit behoort 'n goeie teken te wees dat die weer verbeter, hoewel die reënerigheid haar goed gepas het. Dit sou haar 'n verskoning kon bied om in die huis te bly.

Sy trek die gordyn reg en loop terug kombuis toe. Sy hou van die huis. Dis netjies en nuut geverf. Die meubels is oud, maar nie lendelam nie, eerder antiek. Die kombuisgereedskap is uitgedun, tog is daar van alles wat sy nodig sal kry en meer, selfs koekpanne.

Emma het haar eers kom wys en saam met haar van kamer tot kamer geloop. Nogal drie slaapkamers, een dubbelbed en vier enkelbedjies. Sy is gelukkig, die mense wat vir die blommeseisoen sou gehuur het, het gekanselleer – die huis is hare vir so lank as wat sy dit wil hê. Daaroor, en oor die prys, sou hulle later praat. Ragel bloos toe sy onthou dat sy nog nie vir die nag in die pastorie betaal het nie. Maar Rosie sal vertel hoeveel bokse en tasse sy het om uit te pak. Iemand wat soveel bagasie afgelaai het, loop nie weg sonder om te betaal nie. Wat sy nou soek, is 'n bed om op te lê.

Rosie het die tasse in die hoofslaapkamer neergesit, maar Ragel sien nie kans vir die dubbelbed nie. Dit het 'n ornate koperkopstuk

en staan so hoog op sy pote dat 'n kind maklik onderdeur kan loop
sonder om te buk. Agter die kopstuk hang twee Millet-afdrukke – een
van vroue wat are optel, 'n ander een van 'n boer en sy vrou wat op 'n
omgeploegde aartappelland staan en bid. Eenvoudige mense, werkers
van eeue gelede. Dis kunswerke wat tematies 'n omwenteling veroor-
saak het en boonop strelend vir die oog is.

Die Vissers wat hier gewoon het, het goeie smaak, maar sy sal ver-
drink in die bed.

Sy kies een van die enkelbedjies in die tweede slaapkamer en tel
haar tas op die tasbankie, maar maak dit nie oop nie. Die ingeboude
kas staan oop. Daar wag 'n ry leë klerehangers. Die rakke is sindelik
gevoer met pienk geblomde geskenkpapier. Ragel rol die deken van
die een bed af. Die komberse is pienk, die lakens en kussingslope
spierwit en geurig skoon. Alles herinner haar aan ouma Ragie en die
tyd toe die lewe maklik en mooi was. Sy skop haar skoene uit en gaan
lê op die bed, toets die kussings en matras. Dis goed genoeg.

Hoekom is sy so moeg? Sy het heelnag geslaap en rustig opgestaan.
Is dit die verandering van lugdruk, die lug wat van die see se kant
af kom?

Twaalf

Dis 'n besige dag in die apteek. Stephan en Constance werk sy aan sy. Hy kry kort-kort 'n vlagie van haar parfuum en soms raak hul hande as sy vir hom iets aangee, of hul skouers skuur teen mekaar en hy voel haar weer in sy arms. Juis dit herinner hom aan Ragel en die skuldlas, die skuldigheid, sy skuld.

Dit dryf hom na sy stil hoekie in die stoorkamer om tot verhaal te kom en sy selfoon uit te haal en seker te maak of sy nie gebel of ge-SMS het nie. Maar niks.

Ragel, waar is jy?

Hy deursoek die slimfoontjie vir tekens van haar, soek so deeglik hy ontdek funksies waarvan hy nie bewus was nie, staar na die skermpie, maar sy is nie daar nie – net Constance.

Hy raak bewus van haar teenwoordigheid toe hy die geur van haar parfuum kry. Sy staan in die deur en lyk ongeduldig.

"Stephan, kan jy asseblief kom help. Mevrou Adendorff wil met jou praat. Sy was gister ook hier, jy beter kom."

Hy knik, steek sy foon in sy sak.

"Het sy gebel?" vra Constance.

"Nee."

Sy vra niks verder nie. Aan die manier hoe sy voor hom uitstap, kan hy sien sy is ongelukkig, selfs kwaad.

Mevrou Adendorff is nie kwaad nie, net moedeloos. Hy luister meganies, doen wat van hom verwag word, bel die mediese fonds en wag terwyl hulle musiek speel wat sy gedagtes weer op loop sit. Ragel is weg en sy is nie van plan om te sê waar sy is nie. Sy het iets gedoen wat hy nie van haar verwag het nie, wat niemand verwag het nie – die pad gevat sonder hom.

Verder, verder. Sy stoot hom al verder weg.

Die musiek word stil. Hy ken die konsultant wat antwoord. Mevrou Adendorff se klagte word binne minute opgelos. Sy glimlag en prys hom.

"Dankie, baie dankie."

Hy wens sy eie probleme kon so gou regkom.

Hy probeer Constance se aandag trek sodat sy kan kennis neem van mevrou Adendorff, maar sy ignoreer hom. Of dalk interpreteer hy haar houding verkeerd – hulle is baie besig en hy het haar 'n ruk lank alleen gelos. Hy was netnou kortaf met haar.

Besef sy nie dat hulle 'n fout gemaak het nie?

Sy mond is droog, hy vra om verskoning en gaan drink water by die kraffie in die hoek.

Die water is so koud, dit brand sy keel. Hy beveel homself om beheer te neem van sy emosies. Toe gaan staan hy weer langs Constance, fokus op die mense aan die ander kant van die toonbank, groet, praat, ontsyfer die hiërogliewe op gekreukelde voorskrifte. Maak selfs grappies met party van hulle. Constance lag nie saam nie, sy word stiller. Hy kyk vlugtig op die horlosie teen die oorkantste muur. Dis twintig voor een, byna tyd vir die studente om te kom aanmeld vir diens. Hulle sal help om die spanning te verlig.

Maar toe sien hy haar in die tou.

Anke Middleton.

Sy kyk reguit na hom en hy moet groet.

Die kinders is saam, die baba in sy waentjie, 'n kleuter aan elke kant. Dis Frankie se gewese speelgroepiemaats. Een is seker olik, of al vier en hy behoort belangstelling te veins. Maar Anke sal hom pes oor Ragel, en dit sal hom beter pas as hulle by Constance geholpe raak.

Hy hou hom besig met die man voor hom, hy werk stadig, hy gaan nie met haar praat nie. Sy, aan die ander kant, staan eenkant toe en beduie dat sy vir hom wag.

Toe het hy nie 'n keuse nie.

"Hallo, Anke, waarmee kan ek help?" vra hy gewoon. "Jou voorskrif?"

"Ek het nie 'n voorskrif nie. Ek staan in die tou omdat jy nie jou selfoon antwoord nie en omdat niemand jou na die apteek se foon wil roep nie."

"O, ek het nie geweet nie."

Anke leun vorentoe. "Waar is Ragel?"

"Ek kan nie hier praat nie."

"Ek was by die huis – reg rondom geloop en geklop soos 'n mal ding. Sy maak nie 'n deur of 'n venster oop nie."

"Bel vir Tienie, sy sal jou alles kan verduidelik."

"Ek het! Sy sê ek moet vir jou vra."

"Nie hier nie, ek kan nie nou praat nie."

"Ek bel jou vanaand huis toe, en jy beter daar wees om die foon te antwoord. Kom, kinders."

Anke maneuvreer die stootwaentjie lomp tussen die rakke deur. Pakkies val aan alle kante en haar stout dogtertjie skop hulle eenvoudig onder die rak in. Stephan maak of hy dit nie sien nie. Hy glimlag vir die ouerige vrou voor hom en neem haar voorskrif.

"Meneer Naudé, jy moet mooi kyk, ek soek kapsules, nie pille nie! Ek sluk hulle nie, nè? Hulle sit in my keel vas. As ek versmoor, is dit jou skuld."

"Ja, mevrou Nieuwenhuis. Net 'n oomblik."

Hy draai na die rak agter hom, probeer fokus. Die pakkies en botteltjies, die letters en logo's lyk skielik almal eenders. Sy kop wil bars, maar hy kry die regte kapsules in die hande.

Toe hy omdraai, kom die studente wonder bo wonder vir die middagskof aangefladder, sorgeloos. Hy groet verlig. Oulike meisies.

"Is dit kapsules?" vra die vrou met haar skril stemmetjie.

Hy tik met sy vinger op die woord "capsules".

Sy skreef haar oë en vroetel in haar handsak tot sy haar bril kry. Agter haar raak 'n man met 'n pet op sy kop so ongeduldig, hy haal die pet af en sit dit weer op. Die een student oorweldig hom met haar vriendelikheid, neem sy voorskrif en stap dadelik rakke toe. Constance bring 'n skinkbord met twee bekers koffie en toebroodjies.

"Wat van julle?" vra sy vir die studente.

"Ons is oukei," keer hulle.

"Moet jy nie huis toe gaan nie?" vra Stephan toe sy die skinkbord op die toonbank agter hulle neersit.

"Ek bly tot spitstyd verby is," sê sy kortaf.

"Dis nie nodig nie."

"Eet jou toebroodjie, ons kan later praat."

Hy hoef nie te wonder waaroor nie. Dis oor Anke wat nou amper net soveel soos sy weet, dis oor die soen, die omhelsing, die moontlikheid van 'n intieme verhouding. Hy sal haar sê dit was sy oomblik van waansin, hy sal haar sê hy kan nie.

Vir eers sê hy niks.

"Goed, ek sal gaan. Amanda en Tarien is mos nou hier," sê sy ná 'n rukkie.

Sy het net 'n kwart van haar toebroodjie geëet en 'n halwe koppie koffie gedrink.

Hy wil haar keer, maar toe lui sy selfoon en hy moet antwoord, want dis sy pa.

"Stephan, hoe gaan dit?"

"Goed."

"En Ragel?"

"Ek kan nie nou praat nie, Pa. Die apteek is soos 'n malhuis."

"Sê my net hoe gaan dit met Ragel!"

"Goed, dit gaan goed."

"Ek kan hoor jy lieg vir my."

"Pa, bel my môre, seblief, Pa."

"Ek maak vannag nie 'n oog toe nie, maar dis goed. Totsiens, Stephan."

Constance sit 'n bos sleutels op die toonbank neer. "Jy moet sluit," sê sy en loop sonder om te groet.

Dis donker toe Ragel wakker skrik. Sy klou 'n kussing in haar arms vas. Dis koud ook. 'n Skraal windjie waai van die venster se kant af en dit raas buite. Klink soos krieke en paddas. Hier binne is dit net sy wat asemhaal.

Die bed is deurmekaar en sy wonder vir 'n oomblik of sy in een van haar drome is, of in 'n hospitaal iewers. Sy was by 'n sielkundige, sielkundiges! Sy was in 'n kliniek en dit was aaklig, sy gaan nie terug nie. Sy wil nie, want daar is ander mense met erger probleme en te veel dokters met slim stories en slaappille. Sy wil alleen wees. As sy Ragel is, wil sy alleen wees.

Sy hou van hierdie huis, sy hou van die dorp ook met sy groot wit kerk en al.

Die mense is gaaf, want hulle ken haar nie. Wanneer sy die deur vir iemand moet oopmaak, is sy Marinda Boshoff. Sy het 'n storie. Amper geskei van haar man. Weg, op haar eie. Maar sy was nog nooit in haar hele lewe so alleen nie.

Dit maak haar so hartseer sy wil huil. Sy haal diep asem, hou die lug in haar longe.

Stephan wonder seker.

Maar dis verby. Nou is dit te laat om terug te gaan, te laat om hom te bel.

Sy sit regop, swaai haar bene uit die bed, skakel die leeslampie aan. Haar sigarette lê langsaan. Sy steek een aan en sit en rook. Oorkant haar op die bankie staan haar tas. Dit moet uitgepak word. Môre. Sy gaan iets soek om te eet, bad en weer slaap, dis wat sy nou wil doen.

Sy slof haar plakkies aan en loop kombuis toe. Dis nogal grillerig alleen in 'n vreemde huis, en sy skakel al die ligte aan. So ver soos sy loop, skakel sy ligte aan. Dis beter.

Die kombuis ruik snaaks.

Dis die ryp papaja. Lanklaas papaja geëet.

Ragel tel die papaja op, loop na die wasbak en spoel dit deeglik af. Sy droog dit af, kry 'n mes en 'n bord en sny die vrug oop. Toe die twee helftes na weerskante val en sy die swart pitjies sien, bars sy in trane uit.

Stephan ry huis toe – met 'n wye draai in die rigting van Constance se woonstel. Hy voorsien 'n rusie en kan nie besluit of hy daarvoor kans sien nie – vir die rusie en die opmaak daarna. Constance het nog nooit voor hom gehuil nie, maar sy is 'n vrou en vrouens huil in situasies soos dié. Hy is nie lus vir haar trane nie. Hy is bang dat sy skuldgevoelens hom oorrompel en dat hy sy selfbeheersing verloor. Seks sonder of met selfonthulling is feitlik onvermydelik.

Hy nader die groen hekke van haar woonstelgebou stadig. Die straatligte het aangeskakel en gee die nuwe blare van die eike 'n sagte skynsel. Daar brand ligte in party van die vensters. Haar woonstel is aan die agterkant en sy sou nie weet dat hy verbyry nie, tensy sy by iemand aan die voorkant sit en uitkyk. Die straat is leeg. Hy sit sy voet op die petrolpedaal neer en maak dat hy wegkom.

By die huis haal hy 'n bevrore ete uit die vrieskas en warm dit op. Die huistelefoon lui en hy maak hom klaar vir moeilikheid in die vorm van Anke of Constance. Dis Tienie wat wil weet of hy iets gehoor het.

"Nee, niks."

"Jy't gewerk, Stephan. Jy kon iets gemis het."

"Ek het my selfoon elfuur deurgegaan, en weer voor ek huis toe is."

"Bly jy's by die huis."

"Ek sal nie by Constance intrek nie, as dit is wat jy bedoel."

"Dis vir jou om te besluit."

"Dit sal vreeslik wees as sy huis toe kom en sy kry my nie tuis nie."

"Dit sal. Gaan jy polisie toe?"

"Gaan jy?"

"Dis ook vir jou om te besluit."

"Goed, Tienie, ek sal daaroor dink."

"Het Anke jou gebel?"

"Anke het my in die apteek gekonfronteer."

"Het jy haar vertel?"

"Ek wil nie my persoonlike sake in die apteek uitbasuin nie."

"Eet jy?"

Tienie is nes sy ma. In die finale instansie dink sy aan kos, en hoe sy die mense vir wie sy verantwoordelik voel, gaan voed.

"My ete is in die mikrogolfoond. Ek gaan die nuus op die televisie kyk en eet. Nag, Tienie."

"Bel my dadelik as jy iets hoor!"

"Ek sal."

Hy sit die telefoon neer en wens homself geluk omdat hy so self-versekerd klink. Hy is bekommerd oor Ragel, maar Anke is op sy gewete en Constance smokkel met sy gevoelens.

Hy eet sy herderspastei voor die televisie en sluk dit af met 'n bier. Dis moeilik om sy aandag by die nuus te bepaal. Dit pla hom dat hy Constance nog nie gebel het nie. Anke ook nie. Vroue! Gee hulle 'n verlore saak en hulle raak betrokke. Constance was van die begin af 'n vriendin en 'n steunpilaar. Maar vanoggend se omhelsing was 'n fout! Beskou sy dit ook so? Durf hy dit sê?

Die nuus is verby. Hy kyk na die weerberig. Nog koue en reën word voorspel. Hopelik het Ragel genoeg warm klere ingepak. Hy loop kombuis toe om sy vuil bord in die skottelgoedwasser te pak toe die telefoon lui. Dis nie Anke nie, dis Rory, haar man. Hy val met die deur in die huis.

"Anke reken jy sal meer vrymoedigheid hê om met my te praat," sê hy.

"Ek was nie lus om ons persoonlike sake in die apteek te bespreek nie."

"Almal weet van Frankie."

"Die gevolge is nie almal se saak nie."

"Anke is bekommerd."

"Ragel het verdwyn."

"Was jy polisie toe?"

"Sy het 'n brief gelos en my gevra om dit nie te doen nie. Sy sal terugkom wanneer sy reg is om terug te kom."

"Ek sou die polisie in kennis stel. Ragel is onstabiel, sy dink nie."

"Hierdie ding is baie goed beplan."

"Stephan, ons bid vir julle."

"Dankie, en dankie dat jy gebel het."

Stephan sit die foon neer voor Rory nog een van sy simpel stellings kan maak. Hy en Anke is wettig geskei en hulle wil sowaar vir hom en Ragel bid. Waar kry jy groter skynheiligheid?

Hy gaan Constance bel.

Sy antwoord dadelik. Nee, sy is nie kwaad vir hom nie, sy verstaan sy hart, sy verstaan sy pyn en sy onsekerheid. Dis 'n slegte tyd om 'n verhouding aan te knoop en hy is nie vry nie.

"Seks kan ons vriendskap vernietig," sê hy.

Die hand waarmee hy die selfoon vashou, sweet. Hy het die woord gesê. Seks.

Sy giggel. "Jy praat van seks asof dit 'n plank is waarmee jy goed uitmekaarslaan."

"Huwelike, byvoorbeeld."

"Ek dag seks is die sement wat huwelike aanmekaarhou."

"Dis liefde en wedersydse vertroue wat dit doen."

"Is Ragel nog lief vir jou?"

"Ek dink so. Sy is."

"Het sy jou vertrou met haar planne om weg te gaan, het sy jou in haar vertroue geneem?"

"Nee."

"Sy maak jou seer, Stephan."

"Dis omdat sy self soveel pyn verduur."

"Gee dit haar die reg om dit op jou uit te haal?"

"Sy doen dit omdat sy nie anders kan nie."

"Jy maak verskonings vir haar wat sy nie meer verdien nie. Jammer dat ek so reguit is."

Constance is nie net reguit nie, sy is reg.

"Miskien is jy reg," gee hy toe.

"Ek sal vir jou wag."

"Gee my 'n uur. As ek nie oor 'n uur by jou is nie, dan weet jy ek het nog tyd nodig."

"Kersfees kom ook," sê sy en beëindig die oproep.

Hy kan dit nie ontken nie. Sy bloed het maande laas so warm deur sy are gepols.

Dertien

Die slaappille doen hul werk uitstekend. Ragel slaap tot sy wakker gelui word deur 'n klokkespel soos wat sy laas een Kersfees in Keulen gehoor het. Sy verbeel haar sy sien hulle, die reuseklokke wat ligweg aan hul toue heen en weer gepluk word en klanke uitskud wat uitkring en uitkring tot dit oor die stadsmure spoel en voëls uit die bome opjaag. Sy luister. Dis vir almal wat kan hoor.

Nou is die beiaardier moeg, die gelui raak stadiger, stadiger.

"Kom, sondaars, kom! Kom, sondaars, kom!"

Waar is sy?

Die bedjie is net so wit soos hare toe sy nog 'n kind was, die kamer ook so vol lig, lig wat deur die dun gordyne sif. Maar sy is ouer en moeër en die wit kat lê nie op haar voete nie. Ragel druk 'n teddiebeertjie teen haar linkersy vas, pluis met haar regterhand die wolletjies tussen sy ronde oortjies. Dis nie haar beertjie nie. Sy het dit gisteraand in haar tas gekry – Frankie se teddie wat sy betyds weggesteek het voor Stephan alles waaraan Frankie gevat het in die kamer met die reënboog en die wolke toegesluit het. Ragel het self die mure en plafon geverf. Sy was drie maande swanger toe sy begin het en het soveel moeite gedoen met die ontwerpe en kleure, dit is drie weke voor sy geboorte eers voltooi. Klein blou voëltjies onder die reënboog deur en groen vlieërs en rooi vliegtuigies op wit wolkies, die son en maan, die sterre teen die plafon. Sy wou alles perfek hê vir hom, haar seunskind.

Teddie is sy eerste teddiepop. Sy het dit vir hom gekoop. Tienie het vir hom 'n apie present gegee. Apertjies het hulle hom gedoop. Hy het 'n bruin wolletjieslyf met 'n pienk plastiekgesiggie. Snags lê hulle langs mekaar – Apertjies aan die een kant, Teddie aan die ander kant, Frankie tussen hulle twee. Later kon hy 'n lewende hondjie kry.

Vlekkie.

Vlekkie is onder die motor deur. Toe gaan staan hy aan die oorkant van die pad en blaf. Die bure het hom huis toe gebring. Toe wou sy hom nie sien nie, die brak.

Wanneer sy haar oë toemaak, sien sy vir Frankie in sy bedjie.

Wanneer sy haar oë oopmaak, sien sy hom ook.

Teddie aan die een kant, Apertjies aan die ander kant.

Frankie, net soos hulle sonder asem.

Die klokke lui weer, dis die wit kerk se klokke. Die kerk, wat te groot is vir die dorp, het sitplek vir almal. Nie vir haar nie. Sy gaan nie meer nie.

Sy het gesê.

In die verte begin ander kerke se klokke ook lui, sagter, dowwer.

Sy trek die lakens en komberse oor haar skouer, ouma Ragie se lappieskombers heelbo. Sy hou Teddie soos 'n baba teen haar bors en luister hoe die klokke klaarkry. In die stad hoor jy dit nie meer nie. Hier het die dorpsmense seker besluit dis nog goed. Dit pla haar nie juis nie. Sy sluimer in en slaap tot die pille eindelik uitgewerk is. Toe sy wakker word, moet sy opstaan om toilet toe te gaan.

Die badkamer is deurmekaar. Haar vuil klere van gister lê op die vloer en die handdoek is nie opgehang nie. Sy sien dit raak, ook die wasgoedmandjie in die een hoek. Haar arms is lam, maar sy tel die klere op en sit dit in die mandjie.

Die spieël bokant die wasbak kan nie lieg nie. Dit lyk asof sy iewers met haar kop in 'n bos vasgesit het. Haar vel het 'n gelerige skynsel en daar is swart kringe onder haar oë. Sy lyk siek. Sy tap water in die wasbak, was haar gesig en druk sommer haar kop ook in. Toe sy klaar is, maak sy haar hare met die handdoek droog, kam dit uit en loop kombuis toe.

Een ding wat sy mis, is die skottelgoedwasser. Hier is nie een nie en die skottelgoed is aan die ophoop. Sy het die papaja net so op die tafel gelos. Dis die pitjies. Frankie het eenkeer 'n hand vol in sy mond gesit. Hy wou nie luister nie, en toe hy dit proe, spoeg hy dit op haar skoon kombuisvloer uit. Sy was kwaad, toe raas sy te hard. Hy het haar eers die volgende dag vergewe.

Ragel haal diep asem, sy krap die pitte uit en eet 'n kwart van die papaja. Die huis behoort nie aan haar nie, sy huur en sy beter opruim. Haar ma en ouma het haar geleer om ander mense se eiendom te respekteer. Dis nie te veel werk nie. Sy pak die breekgoed in die wasbak en gooi die papajapitte en -skille weg. Dan loop sy kamer toe en trek die bed reg. Sy kies 'n blou jean en 'n oorhangtruitjie, plat veltstewels. Haar hare is nog klam. Sy staan dit voor die spieël en droogblaas toe sy die geklop hoor.

Ag, nee!

Sy skakel die droër af en luister gespanne.

Loop, sê sy in haar gedagtes, loop en laat my in vrede.

Maar die persoon by die voordeur gebruik die koperklopper en klop so hard, dit klink of hy 'n gat in die deur wil kap. Verbeel sy haar of hoor sy iemand roep: "Mevrou Boshoff, mevrou Boshoff!"

Iemand soek haar – vir Marinda Boshoff.

Ragel sit die droër neer en loop vorentoe.

Dis die pastorie se huishoudster.

"Môre, Rosie."

"Môre, mevrou, amper mirrag. Mevrou Van Velden het my gestuur om vir mevrou te kom nooi vir Sondagmiddagete. Dit kos niks, want dis nou om vir mevrou welkom te sê hier by ons. Ons eet twaalfuur Sondae sodat die personeel vroeg kan afgaan. Mevrou sal betyds wees as mevrou oor tien minute oorstap. Ons het skaapboud vanmiddag."

"Dankie, Rosie, maar ek het nou net geëet."

"Hoop nie te veel nie."

"Papaja."

"Is dit al?"

"Ja – 'n hele halwe."

Rosie lag, sy skud haar kop. "Mevrou kan maar kom, ons kook gesonde kos."

Sy wag nie vir nog 'n beswaar nie, sy trippel met die trap af en toe Ragel weer kyk, is sy uit by die hek.

Sy het nie die Van Veldens se telefoonnommer nie en as sy nou oorstap, sal hulle haar in elk geval nie toelaat om terug te kom voor sy saam geëet het nie. Wel, sy skuld Emma geld vir gister se oorslaap en sy wil dit graag afhandel.

Sy kam haar hare klaar en stap pastorie toe. Hulle is so bly om haar te sien, sy kan nie anders as om welkom te voel nie. Aan die tafel kry sy dieselfde plek as gister – regoor die geraamde kerkrade en die Michelangelo-afdruk. Dis net sy en die predikantspaar en dit stem haar tot kalmte. Hulle vra nie onnodige vrae nie en verkwalik haar glad nie omdat sy nie in die kerk was nie.

"Hy hou 'n reeks oor die vroue van die Bybel," sê Emma. "Jy kan alles wat hy sê, met 'n knippie sout vat."

"Ek doen navorsing en ek preek nooit voor ek my feite agterme-kaar het nie," brom Johan.

Maar hulle stry nie met mekaar nie, hulle terg.

Ragel stel nie belang in die vroue van die Bybel nie, maar Marinda Boshoff is nuuskierig. "Wie was vandag aan die beurt?" vra sy.

"Die sprokieskoningin."

"Ester."

"Ek sien."

"Om te dink dit het alles met 'n ete begin."

Rosie stoot die Hostess-verwarmer in en staan op aandag.

Emma en Johan steek hande uit en Ragel moet noodwendig ook. Hy bid 'n kort tafelgebed. Sy moes dit verwag het.

Emma skep op. Geelrys en skaapboud en gestoofde groenboontjies en gebakte aartappels en soetpatats.

"Ons wil hê jy moet tuis voel in ons midde," sê Emma.

"Dis jammer jy kan nie by die gemeente inskakel nie. Dis waar jy mense gaan leer ken."

Ragel glimlag flou. Sy wil nie mense leer ken nie en sy gaan beslis nie by die gemeente of die gemeenskap betrokke raak nie.

Hulle interpreteer haar glimlag verkeerd.

"Jy hoef nie skaam te wees nie, hier is ons almal een groot familie." Sy wil nie, sy kan nie!

"Ek is hier met … met 'n ander doel."

"Skryf jy 'n boek?"

"Nee."

"Ek vra, want laas het hier 'n skrywer kom werk wat baie tyd gehad het, en Emma soek altyd iemand om haar met die kunslesse te help."

Ragel verstik amper in haar kos.

"Asseblief … Ek is nie kunstig nie," protesteer sy.

"Jy het nie nodig om kunstig te wees om klein bruin kindertjies twee keer 'n week besig te hou nie. Oor 'n maand is dit weer skoolvakansie, dan het ek volhuis. Dit sal gaaf wees as jy net wil help met orde en dissipline. Anders moet ek weer vir Marta of die arme Tienke aankeer."

Ragel buig laag oor haar bord, sy moet haar mes en vurk vasklem en haar mond styf toehou om nie te skree nie.

"Ek skuld jou geld vir die oorslaap van gister," verander sy die onderwerp.

"Los dit en kom help my Woensdag. Hilda wat laas week nog gehelp het, verwag en haar baba moet enige tyd kom. Marta se ma is deesdae weer onmoontlik. Soms is ek lus om die hele poging na die maan te stuur."

"Ag, nee, my vrou!" paai Johan haar, maar hy kyk reguit na Ragel. "Emma en Lisel Viljoen was 'n gedugte span," sê hy. "Tot Lisel weg is."

"Lisel het vir hulle gelees. Sy't 'n oulike biblioteek opgebou," voeg

Emma by, "meesal tweedehands, maar dis iets uit niets. Ongelukkig het haar man bevordering gekry, en van toe af sukkel ek om die poging aan die gang te hou. Die ma's kan nie help nie, hulle werk almal op die plaas, en die kinders loop rond en raak verveeld. Ons wil ten minste 'n tydelike uitkoms bied."

"Kinders word so maklik slagoffers – voor hulle oud genoeg is om te verstaan is hulle deel van die kringloop van armoede en geweld. 'n Kind het nie 'n sê nie, hy word eenvoudig geoffer."

Ek weet, ek weet! wil Ragel skree. *My kind is dood.*

Sy sit haar mes en vurk op die bord neer, sy gryp na haar servet en druk dit teen haar mond.

"Jy moenie verplig voel nie," sê Emma sag.

"Ek is nog te moeg," kry Ragel dit uit.

Sy sal die geld wat sy hulle skuld vir die oorslaap en vir die Visserhuis in 'n koevert sit en spore maak, 'n ander plek gaan soek, al is dit iewers in 'n woestyn, solank sy nie nodig het om kinders te vermaak nie.

Stephan slaap so laat, hy stort eers teen tweeuur en maak dan vir hom 'n toebroodjie en kitssop. "Maklikste kos ter wêreld," sê hy vir homself terwyl hy die sop roer.

Ná ete trek hy sy sweetpak en drafskoene aan en draf na die naaste koerantverkoper om die Sondagkoerante te kry. Hy koop almal wat beskikbaar is en loop met die pak onder sy arm terug huis toe.

Daar blaai hy die spulletjie stadig deur, soekend na iets, na haar, nuus oor 'n vrou wat vingeralleen op reis is. Hy kry niks, en toe bel sy pa.

"Kan jy nou praat?" vra die ou man sonder om te groet.

"Met my gaan dit goed, en met Pa?"

"Moenie vir jou slim hou nie, Stephan. Jy weet hoekom ek bel. Het jy en Ragel al vrede gemaak?"

"Ek het gedink ons maak vrede, Pa. Toe kry sy 'n nuk, klim in haar kombi en ry sonder om te sê waarheen."

"Wanneer was dit?"

"Twee, drie dae gelede."

"En jy gaan nie polisie toe nie?"

"Sy het 'n brief gelos om te vra dat ek dit nie doen nie."

"Is dit haar skrif?"

"Ja, Pa, ek ken haar skrif."

"Ontvoerders kan haar dwing om te skryf."

"Nie 'n brief wat só bewoord is nie. Sy het weggebreek, Pa. Ek dink dis om weg te kom van my af."

"Ja, kry jouself jammer. Wat gaan jy doen?"

"Wag vir haar."

"Ek sou polisie toe gegaan het."

"Ja, Pa."

"Leonie stuur groete."

"Dankie, sê vir haar ook."

Stephan sug. Sy pa is 'n regte ou professor. Hy wil almal voorsê en leer om te maak soos hy dink goed is. Hy is nou dankbaar dat sy pa sy nuwe vrou vir drie maande oorsee gevat het. Dit maak nie meer saak dat hulle nie hier is om hom en Ragel sogenaamd te ondersteun nie. Sy pa help nie, hy meng in. En hy het nie sy pa se inmenging nodig nie, hy soek nie sy raad nie, hy soek vrede en vergifnis en Frankie en Ragel. Hy wil die horlosie terugdraai na die dag voor die 10de Januarie. Hy wil Frankie oppas, agter 'n toe hek hou en agter 'n toe deur. Hy faal nie, hy is nie 'n man wat foute maak nie, aptekers is perfeksioniste. Hulle kyk nie weg nie, tel nie verkeerd nie, meet nie te veel of te min nie, ken medisynes, ken mense, skrik nie vir vrouewerk nie.

Skrik in elk geval nie maklik nie.

Maar noudat sy pa so aanhou oor die polisie, begin daar krake kom in sy harnas.

Sy pa verwyt hom oor sy kind, almal verwyt hom oor sy kind – asof hy dit nie self doen nie! Wat sal hulle sê as sy vrou ook iets oorkom? Sy is nog sy vrou, nie Constance nie. En sê nou Ragel is iewers in die dorp of net oor die bult in die Strand? Sy hou van die Strand, sy hou

daarvan om met die motor langs Kusweg te parkeer en na die see te
kyk, veral op onstuimige dae soos dié. Wat 'n grap sal dit wees as hy
soontoe ry en sy sit daar en kyk!

Stephan raak so opgewonde, hy kan nie wag om die motorsleutels
te kry en Strand toe te ry nie. Selde dat hy die stukkie pad alleen ry. Sy
was die laaste twaalf jaar altyd saam, en vir twee jaar ook Frankie met
sy bekkie wat nooit stil was nie.

Daar is min verkeer op die pad. Die wind waai onder by die see.
Dis nie plesierig nie, en die meeste naweekbesoekers het liewer tuis
gebly of omgedraai en teruggegaan. Dié wat wel op die strand is,
is moeg gewerkte ouers wat heelweek met woelige kinders in klein
woonstelletjies vasgekeer is. Hulle het skerms van sambrele gebou, die
kinders bolangs warm aangetrek en trotseer maar die wind se geruk
en gepluk.

Stephan ry stadig met Kusweg op, hy soek haar kombi en kry niks.

Hy deurkruis die strate soos 'n man wat lid van 'n buurtwag is, loer
in oppritte op en ry deur inkopiesentrums se parkeerareas – tot deur
Somerset Mall s'n. Sy is ook nie daar nie. Nou raak hy begeesterd en
vat die pad Gordonsbaai toe. Hy ry heuwels op en af en sien 'n kombi
wat soos hare lyk, klim uit en stap oor om dit van nader te beskou. Dit
is nie hare nie.

Die wind waai erger in Gordonsbaai. Hy koop 'n roomys en sit dit
in die motor en eet. Hy sou Frankie nooit toelaat om in sy BMW te
eet nie. Vandag wens hy hy kan saam met Frankie roomys eet in sy
motor en kyk hoe die wind skuimwalle wat soos perde lyk, uit die see
waai. Hy en Ragel kon nou hier gesit het. Maar sy wou nie uitgaan
nie, nêrens heen gaan nie – tot sy besluit sy vaar die wêreld in. Haat
sy hom met soveel passie?

Veertien

Ragel pak nie haar tasse en bokse uit nie. Sy lê op haar bedjie en rook, blaas wolke plafon se kant toe. Die pastoriepaar is gaaf – veral Emma. Sy hou van Emma. Emma en Tienie sou goed met mekaar klaarkom. Tienie het ook vir Kobus in die gemeente gehelp én skoolgehou. Emma-hulle het die gastehuis en dit gaan glo dol in blommetyd. Boonop is sy 'n opgeleide verpleegsuster en werk lang skofte by die kliniek – 'n bedrywige vroutjie wat tyd maak om te skilder. Ragel het haar bont blommeprentjies geprys en nie 'n woord gesê van haar eie kuns nie. Sy het hulle amper van Stephan vertel, van sy apteek en dat hy moeite doen vir sy mense, dat hy sy medisynes ken, in baie gevalle beter as die dokters. Hy werk hard, veral omdat die apteek sy eie besigheid is.

Die 10de Januarie vanjaar het hy 'n dag in die middel van sy besigste week uitgesonder om haar by te staan. Miskien was hy moeg.

"Emma werk haar te gedaan," het Johan gesug.

"Is hier nie 'n dokter op die dorp nie?" het Ragel gevra.

"Die dokter kom twee keer 'n week saam met die rondreisende kliniek," het Emma verduidelik. "Ek en Dora doen ons bes. Ons jaag maar

Clanwilliam toe met erge gevalle. Maar dis nie 'n gesprek vir die tafel nie. Waar het jy gewerk voor jy weg is? Ons het jou nog nie eens gevra waar kom jy vandaan nie!"

Ragel het afgekyk. "My man weet nie waar ek is nie."

"En jy wil nie hê hy moet weet nie?" het Johan bygevoeg.

Sy het geknik.

"Ons respekteer dit. Jy is hier om te rus en ons gun jou dit. Wees kalm. Ons sal jou nie pla nie. As jy wil praat – ons huis se deur staan oop."

"Jy kan my sommer by die kliniek kom kry."

"Ek skuld julle geld," het Ragel lamlendig herhaal.

"Jy skuld ons niks."

"Ek het Vrydagaand hier geslaap en ontbyt gehad."

"Roosterbrood en tee. Los dit. Tannie Visser is ook nie een wat oor geld kerm nie. Sy sal wag tot jy kan betaal. Moenie jou oor geld bekommer nie."

Ragel het aan die pak note in haar skouersak gedink. Sy het genoeg kontant getrek om haar drie maande aan die gang te hou. "Ek het geld."

"Betaal die einde van die maand."

Die einde van die maand is oor twee weke. Miskien moet sy twee weke bly en kyk hoe dit gaan. Sy hou van Emma en Johan. Bakker en Tienke is ook gaaf, en sy is nou hier – met haar storie – ver genoeg van Stephan. Dalk bel sy hom gouer as wat sy dink, dalk bel sy vir Tienie om te sê hulle moenie hulle bekommer nie. Maar nie vandag nie. Sy is nog te ontwrig, en netnou huil sy.

SMS? Dit sal ook nie deug nie.

Ragel rook drie sigarette klaar voor sy genoeg moed het om op te staan en haar tas uit te pak. Sy hang T-hemde en jeans op, die paar hemde, haar truie, en 'n romp. Alles lyk erg verkreukel. Heel onder is haar fotoalbum, die een wat sy saam met Teddie weggesteek het en dikwels wanneer sy alleen was, deurgeblaai het. Soms het sy gewonder of Stephan ook nog na hul gesinsfoto's kyk. Sy het hom snags in die huis hoor rondloop. Soggens was hy rooierig in die gesig, sy oë bloedbelope, sy baard sleg geskeer. Hy het dikwels vergeet om haar te groet voor hy werk toe ry. Hulle het 'n huis gedeel, nie 'n bed nie. Net die nodigste vir mekaar gesê, niks wat kan troos nie. Verwyt het soos 'n gifgas in die lug gehang. Dit het so groot geword, sy kon dit nie meer beheer nie. Dit het haar beheer.

Hoe vergewe jy iemand as jy hom so lank nie vergewe het nie?

Selfs Tienie kon haar nie meer help nie. Tienie het raad gegee, sy het haar aangespoor om haarself in Stephan se plek te plaas, om sy las op haar skouers te neem, om uit te breek uit haar kokon van selfbejammering.

"Selfbejammering" was die verkeerde woord om te gebruik. Sy het dae nie met Tienie gepraat nie. Tienie het haar man verloor, maar hy was oud. Sy weet nie hoe dit voel om 'n kind te verloor nie. Tienie se kinders leef lekker in Londen, sy hoor van hulle, sy gaan kuier daar, sy het kleinkinders.

Ragel vat die album op haar skoot. Sy blaai dit stadig deur. Dis die lewensverhaal van 'n seuntjie wat nie bestem was om 'n man te word nie.

Stephan pak die skottelgoedwasser soos Ragel hom geleer het. Hy sê vir homself dat sy trots sou gewees het om te sien hoe netjies hy dit regkry. Die kombuisvloer lyk vreeslik. Hy dink daar is 'n mop in die besemkas, maar hy is nie lus vir vloere was nie. Die kleredroër is vol handdoeke wat Ragel nie uitgehaal het nie. Hy doen dit en gaan hang hulle in die badkamers op. Hy is nie ongeneë om huiswerkies te doen nie, sy pa het ook in die huis gehelp. Hy kon, want sy werkroetine was buigsaam en hulle huis was feitlik op die kampus. Stephan is nie bang vir vrouewerk nie, maar hy is nie lus nie. Ragel het die huis wel skoon agtergelaat, maar dit gaan lastig wees om alles op datum te hou en nog lang skofte te werk ook.

Hy sal Tienie bel en vra of sy weet waar hy Saar in die hande kan kry. Saar ken die huis, sy sal terugkom as sy hoor Ragel is weg.

Stephan grinnik. Binnekort sal die hele dorp weet sy vrou het hom gelos.

Ergste is, hy het nie 'n idee waar sy is nie!

Die telefoon lui en hy hardloop. Dalk bel sy nou net toe hy aan haar dink.

Dis Blackie Swart.

"Hoe gaan dit met julle?" vra hy versigtig.

"Nie goed nie. Julle?"

"Alles reg hier."

"Dag jy soek al weer antibiotika."

"Nee, vandag geen noodgevalle by my nie." Hy kug.

Stephan besluit om hom te help.

"Jy't seker gehoor van Ragel?"

"Elna het gesê ek moet bel."

"Waar het sy gehoor?"

"Vanoggend by die kerk, by Tienie. Ek wil nie inmeng nie, maar Elna het gesê ons kan jou nie los nie. Ek het vroeër gebel, toe antwoord jy nie. Elna hou toe aan ek moet weer probeer. Is jy oukei?"

"Min of meer. Môre gaan ek werk toe. Vandag heeldag rondgery om haar te soek."

"Jy nie die polisie laat weet nie?"

"Sy wil nie hê ek moet nie."

"Hoe weet jy wat sy wil hê?"

"Sy't 'n brief gelos."

"Logies?"

"Dis 'n netjiese brief."

"Miskien is dit 'n goeie teken. Ek moet jou sê ek was bekommerd toe ek haar nou die dag sien. Meeste mense lyk sleg as iets soos 'n abses hulle tref. Maar – verskoon my dat ek dit sê – Ragel was soos 'n gees. Nie gekla oor die pyn nie, net verduur. Gelyk of sy in 'n dwaal is, selfs later toe sy vir die vulsel gekom het. Ek wou jou al gebel het om te hoor hoe dit gaan. Maar ons is besig vandat al wat 'n tandarts is landuit foeter. Het sy jou nie gebel nie?"

"Nog nie."

"Jy't haar seker gebel?"

"Sy't haar selfoon hier gelos – ek kan haar nie bel nie."

"Nee, hel, as dit my vrou was, soek ek haar tot ek haar kry."

"Ek sal die apteek vir 'n maand moet sluit."

"Jy het mos vennote?"

"Een vennoot, en sy raak moeilik."

Hy brand om vir Blackie te vertel wat tussen hom en Constance aangaan. Hy soek raad, hy soek uitkoms of goedkeuring.

"Ja, wel, ek sou ook sukkel om die praktyk te los."

Blackie en Elna is 'n modelpaartjie, kerkmense met goeie beginsels. Hy sou nie raad weet met Constance nie, hy sou geskok wees, nes maande gelede toe hulle die kerk gelos het. Stephan wil hom nie weer skok nie.

"Al wat ek kan doen, is wag," sê hy dan.

"Miskien is dit die keerpunt. Wraggies, Stephan, so kan julle nie aangaan nie. Dis mos nie 'n huwelik nie!"

"Ja … Ek bedoel, nee."

"Ons is hier vir jou, sê as jy iets nodig het."

"Ek sal, dankie vir die bel."

Stephan sit die telefoon neer voor Blackie nog sediger raak en belowe om te bid. Gebed is die laaste ding wat hom en Ragel sal help. God bestaan nie vir hulle nie, hulle het dit saam besluit, en dalk is dit die enigste band wat hulle nog bind – hul ongeloof. Frankie was die ander band, 'n kind wat iets van hom en iets van haar in sy samestelling gehad het. Ja, hulle het mekaar liefgehad lank voor Frankie opgedaag het. Hulle is getroud, gebind met huweliksbande. Maar nou het alles uitgerafel.

Hy skakel Tienie se nommer.

"Goeienaand." Sy klink moeg.

"Tienie?"

"Is dit jy, Stephan?"

"Dis ek."

"Het jy iets gehoor?"

"Nog nie."

"Ek ook nie."

"Ek het vanmiddag rondgery Strand se kant, Gordonsbaai toe. Gehoop ek sien haar kombi."

"Jy soek 'n naald in 'n hooimied. Ek was gister daar."

"Ek het besluit om te wag."

"Nes jy wil."

"Intussen werk ek en ek cope nie met die huishouding nie."

"Ek sal Saar vra of sy 'n dag oop het, dan laat weet ek jou."

"Dankie, Tienie, 'n goeie begryper het 'n halwe woord nodig."

"Ek is nie 'n goeie begryper nie."

"Hoe't jy geweet ek soek vir Saar?"

"Dis maklik. Wat moeilik is, is hierdie … ongelukkigheid. Julle treur julle siek en julle troos mekaar nie."

"Ons kan nie."

"Ja, julle kan nie. Maar die Here kan. Jy moes vanoggend in die kerk gewees het. Dominee Brand het gepreek, baie goed."

"Voor jy verder gaan, Tienie – moenie!"

"Ek sal die CD bestel en vir jou hou."

"Sal jy Saar vir my kontak, asseblief?"

"Ek het mos gesê!"

"As jy nie wil nie, sal ek elders verneem."

Tienie is 'n sagte mens, maar sy laat haar nie van stryk bring nie.

"Ek is kwaad vir jou, jy luister nie na raad nie, maar ek het belowe. Ek bel jou môre werk toe."

"Dankie, Tienie."

Sy plak die foon hard neer.

"Nou het ek 'n dop nodig," sê hy hardop.

Maandagoggend vlieg Ragel saam met die voëls op. Sy het gedroom dis die einde van die maand en sy moet die Visser-tannie betaal en toe sy haar skouersak onder die bed uithaal, is haar geld weg. Daar is nie 'n sent oor nie. Al haar ander goed is nog daar – die selfoon, die grimering en die beursie met kaarte wat sy nie wil gebruik nie, alles.

Dis koud, sy sit regop in die bed en besluit dis 'n droom. Haar skouersak is onder die bed. Sy haal dit uit en klouter weer onder die komberse in voor sy dit oopmaak, hou asem op van angs. Die koevert met note is veilig, en volgens die dikte is alles nog daar.

Die droom is 'n voorbode, besluit sy, geld kan wegraak. Maar waar steek sy dit weg? Hier is oral gaatjies, maar iets soos 'n muis kan dit wegdra en opkou om nes mee te maak. Dan moet sy geld bedel om huis toe te gaan. Of sy moet Stephan bel en hom vra om haar te kom haal, en sy wil nie voor sy reg is nie.

Wat het sy om reg te maak? Wat moet sy bewys?

Ragel trek die pakkie met sigarette nader. Dis dinktyd en sy dink beter met haar kop in die wolke. Sy steek een aan en neem 'n paar teue, kyk af na haar linkerhand, na die trouring aan haar ringvinger, tel dan op haar vingers af.

Vir Stephan wys dat ek weer mens kan wees, dat ek hom nie nodig het nie, dat ek die moed het om hierdie proses te stop, dat ek myself nie meer martel oor sy onverantwoordelikheid nie. Maar ek het tyd nodig, minstens drie maande en die dorp is die regte plek, ek bly hier.

Ragel kan nie aan nog iets dink nie.

Haar skouersak en haar geld!

Buite raak die voëls stiller. Dis koud.

Sy klim uit die bed, steek haar voete in haar nuwe sloffies.

Die sak met die geld lê op die bed. Sy druk dit onder 'n kussing in.

Óf sy gaan huis toe, óf sy pas haar geld op.

Emma sal kan help. Sy sal haar vanoggend gaan soek en mevrou Visser vir drie maande kontant betaal. Dan vra sy haar of sy die res van die geld in die pastorie se kluis kan toesluit, of hoe?

Ragel stort vinnig en trek aan. Sy blaas haar hare winddroog en gaan skakel die ketel in die kombuis aan om koffie te maak en te eet. Sy is lus vir boerebrood met dik botter en konfyt, maar moet tevrede wees met beskuit. Sy en Tienie het eenkeer oor die korsie baklei, toe kry hulle al twee pak en ouma Ragie gee die korsie vir Mieta se seuntjie. Sy troetelnaam was Hondjie en hy het elke dag saam met Mieta huis toe gekom. Hy was haar laatlam. "Tropsluiter," het oupa Pieter gesê. "Laatlam," het ouma Ragie beklemtoon. Hoekom dink sy vanoggend aan hom?

Wat het van Hondjie geword?

Sy meng haar koffie met poeiermelk en suiker en is net besig om water oor te gooi toe daar skielik hard aan die agterdeur geklop word. Amper skrik sy haar flou! Die kombuisdeur en die veiligheidshek staan oop en dis net die agterstoep se deur tussen haar en die buitekant.

"Wie is daar?" vra sy op haar hoede.

"Valery, ek kom werk."

Watse werk? dink Ragel. Maar sy gaan maak nietemin die stoepdeur oop.

Daar staan 'n lang, maer vrou in 'n pienk oorjas, 'n kaalvoetseuntjie langs haar.

"Valery?"

"Dis ek, ja. Môre, mevrou."

Ragel groet verstrooid, haar aandag by die seuntjie. Hy kyk weg en sy voel so verleë sy sê die eerste woorde wat in haar kop kom.

"Wat sê jy, wat kom maak jy?"

Die kind hang aan sy ma se rok. Hy is pynlik maer. Sy trui is nommers te groot en stukkend. Maar hy is 'n mooi seuntjie met sy swart krulkop en groot, swart oë teen die bleekwit vel.

Ragel skat hom so vier jaar oud.

"Werk. Elke slag as hier mense hier intrek, dan kom ek huis skoonmaak en wasgoed was en kombuis skrop en so aan. Toe hoor ek gister by Rosie hier's weer mense."

"Dis net ek."

Valery lag. Sy het nie tande nie en haar vel span oor haar wangbene – 'n pampoenspookgesiggie.

"Beter nog, dan werk ek makliker klaar."

"Ek het net Saterdag gekom."

"So hoor ek. Kan ons inkom? Dis koud buite."

"Ekskuus, ek dink nie."

Ragel maak die deur wyd oop. Sy weet nie hoekom sy dit doen nie, want sy wil nie iemand anders in die huis toelaat nie. Sy het nie 'n huishulp nodig nie. Wat doen sy heeldag met haarself as iemand haar bedien? Maar die vrou is so seker van haar saak, dis asof sy die huis besit. Haar blik val binne oomblikke op die bak met vuil skottelgoed. Dit bly daar terwyl sy praat.

"Ek het al die jare vir mevrou Visser gewerk, toe is sy nou weg. Toe sê sy ek moet my dienste aanbied vir die mense wat hier gaan huur. Die laaste paar maande was skraal, ek char by die Lamprechts en dis al. Nou is ek so dankbaar hier is weer iemand."

Ragel het nie die hart om die vrou die deur te wys nie.

Die seuntjie kou aan sy duimnael, hy kyk haar aan met sy swart oë, hy kyk na haar asof hy alles weet wat sy dink. Sy wil nie 'n kind naby haar hê nie en dalk voel hy dit aan. Maar hoe sê sy vir die vrou om nie haar kind saam te bring nie? Later, hulle kan dit later bespreek.

"Ek het nog nie juis kos gekoop nie," sê sy. "As julle nie geëet het nie, moet jy maar vat wat jy sien, koffie en beskuit."

Sy wil vlug, sy wil uit!

Valery rek haar nek en loer in die beskuitblik. "Ek ken die beskuit, dis Rosie s'n. Sy bak vir die pastorie."

Die seuntjie steek sy hand uit.

"Wag jy!" keer sy ma.

Hy pluk sy hand weg, kou dadelik weer aan sy vingers.

Ragel gryp gou 'n piering en pak drie beskuite daarop.

Hy het klein handjies, skraal vingertjies, en hulle is papnat gekou.

"Sê dankie vir die mevrou!"

"Dan ... kie, mevrou."

Ragel voel haar mondhoeke pluk, sy wil huil, nie glimlag nie. Sy hou asem op. Die kind staar na die beskuite. Valery pluk laaie oop en haal 'n voorskoot uit. Sy bestorm die wasbak vol vuil skottelgoed asof dit 'n groot werk is en sy nie heeldag tyd het nie.

Ragel vat haar beker koffie raak. Sy wil net loop toe Valery haar terugroep. "Ek vra honderd en sestig rand 'n dag."

Honderd en sestig rand vir 'n dag se werk? Saar het drie honderd en sestig gekry. Maar daar was meer werk, veral met Frankie in die omgewing.

Huishulpe vra seker minder op die platteland.

"Ek sal jou twee honderd gee," sê Ragel en vlug sitkamer toe voor daar nog praatjies volg.

Sy verbeel haar sy hoor messegoed wat hard neerklater. Wat doen sy vanoggend? Sy het nie eens 'n boek byderhand om te lees nie. Sigarette, dis die enigste afleiding wat sy het. Sy doop haar beskuit en drink haar koffie en steek een aan. Daar is seker boeke in een van die bokse. Sy dink so, want sy kan nie onthou wat sy alles ingepak het nie.

Sy los die sigaret in die piering en wil net opstaan om een van die bokse oop te maak toe sy kaal voetjies hoor aankom. Dis so bekend, so nes Frankie s'n, sy skrik. Hy staan 'n paar treë van die deur af met sy vuiste teen mekaar, hoog voor sy bors, oë soos pierings.

"Toemaar," paai sy.

"Antie Valery vra of antie klaar is met die beker."

"Antie Valery? Is sy nie jou ma nie?"

"My ma is dood."

Sy ma is dood en hy sê dit so maklik!

"Ek is jammer," sê sy.

"Kan ek antie se beker vat?"

Sy gee die beker aan. Kyk hom agterna. Hy het 'n dun nekkie en skraal skouertjies. Die stukkende trui hang oor die kortbroekie. Hy dra die beker plegtig en met albei sy hande.

Het hy gehoor sy sê sy is jammer?

Vyftien

Stephan kom heel eerste by die apteek aan. Hy sluit oop en skakel nog ligte aan, hy sit die ketel aan, skakel sy rekenaar aan en raak aan die werk. Twee van die toonbankmeisies daag ook vroeg op. Hulle kom groet.

"Lekker naweek gehou?" vra hy om iets te vra.

"Dit was oukei."

"En koud."

"Lang winter," sê hy en konsentreer weer op die werk.

Die twee stap weg. Ná 'n ruk hoor hy hulle saggies met mekaar praat. Dit gaan hom nie aan wat hulle bespreek nie, maar toe hulle in sy rigting loer, wonder hy. Hy sal hulle nie uitvra nie, nie wys dat hy gesien het nie.

Amir is gesond genoeg om te kom werk en hy arriveer in 'n goeie bui. Die vrolike geskerts tussen sy werknemers irriteer Stephan so dat hy opstaan en stoorkamer toe gaan. Hy verlang na Constance, maar sy werk nie vandag nie en dis goed so.

Teen teetyd hou Amir vir hom 'n pakkie dadelkoekies.

"Een voordeel van nie meer Moslem wees nie," sê hy gemeensaam, "is, ek vas nie oor Ramadaan nie. My familie kry my jammer, maar ek kry húlle jammer. Hulle ken nie vergifnis soos ons Christene dit ken nie."

Stephan vat 'n koekie en kou. Hy wil nie oor godsdiens praat nie – en nou moet dit juis met Amir wees. Soos alle bekeerlinge uit ander gelowe, is hy meer toegewyd aan sy nuwe geloof as wat nodig is, byna fanatiek.

"Ek was gister gelukkig om kerk toe te gaan en ná kerk Bybelstudie toe. Ons is besig met die uitverkiesing en die verlossing. Ek glo dat ek van sonde verlos is, kry nog 'n koekie. God het ons sonde op Jesus gelaai en Hy het vir ons gesterf. Al wat ons moet doen, is ons moet dit aanvaar, soos 'n geskenk, sê hulle. Dis soos ek tot bekering gekom het, ek het alles gevat – of ek het gedink ek vat alles. Wat my pla en deurmekaar maak, is: Hoe vergewe ek ander mense – veral dié wat nie soos ek dink nie en wat my seermaak en Jesus se Naam belaster, hoe vergewe ek hulle?"

Stephan kan nie sluk nie. Het Amir nog nie agtergekom dat hy nie meer oor kerksake praat nie?

"Amir," sê hy. "Ek het 'n groot probleem met … vergifnis. Ek glo nie ek is die regte persoon om jou vrae te antwoord nie."

"Jy het al die antwoorde gehad."

"Tot die mat onder my voete uitgeruk is."

"Jou kind?"

"My vrou en my kind. Moenie op my reken nie."

"Jy is saam met Constance op my gebedslys."

Stephan skrik. Weet Amir van hom en Constance?

"Sy is New Age en jy is verbitterd. Die ander meisies wat hier werk, giggel oor mans."

"Hulle giggel oor jou," probeer Stephan die onderwerp verander.

"Ek het 'n meisie by die kerk ontmoet. Ek sal haar eendag kom voorstel. Ons bid saam."

"Al die tyd dink ek jy hou van Constance."

"Ek hou van haar, maar soos 'n vriend."

"Ek ook," sê Stephan, en hy moet keer of hy bloos.

Amir sien dit nie of hy maak of hy dit nie sien nie.

"Hoe gaan dit met jou vrou?" vra hy.

"Jy't nog nie gehoor nie?"

"Nee."

"Sy is weg. Sy het weggegaan sonder om my te sê waarheen."

"Ek sal bid."

"Dankie."

Stephan is dankbaar om 'n man met 'n voorskrif te sien aankom, een wat 'n einde aan die gesprek sal maak. Hy hou nie van Amir nie, en vandag het hy te naby gekom en te veel gesê.

Rosie maak die pastorie se voordeur oop.

"Is Emma hier?" vra Ragel.

"Sy's kliniek toe, mevrou kan haar daar gaan kry."

"Is sy nie baie besig nie?"

"Miskien, gaan kyk."

"Watter kant toe?"

Rosie beduie. "Was Valery toe vanoggend by mevrou?"

"Sy het my onkant betrap."

"Het hulle nie vir mevrou gesê nie?"

"Is dit waar? Werk sy as daar besoekers is?"

"As die besoekers haar nodig het en betaal."

"Ek kan self skoonmaak, maar dis gaaf as iemand anders dit doen. Sy sal goed betaal word."

"Sy het geld nodig en sy ken die huis."

"Sy sê my sy't lanklaas gewerk."

"Besoekers is min. Blomtyd gaan dit beter."

Ragel wil haar uitvra oor die kind, die seuntjie wat by Valery was. Maar sy weet nie hoe nie.

"Seker nie maklik om so te werk nie."

"Ons help mekaar. Maar dis nie vir Valery lekker om in die skuld te wees nie."

Ragel skud haar skouersak reg. "Ek loop eers. Dankie, Rosie."

"Pasop vir die modder."

Dit reën nie, maar die pad lyk soos 'n geploegde land, en die sypaadjies nie veel beter nie. Ragel bly so afkyk na haar voete dat sy nie dadelik die ouerige man agter sy tuinhekkie gewaar nie. Sy is langs hom voor sy die paar bruin skoene onder die langbroek sien uitsteek, duidelik ou skoene en 'n ou langbroek.

"Dagsê, en welkom by ons."

Sy bedink haar voor sy verbysteek.

"Goeiedag."

Hy hou sy hand oor die tuinhekkie, 'n breë hand met artritisknoppe op die vingergewrigte. Oupa Pieter het ook sulke hande gehad. Sy groet versigtig, druk saggies.

"Ek is meneer Swanepoel, afgetrede skoolhoof hier van die laerskooltjie." Hy buk nader en fluister vertroulik. "Jy kan 'oom Swanie' sê."

Dis hy wat Saterdag op sy groen stoep sit en koerant lees het en vir Emma gegroet het.

"Ek is Marinda Boshoff, aangename kennis."

"Kom kyk jy ons blomme?"

Sy glimlag en knik.

Dit raak maklik om te glimlag, veral omdat sy dit so ironies vind. Elke vreemdeling wat dié tyd van die jaar na dié kant toe uitwyk, word met blomme geassosieer. Blomme was die verste van haar gedagtes toe sy haar kombi gepak het en koers gekies het. Dis toevallig dat sy dié pad gevat het, absoluut toevallig dat sy hier op dié dorp beland het.

"Hulle sal vroeg wees vanjaar."

"Ek hoop so."

"Jy sal wel 'n week of so wag. Kom kuier as jy verveeld raak. Die tante is bedlêend, sy hou van geselskap. Geselskap is een ding wat haar opbeur."

"Ek sal kyk wat ek kan doen, dankie vir die uitnodiging."

"Waar gaan jy nou?"

"Kliniek toe, ek hoor Emma is daar."

"Sy's 'n goeie mens, was vanoggend agtuur al hier om die tante se pleisters om te ruil. Die tante ly aan diabetes, 'n vreeslike siekte – vreet jou op, begin by die voete."

"Oom, ek moet gaan, voor die kliniek besig raak."

"Makeer jy dan iets?"

"Nee, ek gaan betaal vir die huis wat ek huur."

"O, mevrou Visser se plek."

Die ou man tuur in die rigting van die huis.

"Totsiens, oom Swanie," sê Ragel en maak dat sy wegkom.

Hy is so honger vir geselskap, hy sou haar terugdwing as hy kon. Maar sy loop al vinniger, sy vlug ingeval hy haar agternasit. En sy kry dit reg. Sy laat hom agter. Is dit nie ook die geval met haar en Stephan nie? Is sy nie nou al so ver weg dat hy haar nooit weer sal inhaal nie? Hulle het, selfs toe sy nog by die huis was, so ver van die begin af gedryf dat hulle glad nie meer weet hoe om terug te keer na daardie dag toe hulle mekaar nog getroos het nie.

Sy loop al vinniger, draf naderhand. Hier en daar trap sy modderplasse rakelings mis. Honde blaf en hardloop na draadheinings toe. Hulle word van die stoep af of uit die tuin aangepraat. Mense groet, sy groet terug, maar stop nie weer om te gesels nie.

Die kliniek is op die rand van die dorp. Dis gemerk met 'n rooi kruis en tweetalige woorde: KLINIEK/CLINIC.

Daar sit mans in 'n ry langs die muur, hulle rook sterk tabak.

Een het 'n bloederige verband om sy hand.

Hulle groet en 'n paar sukkel eerbiedig orent. Die ander gluur teen die sonlig in.

"Soek mevrou iemand?"

"Mevrou Van Velden."

"Sister Emma, sy's binne!"

Sy wil met die stoeptrap opklim, maar hulle keer haar.

"Mevrou moet agterom."

Toe eers sien sy die traliehekke voor die deure en vensters.

Die agterdeur se hek staan oop, maar die deur aan die binnekant is toe.

'n Vrou sit op die klam gras op 'n kombers en voed 'n baba, langs haar rus 'n stokou ouma met haar rug teen 'n boomstomp. Kinders wat lyk of hulle in die skool behoort te wees, sit in 'n lustelose hopie op 'n paar goiingsakke.

Mans aan die een kant, vroue en kinders aan die ander kant.

Die kliniek.

Sy groet, die vroue groet terug.

Daar is 'n klokkie teen die deurkosyn.

"Traai hom," sê die vrou met die baba.

Sy lui. Geen antwoord nie. Sy lui weer en wag.

Binne huil 'n kind so histeries asof hy vermoor word. Iets word omgestamp. Sy hoor Emma en 'n ander vrou wat paai. Sy wag.

Die deur gaan oop en 'n vrou met net so 'n pienk oorjas soos Valery s'n kom uit met 'n groot kind wat soos 'n apie aan haar vasklou.

"Ekskuus, mevrou!"

"Kom binne," nooi Emma. "Volgende!" roep sy, en die vrou met die baba maak die kinders bymekaar.

Die ontvangsarea is klein, met 'n lessenaar en 'n rekenaar, liasseerkabinette teen die een muur, 'n ry bankies aan die oorkant, en van Emma se kleurryke bespikkelde skilderye strategies gehang om die lig deur die venster ten beste te benut.

Sy fluister vir Ragel: "Ons moes sy tand trek, dis al."

"Daar wag 'n ou vrou buite," sê Ragel.

"Ouma Meerkat. Dis haar uitkykpos. Sy maak seker dat sy weet wie almal hier in- en uitgaan. Kom jy help of kom jy kuier?"

Die vrou met die baba en die kinders kom ingemarsjeer.

"Sister, dis al weer hulle mangels."

"Almal?"

"Kan sister nie sien nie?"

"Maar Belinda, ek het jou gesê hulle steek mekaar aan."

"Hou sister vyf kleintjies uitmekaar in 'n huisie soos ons s'n met heeldag reën buite, dan gee ek hierdie bybie vir sister present."

"Jy weet jy sal dit nooit doen nie. Gaan dat antie Dora in julle kele kan afkyk. Niks gehuil nie, dan gee ek vir julle papier en crayons om saam te vat huis toe."

"Ek het my rekening kom betaal," sê Ragel toe die deur agter hulle toegaan.

"Watter rekening nou?"

"Drie maande vir die Visser-huis."

"Kom gee dit liewer vanmiddag by die huis."

"Mag ek vra of julle 'n kluis het?"

"Ons het."

"Ek wil iets in die kluis sit."

"Solank dit nie te groot is nie. Bring dit saam."

"Ek sal. Hoe laat?"

"Kom middagete."

"Ek kan nie elke dag by julle eet nie."

"Jy kan, as jy van vandag af betaal."

Ragel wil lag. "Dit klink na 'n goeie reëling. Dis moeilik om vir een te kook."

"Ons kook smiddae, dan kan jy in die aand net 'n broodjie eet. Wat dink jy van ons hospitaal?"

"Dis baie netjies."

"Ons dien die gemeenskap. Hier is 'n kamer met twee beddens, en 'n yskas vir lyke. Ons het al wonderwerke gedoen – met trane en gebed selfs brugbabas in die wêreld gebring."

Ragel onthou hoe hulle gebid het met Frankie se geboorte. Toe die kontraksies begin, het hulle God gevra om teenwoordig te wees en die dokter se hande te sterk. Later, toe Frankie in die broeikas langs haar lê, het hulle Hom geloof en geprys. Maar Hy is nie meer haar God nie, Hy is 'n grysaard wat sy mantel om sy skouers styf getrek het en sy rug op haar gedraai het.

"Sonder God is ons hulpeloos," sug Emma. "Waar gaan jy nou?"

"Ek gaan 'n tydskrif koop om my besig te hou tot middagete."

"Oorweeg jy nog my noodkreet om te help met die kuns? Jy is nie dalk 'n verpleegster nie?"

"Nie een van die twee nie, ongelukkig nie."

Een van die deure in die gang gaan oop en die moeder en haar string kinders kom uitgestap, elkeen met 'n deurskynende boksie pille in die hand.

"Nie skud nie, my engeltjies! Julle breek julle pilletjies," waarsku 'n ouerige bruin vrou. Sy dra dieselfde donkerblou verpleegstersuniform as Emma, dieselfde rooi epoulette op haar skouers. "Goeiemôre," groet sy vriendelik.

"Marinda, dis suster Stals. Almal hier ken haar as antie Dora."

Antie Dora is grys en geset. Haar hande is klein en pofferig. Sy straal van warmte en toegeneentheid.

"Ek het vir elkeen 'n paar aspro's vir die koors gegee. Verder, Belinda, strooi weer van die hoofpynpoeier in die keeltjies voor hulle vanaand gaan slaap." Die deur gaan toe agter die gesinnetjie. "Is mevrou aangetroude familie van Emma?" vra antie Dora.

Ragel skud haar kop.

"Sy was ook 'n nooi Boshoff."

Ragel voel haar bene bewe. Leuens haal jou in, hoe jy dit ook al wil regverdig.

"Ons het nog nie die familie uitgelê nie," keer Emma.

Ragel hou aan die lessenaar vas, haar kop draai.

"En nou?"

"Ek voel … dronkerig."

"Sit, jy is vir my so bleek."

Ragel gaan sit op die naaste stoel.

"Ek sit die ketel aan vir tee. Soet tee doen wondere, en dit is teetyd."

Emma verdwyn om die draai. Antie Dora hou Ragel se hand vas. Dit lyk of sy haar polsslag neem. Haar hand is so sag. "Kry jy dit dikwels?"

"Die floutes?"

"Ja, die dizzy spells."

"Dis net die laaste tyd. Ek … het probleme."

"Emma sê my mevrou is hier op jou eie, maar jy is getroud. Mevrou het 'n baie mooi ring."

"Ek en my man gaan deur 'n moeilike tyd."

Hoekom sê sy dit vir 'n vreemde vrou wat sy pas ontmoet het? Maar sy kan nie anders nie. Antie Dora is 'n engel.

"Mevrou moet 'n goeie tonic kry en jy moet baie bid. Ek sal ook vir julle bid, die Here ken julle moeilikheid – wat ook al – Hy sien dit."

Ragel kyk in die eerlike bruin oë. Sy het nie die moed om vir die vrou te sê sy bid nie meer nie.

Sestien

Teen middagete raak die apteek besig. Dis asof die hele dorp vir die onderbreking in hul werkdag gewag het om vinnig uit te glip en inkopies te gaan doen. Maar die son skyn en dit help ook. Ma's wat kinders by die skool gaan oplaai het, het die moed om te stop en uit te klim. Dis tog makliker om sonder sambrele oor die weg te kom. Mense wat chroniese medisynes koop, daag op vir herhalings. Hulle is bekendes wat graag gesels en uitvra. Almal wil weet hoe dit gaan, met hom en Ragel.

Stephan lieg deur die bank. Hy sê dit gaan beter. Hy sê dit gaan goed. Dan keer hy die gesprek om en praat met die persoon voor hom oor sy lys van medisynes en vra uit oor sy gesondheid. Dis die maklikste manier om weg te kom van Ragel en van hom. Mense praat graag oor hul eie probleme, veral waar dit gaan oor gesondheid en oor goeie raad wat hulle dalk verniet by die apteker kan kry.

Stephan praat sy keel droog, hy klink opgewek en vrolik. Hy maak grappies en lag. Maar in sy hart bloei dit. Dit voel asof hy 'n rol geroeste doringdraad binne-in hom het. Dit is besig om stadig af te rol en meer en meer plek in te neem. Sy selfoon lê langs hom en hy tel dit elke uur op om te kyk of hy iets gemis het, dalk nie sy luitoon in die roesemoes van die apteek gehoor het nie. Maar niks van Constance of van Ragel nie. Constance sien hy môre weer, maar Ragel is weg. As hy Vrouedag inreken, is dit die vyfde dag dat sy weg is. Dit voel vir hom soos vyf maande. Soms, wanneer daar 'n gaping in die tou voor sy toonbank is en hy pas 'n amptelike telefoonoproep na een of ander mediesefondskantoor of dokterspreekkamer afgehandel het, sit hy sekondes voor hom en uitstaar. Het hy die regte ding gedoen om stil te bly en nie haar verdwyning aan te meld nie? Is daar nog tyd? Kan hy ná vyf dae by die polisiekantoor opdaag en 'n klag indien? Wat sê hy? Sal hulle hom glo as hy verklaar dat hy rasend van kommer is? Maar dan sou hy lankal werk gemaak het van haar verdwyning. Hy kan die brief vir hulle gee. Hy kan vertel hoe hy haar gesoek het. Een Sondagmiddag in die Strand en in Gordonsbaai? Hulle sal hom van gemene spel verdink, van moord. Hulle sal hom ondervra en onder-soek. Hulle sal met Amir kom praat, en met Constance en die res van die personeel. Hulle sal Tienie en Anke bysleep. Hulle sal hom in hegtenis neem en in die tronk sit, dalk vir Constance ook. Die media sal die storie optel en joernaliste sal 'n liefdesdriehoek skep wat nie daar is nie. Nee, hy kan nie polisie toe gaan nie.

"Stephan, kom by, ek vra."

Stephan knip sy oë. Amir se blas gesig kom in fokus. Hy hang oor die toonbank. Mikaela met haar wit krulle staan langs hom, 'n nota-boekie gereed.

"Mikaela gaan gesondheidswinkel toe om lunch te koop. Sy wil weet wat jy bestel."

Stephan sit 'n glimlag op. "Enigiets wat jy vir my kan aanbeveel, Mikaela. Jy is ons dieetkundige."

"Meneer het nie net een lunch nodig nie, meneer het 'n uitgewerkte dieet nodig."

"Hoekom sê jy so, lyk ek siek?"

"Meneer is nie siek nie, meneer is net vaal. Gebruik meneer ooit van hierdie vitamiene en tonikums wat meneer so vir ander mense bestel?"

"Ek het sulke aanvullings by die huis, maar ek vergeet."

"Ek gaan vir meneer twee bottels langs die rekenaar neersit."

"In die kombuis. Hy is so deur die blare, netnou eet hy 'n hele hand vol pille in een dag op," keer Amir.

"Ek sal met Constance praat, môre as sy weer werk. Sy kan meneer dophou noudat meneer se vrou nie meer hier is nie."

Stephan sit regop. Waar kom die kind aan die inligting?

"Eier en bronkors op rogbrood, en wortelsap. Is dit goed so?"

"Ja."

Hy haat wortelsap, maar sy stem is weg,

Sy skryf vinnig en hop dan soos 'n wit hasie weg.

"Dankie, Mikaela!" roep Amir haar agterna.

"Hoe weet sy van Ragel?"

Amir vou sy arms, hy frons. "Almal praat, hoor jy dit nie?"

"Die ou waaroor geskinder word, is gewoonlik die laaste een om uit te vind."

"Hulle skinder nie lelik nie, hulle voel saam en hulle worry."

Stephan sug. "Ek sal kophou, ek sal hulle nie hulle sekuriteit ontneem nie. As ek eendag hierdie plek verkoop om my vrou te gaan soek, sal ek sorg dat hulle nie afgedank word nie. Dis tog al waarvoor hulle omgee."

Amir frons. "Ek glo nie dis al nie." Hy bly 'n ruk stil voor hy weer praat. "Julle tragedie," sê hy, "is ook hulle s'n. Ragel was baiekeer hier met die outjie, jy ook. Hulle ken hom, hulle onthou hom. Hulle sien wat dit aan jou doen, die hartseer. Ons, hulle is ook hartseer."

Groot mans huil nie, hulle huil veral nie in die openbaar agter rekenaars nie. Maar Stephan kan nie sy trane keer nie. Hy moet opspring en agtertoe gaan.

Middagete by die Van Veldens is nie 'n ligte affère nie. As Ragel gedink het Sondag se skaapboud en geelrys en patats en stowebone spreek van oorvloed, het sy haar misgis. Vanmiddag kry hulle sag gestoofde beesvleisblokkies met gemengde groente op spierwit rys. Die gestolde beetslaai word soos 'n koek opgesny. Vir nagereg is daar 'n perfekte crème brulée.

"Tuisgemaak," sê Emma, en Rosie straal.

"Valery het vroeg klaar gewerk, maar moet ek vir hulle middagete gee?"

"Moenie moeite doen nie, Rosie vat alles wat hier oorbly saam huis toe."

Die deur tussen die kombuis en eetkamer staan oop.

"Ek wou nog vir Rosie vra ... oor die seuntjie. Daar was 'n seuntjie saam met Valery en dis nie haar kind nie."

"Hartseerstorie," sê Johan.

"Hier is baie hartseerstories."

"Wie se kind is hy?"

"Sal jou later vertel," sê Emma, haar oë op die oop deur.

Ragel het vir drie maande se losies vooruit betaal. Die middagete kos veertig rand. Sy sou dit nie teen daardie prys self kon kook nie. Sy het daarvoor ook vooruit betaal, en nog genoeg oorgehou om ruim van te leef. Behalwe vir die paar rand in haar beursie, is haar geld veilig in die kluis in Johan se studeerkamer. Hy het haar saamgenooi sodat sy kan sien hoe hy dit wegsit. Ragel het haar staan en verwonder aan die rakke vol boeke en die aandenkings van ornamente en foto's, die skilderye.

"Sy maak of sy nie kunstig is nie, maar sy is," het Johan gesê, sy oë liefdevol op een van Emma se landskappe.

Dit is vrolik en kleurvol, maar as sy eerlik was, sou sy Emma met haar kleurperspektief en tegniek kon help.

Johan versteek sy kluis agter een van Emma se seetonele – Tafelberg van Gordonsbaai se kant.

"Is dit nie presies hoe dit daar lyk nie?" het hy gevra.

"Dit is. Baie treffend."

"Mistige dag gewees," het Johan gesug. "Ons het die kinders vir 'n verandering soontoe gevat. Ons gaan kamp gewoonlik Aprilmaand in die Strand. Die kinders verveel hulle hier rond, hoewel Jan deesdae graag plaas toe gaan. Rentia is in matriek en net so talentvol soos Emma. Sy wil gaan kuns studeer, maar ek is bekommerd. Kan jy 'n lewe maak uit kuns?"

Hy het Ragel so reguit aangekyk, sy het amper geantwoord.

Dit neem jare, maar met harde werk kan jy jouself vestig. Ek het dit weggegooi, want ek kan nie meer skep nie. Glo my, ek kan nie eens 'n stukkie houtskool optel om te teken nie, en skilder is uit, ek doen dit nie meer nie. Jy sien, ek was besig met my kuns toe Frankie verongeluk het. My kuns was naas Frankie my lewe. Ek was Ragel Steinbach-Naudé, bekroonde portretskilder. Ek sou nie my loopbaan opgee vir kinders nie en ek was lief vir Frankie, maar net so lief vir my kuns.

My kuns is saam met Frankie van my af weggeskeur. Dit het dood-gegaan. Dit moes.

Sy het geskrik toe sy besef Johan staan op haar antwoord en wag.

"Ek weet nie," het sy gesê.

"Rentia is slim, sy kan 'n wetenskaplike wees, 'n dokter. Ons probeer om haar in daardie rigting te stoot."

"Die vraag is, sal sy gelukkig wees?" het Ragel toe gevra.

"Sy sal bitter ongelukkig wees as haar kuns nie aanvaar word nie."

"Miskien het Emma die regte idee, om dit as stokperdjie te beoefen?"

Johan het sy kop stadig geknik. Sy oë het vernou en hy het van Ragel af weggekyk na Emma se seetoneel. Die oop Bybels op sy lesse-naar het Ragel ongemaklik gemaak, sy wou uit en sy was bly toe die etensklokkie lui.

Ná ete gaan rus Johan 'n rukkie.

"Wat van jou?" vra Ragel vir Emma.

"Ek stap eers gou saam met jou huis toe. Môre kom die rondrei-sende kliniek, dan werk ek voldag."

"Jy werk hard," sê Ragel toe hulle die tuinhekkie van die pastorie agter hulle toemaak.

Hulle loop langs mekaar en Emma gee nie om om oor haarself te praat nie. Sy gesels spontaan. "As jy twee tieners op koshuis het, een in matriek wat volgende jaar universiteit toe wil gaan, moet jy én jou man werk. Ek gee nie om nie, ek doen dit met liefde. Ons wil vir hulle die beste gee en ons kan nie op Johan se salaris alleen nie. Ons het self nie baie uitgawes nie. Ek loop werk toe en Rosie neem my huishouding waar. Ek hou nie van huiswerk nie, ek sal enigiets doen om dit te ontduik. Johan respekteer dit, hy gun my die ruimte om my kuns uit te leef. Wens ek kan eendag lesse neem. Maar my beurt sal kom."

Ragel sluit die Visser-huis se voordeur oop. Sy is bly sy het nie nodig om Emma in die oë te kyk nie. Hulle het die Boshoff-familie voor ete uitgepluis. Toe het sy sonder om te blik of te bloos gesê haar man is 'n weeskind wat nie sy familie ken nie en daarmee was die saak afgehandel. Maar kuns en Emma se kuns word so aanhoudend opgerakel, sy moet kophou om nie spontaan haar kennis te verraai nie.

Dit is koud in die sitkamer.

"Die agterstoep is beter," sê Emma, en sy loop sommer vooruit.

Sy is reg. Valery het die gordyne oopgetrek en die laatwinterson skyn warm op die rusbank met sy bont kussings.

"Koffie?" vra Ragel.

"Los die koffie, ek sit net drie minute." Emma sak in die leunstoel weg en haal diep asem. "Jy moet my verskoon, maar ek moet dit sê – en Johan stem saam: Jy herinner my soveel aan Lisel Olivier, ek't geskrik toe ek jou die eerste keer sien."

"Dis niks. Op Lutzville het 'n vrou my opgestry dat ek soos een van die Viljoens van Eendekuil lyk."

"Lisel is van Eendekuil en sy was 'n Viljoen!"

"Daar het jy jou antwoord. Ek is verlangs familie van die Viljoens."

"Nie van die Boshoffs nie."

"Aangetrou."

Alles leuens, dink Ragel en kyk weg voor Emma haar vra wat haar nooiensvan was.

"Ek mis haar, vir Lisel," sê Emma. "Kindersorg was haar passie. Toe trek hulle Gauteng toe, en sy kry swaar. Haar man was 'n landboukundige. Hy't hier by Bezuidenhouts gewerk, toe kry hy 'n verplasing na UP se proefplaas. Ek weet nie of hulle gelukkig is nie – 'n mens is wat jy is en hulle is gebore Sandvelders. Ek kan my hulle nie op 'n ander plek voorstel nie. Maar jy wou weet van die kind. Sy ma was Valery se Angeleen."

"Valery se Angeleen?"

"Haar dogter, Trewwie is haar kleinkind. Rosie en Valery is susters."

"En hulle verskil so hemelsbreed!"

"Ja, in geaardheid en in jare."

"Valery lyk jonk om ouma te wees. Hoe oud was Angeleen?"

"Dertien en op pad skool toe, toe sy deur drie ouer seuns voorgekeer en verkrag is. Dis 'n wonderwerk dat sy dit oorleef het. Hulle wou haar dood hê. En toe is sy in die skande – asof dit haar skuld was."

Ragel is onthuts. Dis 'n werklikheid. Daar is kinders wat mekaar verkrag en vermoor! Sy kan dit nie verstaan nie en sy kon dit nog nooit glo nie. Al het sy daarvan gehoor en al was daar sulke berigte op die televisie en in die koerante, sy kon haarself nog altyd daarvan distansieer – nie nou meer nie.

"Al wat hy vir my sê is, sy ma is dood."

"Rosie-hulle sal hom nie vertel hoe sy dood is nie – ander mense sal, van die kinders of van die grootmense wat wil slim wees."

"Is hulle gevang – die verkragters?"

Emma knik. "Gevang en voor die gereg gebring en gestraf. Al drie het 'n paar jaar in Worcester se rehabilitasiesentrum deurgebring, nie dat dit veel gehelp het nie."

"Maar dis moord."

"Nee, sy het nog sewe, agt maande geleef. Daardie maer ou lyfie het so swaar gedra, 'n aborsie sou 'n beter uitweg gewees het, maar hulle wou nie. Sy was lank in die hospitaal, en toe sy uitkom, het sy teruggegaan skool toe, arme kind."

"Wat toe?"

"Sy is dood met die kind se geboorte. Hy was so 'n pieperige ou babatjie – weke te vroeg gebore."

"Hoe oud is hy?"

"Ses. Hy is slim, lees en skryf al, maar Rosie-hulle reken hy's te klein vir die skool. Ek dink ook dis beter dat hy sterker word."

"Hy lyk vier. Ek het nie mooi gehoor wat sy naam is nie?"

"Ons het hom Johannes Jakobus gedoop, Johan is sy peetpa. Rosie-hulle noem hom Trevor. Hulle hou van Engelse name. Nou's hy so klein, hy's sommer Trewwie."

"Hy't so verwaarloos gelyk."

"Het hy weer daai stukkende trui aangehad?"

"En kaalvoet."

"Dis Valery se manier om simpatie te wek, anders het jy haar dalk die deur gewys."

"Kan Rosie nie keer nie?"

"Rosie het nie veel sê oor hom nie. Dis Valery, sy is so besitlik, en sy werk nie so voltyds soos Rosie nie. Ons wou hom aanneem, maar hulle wil nie. Nou't ons vir hom ook 'n studiefonds waaroor ons liewer stilbly tot die dag dat hy dit nodig kry. Valery het 'n drankprobleem, maar Rosie sê dis onder beheer, sy's 'n naweekdrinker en sy tiep eers teen Saterdag."

"Dan, wie kyk dan na die kind?"

"Na die kindérs! Hulle word maar so groot, kyk uit vir mekaar, kry die voorbeeld, volg die voorbeeld, en die sondes van die vaders word besoek aan die kinders. Daar is enkeles wat uit die kringloop ontsnap. Hoe was Valery vanoggend? Maandag is hulle half aan die slaap."

"Ek het niks agtergekom nie, en die huis is skoon. Is sy getroud?"

"Waar sal sy getroud wees?"

"En Rosie?"

"Haar man is dood, met 'n mes gesteek op Nuwejaarsdag glo. Maar dis voor ons tyd. Soms weet ek nie, die mense het geen hoop nie." Emma sug. Sy kyk na die vensters asof sy krake soek, dan kyk sy na Ragel en glimlag. "Wag, voor ek jou in 'n depressie in dompel, ek moet weg wees, my gaan voorberei vir Bybelstudie Woensdagaand. Jy is welkom om aan te sluit vir die drie maande wat jy hier bly. Drie maande is lank genoeg."

Ragel raak benoud. Waar kry sy verskonings en hoe sê sy wat sy voel sonder om te onthul dat sy alles weet van depressie en niks meer wil weet van Bybels en Bybelstudie nie?

"Ek sal sien," sê sy lamlendig. "Ek is nog bietjie vreemd."

"Ek belowe jou jy sal nie lank vreemd bly as jy by ons aansluit nie. Ons is 'n klein groepie, ses of partykeer sewe, en almal ewe spraaksaam. Was jy winkels toe?"

"Ek was, en dis oulik daar. Ek't drie van die tweedehandse boeke gekoop en 'n *Sarie*, vars brood ook."

"Ons gaan Vrydag Malmesbury toe om die kinders te gaan haal vir hulle uit-naweek, dan koop ek my kruideniersware. Maak jou lysie. Ongelukkig is die motor te vol, anders het ek gesê, kom saam."

"Ek het niks nodig nie, regtig."

"Ons ry net een keer 'n maand Malmesbury toe."

"Dankie, ek sal onthou."

Malmesbury klink skielik te naby. Die wêreld is klein. In Khayelitsha skiet kinders ander kinders in die strate dood. In dorpies soos dié verkrag en vermoor hulle mekaar. Dit het gebeur en dit kan weer gebeur. Dit gebeur in die stede en voorstede. Frankie is in die straat voor hulle huis in 'n stil buurt onder 'n motor in.

Ragel raak so benoud, dis asof die angs en hartseer van duisende moeders tegelyk deur haar spoel. Emma weet nie wat alles in haar kop aangaan nie. Of miskien sien sy dat sy steeds ontsteld is.

"Moenie jou te veel oor Trewwie ontstel nie," sê sy. "Hy is 'n gelukkige kind, kunstig ook. Jy moet sien hoe oulik teken hy. Dis uitsonderlik vir 'n seuntjie van sy ouderdom."

Ragel dink nie, sy antwoord byna ongeduldig, en dis uit voor sy kan keer.

"Goed, ek sal kom, ek sal jou Woensdag met jou kunsklasse kom help."

Sewentien

"Stephan?"

Constance het nie grimering aan nie, haar hare is met 'n haarband van haar voorkop af weggetrek. Sy dra 'n kleefbroek met dik wolkouse en yslike pelspantoffels, 'n los trui wat soos 'n jurk oor haar knieë hang. Sy lyk minstens tien jaar jonger as haar ses en dertig.

"Ek's jammer, ek het 'n kans gevat, ek't nie van die hek af gebel nie, iemand het ingery toe volg ek en … Kan ek inkom?"

Sy maak die deur wyd oop, maar sê nie 'n woord nie.

Die plek is deurmekaar. Hy ken dit nie so nie. Die sitkamerbank is oorlaai met tydskrifte, die koffietafel met vuil bekers en koppies en krummels. Sy begin opruim, tel bakke en bekers op en stap deur kombuis toe.

Die voordeur klap vanself toe. Stephan bly met sy rug teen die deur staan.

"Los, Constance."

Maar sy luister nie, sy laai nog skottelgoed in haar arms.

Die televisie is aan, sy blik vang die DVD in die speler – Julia Roberts in *Eat, pray, love*. Dis een van hul gunstelinge wat hulle al 'n paar keer saam gekyk het, en waaraan sy hom voorgestel het toe hy een aand hier ingestrompel het nadat Ragel hom verjaag het. Die klank is sag, byna asof sy net na die beelde gekyk het. Hy kyk 'n rukkie, kry die bittersoet gevoel.

In die kombuis pak Constance porselein en vlekvrye staal in die opwasbak.

Daar lê 'n kombers en kussings op die mat. Hy buk om dit op te tel. Die blomme op die televisiekas lyk soos 'n professionele ruiker, seker die een wat hy op Vrouedag vir haar by Jasmine bestel het.

Hy is besig om die kombers op te vou toe Constance in die middeldeur verskyn. Hy sien haar nie dadelik nie, maar raak bewus van haar en dat sy vir hom kyk. Daar is 'n kamer tussen hulle, 'n afstand simbolies seker net so groot soos die afstand tussen hom en Ragel. Wat het hy gedoen om dit te verdien – vir twee sekondes weggekyk, vergeet om die veiligheidshek van die voordeur toe te maak? Troos gesoek waar hy nie moes nie?

Constance laat sak haar arms langs haar sye, 'n gebaar van oorgawe.

"Jy lyk moeg," sê sy.

"Ek is."

"Ek ook, ek is ook moeg."

"Ek's moeg daarvan om 'n front voor te hou."

Sy sug. Dit lyk of sy iets wil sê en haar dan bedink. "Het jy al geëet?" vra sy eindelik.

"Mikaela het toebroodjies gaan koop, lunchtyd."

"Sit, dan maak ek vir jou aandkos."

"Moenie moeite doen nie."

"Dis nie moeite nie."

Sy draai te skielik om en verdwyn in die kombuis. Hy bly agter, gaan sit op die bank, stut sy elmboë op sy knieë, sy kop in sy hande. Julia Roberts murmel haar woorde, musiek in die agtergrond. Hy moes nie hiernatoe gekom het nie. Maar hy was alleen en hy het na haar verlang, én hy skuld haar 'n verskoning.

Constance gooi potte en panne in die kombuis rond, altans dis soos dit klink. Kaste word oopgeruk, laaie word toegestamp.

Hy wou haar gewaarsku het, maar hy was nie seker nie, toe ry hy tot by die hek. Een van die inwoners het voor hom ingedraai en toe volg hy sonder om verder te dink. Wanneer die hek agter jou sluit, is dit verby – jy kan nie weer uit nie. Nou weet hy nie. Hy sou die naweek gebel het, hy sou Saterdagmiddag sy tas gepak het om hier te kom oorslaap. Hy skuld haar 'n verduideliking.

Dis nie nodig om kos te maak nie, hulle kan iets bestel of hulle kan uitgaan, Kaap toe, gaan eet iewers waar niemand hulle ken nie. Maar wat maak sy? Dis skielik so onheilspellend stil.

Hy kan dit nie ignoreer nie, hy lig homself en loop kombuis toe, op sy tone om haar nie te verskrik nie.

Sy staan voor die opwasbak, vooroorgebuig, haar hande agter haar nek gevou. Huil sy? Dis hoekom hy nie wou kom nie, dis hoekom hy nie naby haar wou kom nie. Want hoe sê hy vir haar hy kan Ragel nie in die steek laat nie? Sy sal nie verstaan nie, want Ragel het hóm liederlik in die steek gelaat en sy weet dit.

Sy het smal skouertjies. Hy het nie agtergekom Constance het sulke smal skouertjies nie. Maar miskien word vrouens kleiner as hulle huil, miskien maak die verlies aan trane hulle dunner. Hy stap nader, hy gee versigtige treë, haal amper nie asem nie. Wag sy vir hom? Weet sy dat hy op pad is?

Dan staan hy langs haar. Hy sit sy plathand op haar rug. Sy duim en sy pinkie raak weerskante aan haar skouerblaaie.

"Constance, ek is jammer ek het jou by die gemors betrek."

Toe sy na hom opkyk, sien hy sy huil. Geluidlose trane, maar dit stroom.

Hy maak sy arms oop en sy val teen sy bors. Sy het so 'n sagte, vroulike lyfie. Hy vou haar in sy omhelsing toe. Hy sus haar en troos haar en vryf haar rug. Haar kop is onder sy ken. Hy knyp sy oë toe en asem haar in.

Ragel droom van kinders. Sy hoor hulle lag en praat en gil en skree. Sy droom sy kry 'n groot geskenk, 'n boks met strikke opgemaak en wat die kamer vol staan. Sy trek die strikke los, sy skeur die papieromhulsel af. Maar sy kan nie die deksel lig nie. Toe sy weer kyk, is die boks so hoog soos 'n huis. Sy loop al om die huis en kry 'n deur. Sy draai die knop en die deur gaan oop. Binne is 'n kamer vol speelgoed en eetgoed en kinders wat partytjie hou. Dis Frankie se verjaardag. Hy staan by die koek met kersies, twee kersies wat so lustig brand. Blaas dood! skree die kinders. Maar Frankie weier.

Blaas dood! Blaas dood!

Voor sy hom kan keer, staan hy op sy tone en blaas een yslike blaas.

Die kerse gaan dood en die koek verander in 'n hondjie. Hy spring van die tafel af en hardloop die kamer vol met al die kinders agter hom aan. Toe eers hoor Ragel toeters blaas en glas wat breek.

Sy skrik natgesweet wakker. Dis donker en koud, want haar komberse het afgegly. Koue sweet, dis wat dit is. Haar horlosie sê kwart voor twee. Sy het al kwart voor twee opgestaan om Frankie te voed. Hy was so gaaf om in September aan te kom, 'n lentebaba.

Ragel trek die komberse oor haar skouer – heelbo, ouma Ragie se lappieskombers. Sy wikkel haar dieper in. Hierdie drome is nie lekker nie. Maar sy mis hulle vir niks ter wêreld nie. Frankie verskyn aan haar. Hy lag of huil of hardloop of sit of staan – hy is. Hy is helderder as op enige foto, ouliker, guitiger, vinniger, slimmer en mooier. Hy speel met sy maats. Miskien is hy in 'n beter plek, en dalk steek daar waarheid in hemelstories.

Sy maak haar oë toe en probeer sy beeld oproep, maar dis Trewwie wat voor haar staan in sy vertoiingde trui met sy groot oë en die kyk asof hy iets weet.

Arme kind, watter kans het hy in die lewe? Miskien, as Emma die waarheid gepraat het, is hy oor 'n paar jaar ook in die koshuis in Malmesbury, oor nog tien jaar op universiteit, of dalk … dalk kom hy nie daar uit nie. Drie groot seuns keer hom voor en slaan hom met 'n klip oor die kop en doen wat hulle wil met hom.

Nee! Ragel sit regop. Sy kan nie glo dat sy so negatief is nie.

Sy skakel die leeslampie aan, soek sigarette en steek een aan.

Kinders behoort veilig te wees, hulle behoort te speel en te leer en ontdekkings te maak. Ná skool moet hulle kan huis toe gaan en saam met hul boeties en sussies aan tafel sit en praat oor alles wat by die skool gebeur het. As hulle goed is in sport, moet hulle kans kry om te oefen en te presteer. As hulle belangstel in musiek of kuns, moet hulle leer hoe dit werk en dan vryheid gegun word om skeppend te dink. Kinders moet groei, kinders moet leef.

Sy het bly leef. Toe almal dood is, toe leef sy nog.

Eers haar ma en pa, toe oupa Pieter, toe Kobus, oom Piet, tannie Let, ouma Ragie, Frankie. Die dood het 'n manier om op een plek te oes tot hy genoeg het. Maar hy het ouma Ragie en Frankie lank ná die ander kom haal – 'n ouma en haar kleinkind. Of tel die miskrame ook? Het sy en Stephan vier kinders in die speelkamer?

Ragel druk die sigaret dood, sy skakel die lig af en draai op haar sy. Sy druk Frankie se teddie teen haar vas en maak haar oë toe. Die trane brand haar wange. Sy voel klein, sy voel of sy in 'n dogtertjie verander. Sy klou haar teddie vas en huil oor hulle; oor haar ma en pa en oupa en ouma, oor Kobus en oom Piet en tannie Let, en Frankie-tjie. Dit maak haar moeg en eindelik slaap sy weer. In haar droom sien sy drie vroue na haar toe aangestap kom. Dis Rosie en Valery en Angeleen. Angeleen het net sulke swart oë soos Trewwie en donker krulle, klein handjies, klein voetjies. Sy het 'n boeksak op haar rug. Sy is hoog swanger. Hulle wag vir haar, die groot seuns, hulle wag tot sy by hulle is, dan bespring hulle haar.

Toe Ragel wakker skrik, is dit lig.

Die droom was so helder, sy bewe van angs.

Sy kan nie haar eie storie verwerk nie, hoe moet sy hierdie mense s'n?

Moet sy haar ore toedruk, moet sy weier om te luister? Maar wat van Trewwie wat haar so aankyk? Wat van Emma wat so gaaf is en hulp nodig het met die kunslesse? Wat van Stephan?

Wat van Stephan? Moet sy hom nie bel nie?

Dis agtuur in die oggend. Sy dink dis Dinsdag. Stephan is op pad werk toe, of dalk het hy klaar oopgesluit. Wat sê sy vir hom as hy antwoord?

Hallo, hoe gaan dit?

Hallo, wat maak jy?

Hallo, ek is jammer ek het weggegaan.

Hallo, dis Ragel hier. Ek bel hier van tannie Visser se huis af, ek het vir drie maande vooruit betaal. Ek eet langsaan by die dominee en sy vrou, glo dit as jy wil. Ek was gister straataf, ek het met oom Swanie gesels, ek praat met mense. Ek koop brood by Bakker en Tienke. Ek maak of ek oukei is en nou ís ek oukei, want sien, ek maak of ek iemand anders is. Verstaan jy? Niemand ken vir Ragel nie, niemand hier weet van Ragel se seuntjie en van jou nie.

Sê nou hy wil nie met haar praat nie? Sê nou hy skree en raas en dreig haar met 'n egskeiding? Sê nou Tienie is kwaad omdat sy haar nie gebel het nie? Wat van Anke? Sy moet eers vir Tienie of Anke bel.

Ragel sit haar selfoon neer en bel niemand.

Toe trek sy aan, gaan smeer dik snye van Bakker se brood met botter en vyekonfyt en eet tot sy oorversadig is. Sy was die skottelgoed en blaai die *Sarie* deur. Dis halftien toe sy besluit om uit te gaan. Wat het oom Swanie gesê? Die tante hou van geselskap. Ragel het altyd graag gesels en gekuier tot Frankie dood is, toe wil sy nie meer nie. Mense krap in jou siel rond, mense wil raad gee, mense maak jou moeg met hul simpatie en hul ewige nuuskierigheid.

Maar hier weet hulle van niks, hier is sy Marinda Boshoff. Wanneer hulle haar uitvra, is sy Marinda, nie Ragel nie. Marinda en haar vervreemde man het nie kinders nie. Sy is hier om te rus. Punt.

Ragel klap die *Sarie* toe. Marinda moet wegkyk van haarself, sy moet ander mense raaksien, dis hoekom sy vanoggend wakker geskrik het met Rosie en haar suster en dié se kind vars in haar geheue. Oom Swanie se vrou soek geselskap – sekerlik nie iemand wat rook nie.

Dus los Ragel haar sigarette op die kombuistafel. Sy sluit die huis en stap. As oom Swanie nie in die tuin is nie, loop sy om die blok.

Die lug is fris en vars, die voëltjies sing en die honde blaf, almal weet sy loop. Geen wonder oom Swanie staan by die hek toe sy aankom nie. Hy dra dieselfde broek en skoene van gister, dieselfde glimlag.

"Ek sê vir myself as Lampies se hond blaf, is daar 'n vreemdeling op straat. Hy blaf nie vir die vroue wat elke dag hier verbykom nie, ook nie vir my nie. Kom jy kuier?"

"Oom het my genooi, maar as dit nie vandag geleë is nie, maak ons 'n afspraak."

"Watse geafsprake! Dis 'n stadsgewoonte – buitendien, dis teetyd." Hy maak die hekkie oop. "Kom, kom in."

Dis 'n gesukkel met die hek se knip, 'n draadlip wat oor 'n hakie moet gaan. Ragel kry die gevoel dat sy liewer nie moet help nie.

"Die ding is te kort."

Hy kry dit reg en beduie stoep se kant toe. Hy loop ook swaar, so asof sy skoene hom druk. Op die stoep langs die bank onder die venster wag 'n ander blink gepoleerde paar.

"Sal jy my verskoon, ek gaan eers die tuinskoene uittrek, anders trap ek modder in."

Ragel gaan sit op die kort bankie langs die stoepmuurtjie. "Ek hoop nie my sole is vol modder nie."

"Jy was mos nie in die tuin nie."

"Op die sypaadjie."

"Dan vee jy hulle aan die matjie af."

Sy bors fluit, hy haal moeilik asem. Ragel kyk weg toe sy sien hoe vol gate sy kouse is, hoe verknot sy tone, nes sy hande vervorm van artritis.

"Woon oom al lank hier?"

Hy is nog besig om sy skoenveters te knoop.

"Ekskuus, kan nie hoor nie."

Sy wag tot hy opkyk voor sy weer vra. "Woon oom-hulle al lank hier?"

"Ja, ek het hier aangekom as jong onderwyser en hier sal hulle my eendag uitdra. Die dorp was goed vir ons."

"Het oom-hulle kinders?"

"Twee seuns, en hulle is al twee in die buiteland. Dis 'n hartseer, veral vir die tante. My ouers was arm, maar hulle het my kollege toe gestuur en ons kon ons kinders universiteit toe stuur. Ons het nie bedoel dat hulle landuit moet gaan nie. Dis mos nou mode. Ek was tevrede met die skooltjie hier en ons het goed geleef, maar hulle wil die wêreld onder hulle voete hê. Gee Engels vir die Arabiere en die Koreane – Engels, hoor! Hulle praat beter Engels as ek en die tante saam." Hy lag. "Kom ons gaan in, sy wonder seker met wie sit en praat ek."

Die voordeur staan oop, maar daar is 'n sifdeur. Hy hou dit oop. Die koperdeurknoppe is blink gevryf, sien Ragel met die instap, en die voordeur word vasgehou met 'n stuk yster wat soos 'n antieke skoen-lees lyk. Die drumpel en die plankvloer is holgetrap. Dis 'n breë gang met 'n hoedestaander aan die een kant, een deur links wat oopstaan, een deur regs wat toe is. Iemand is besig in die kombuis. Die reuk van politoer meng met dié van iets soos melk wat oorgekook het.

Hy klop aan die oop deur.

"Mamma, ek het 'n verrassing vir jou."

Ragel raak so benoud, sy wil omspring en hardloop. Wat het haar besiel? Sy ken nie die mense nie. En sê nou die tannie voel soos sy toe sy nie wou uitkom nie, nie lus vir mense nie?

"Ek dag ek hoor 'n geselsery. Is dit Willemien, klink soos sy."

"Nee, dis Marinda, sy kuier hier, huur by mevrou Visser en soek geselskap."

Die oom hou sy arm oop en Ragel moet instap. Stry sal nie help nie. Miskien is hy reg en soek sy geselskap.

Wat sy verwag het, weet sy nie. Maar so 'n mooi kamer en so 'n pragtige ou dame was ver van haar gedagtes. Dit voel of sy op wolke loop. Die kamer is pienk en blou, en van die vloer tot teen die plafon uitgeplak met muurpapier in roosontwerpe, portrette in gekrulde houtrame oral teen die mure – 'n Art Nouveau-prentjie geskep deur iemand met fyn aanvoeling.

Die tannie sit in 'n leunstoel langs die venster, 'n sagte pienk sybokhaarkombers om haar knieë, 'n ligpienk woltjalie om haar skouers. Haar grys hare is gekrul en gekam asof sy pas uit 'n salon gestap het. Sy het die blouste oë wat Ragel in haar lewe gesien het, die mooiste perskeblos op haar wange. Op haar skoot hou sy 'n hekelwerkie vas. Haar naels is perfekte roospienk skulpies. Op 'n ronde tafel byderhand staan boeke opgestapel, 'n vaas met pronkertjies.

"Ag, maar dit is te dierbaar, aangename kennis." Sy steek haar skraal handjie uit.

Ragel neem dit, dis koud en sag.

"Ek is Ciska. En jy? Wat is jou naam, ek het nie mooi gehoor nie?"

"Marinda … Marinda Boshoff."

"Familie van Emma?"

Ragel skud haar kop. Die leuens steek in haar keel vas. Hoe lieg jy vir 'n prinses?

"Boshoff is my getroude van en my man ken nie sy mense nie."

"Ag … Maar sit gerus." Sy wys na 'n kleiner leunstoel onder die venster en kyk na oom Swanie.

"Swanie, is dit tyd?"

"Ek dink so." Hy glimlag van oor tot oor.

"Sê vir Eva sy moet koeksisters uithaal en van die dadelbrood smeer. Ek ruik iets brand in die kombuis, sy moet die agterdeur oopmaak."

Daar rus 'n paar krukke teen die vensterbank, binne bereik van die dame op die leunstoel. Die grys krukke is die enigste steurende element in die omgewing. Ragel sit op die punt van haar stoel. Sy is versigtig om die gesprek te begin en wag vir Ciska.

Ciska vou haar hekelwerk op en sit dit in 'n naaldwerkmandjie by haar voete.

"Jy is seker hier vir die blomme?"

"Ja, vir die blomme ook."

"Ek sien."

"Ek moes weg, ek en my man het probleme."

"Wil jy dit regmaak?"

"Dis moeilik, dis ingewikkeld."

"Die huwelik is 'n fyn weegskaal – twee mense, een aan elke kant. Soms raak die een te swaar." Sy sug. "Swanie pak sy bakkie, dan gaan hy Lambertsbaai toe en vang vis. Dis goed vir hom. Wanneer hy terugkom, is dit asof hy lewe gaan haal het. Ek sterf en dit gaan so stadig."

"Maar ... u ... u lyk nog so goed."

"Dis Swanie en Eva, hulle piep my op asof ek die koningin van Engeland is. Ek loop met my krukke in die huis rond, maar ek sien nie kans vir die stoeptrappie nie. In September gaan ek die spesialis in die Kaap spreek oor my voet. Maar ek wil nie daaroor praat nie. Wat dink jy van ons dorpie?"

"Ek dink dis pragtig."

"Dié ou plekkie?"

"Dis presies wat ek gesoek het, 'n ou plekkie."

Sy lag 'n klokhelder laggie. "Ja, jy kan tog nie die wêreld vol woon nie. Die meeste huise hier is boere se dorpshuise. Die kerk is hiernatoe gebring sodat hulle nie Clanwilliam toe hoef te ry vir dienste nie, en kyk, toe bou hulle vir hulle 'n pragtige kerk. Jy het seker gesien? Ek was lanklaas binne en die getalle is aan die afneem. Ek glo die Here maak hom Sondae vol engele, anders sal dominee moeilik preek vir vyftig mense. Hoe lank is jy van plan om vir jou man weg te kruip?"

Ragel skrik. Is die ou dame heldersiende, of probeer sy 'n grappie maak?

Ciska lig haar hand in 'n afwerende gebaartjie. "Jammer, ek was nou baie onsensitief. Dis omdat ek so min tussen mense kom, ek weet nie meer hoe om my te gedra nie. Wat ek wou weet, is of jy dae of weke gaan bly?"

"Ek het drie maande se losies vooruit betaal."

"Maar dit hang alles af?"

Ragel kyk af. "Ek weet nie wat om te verwag nie."

Agter haar hoor sy iemand stoot 'n teetrollie in. Ciska se gesig verhelder weer eens. Dis of elke klein gebeurtenis haar met opwinding vul. Die huishulp – Ragel neem aan dis Eva – stoot die trollie binne bereik van Ciska. Die teegoed is fyn porselein, Royal Albert met rooi rose en goue randjies. Die koeksisters is elkeen volmaak, die dadelbrood so netjies gesmeer en gerangskik, Ragel sal moet moed bymekaarskraap om 'n stukkie te neem.

"Goeiemôre," groet die gesette vrou in die pienk oorjas – blykbaar die standaardkleding vir huishulpe in dié geweste.

"Eva, dis Marinda Boshoff, sy is hier vir die blomme. Ek het nog nie eens gevra waar kom jy vandaan nie."

"Durbanville!" sê Ragel amper te vinnig.

"Maar dis 'n groot plek," sê Eva asof die antwoord aan haar gerig was. "Ek het familie daar. Watter deel is mevrou?"

Ragel het nie daaraan gedink nie en wil nog sê die middedorp, toe kom Ciska tussenbeide met: "Het jy kookwater gebring?"

Eva wys na die bekertjie.

"Dankie, Eva, jy kan gaan."

Sy gehoorsaam dadelik en maak sowaar 'n kniebuiging voor sy uitstap.

"Moenie jou aan haar steur nie. Sy het familie in elke dorp en stad in die land. Hoe drink jy jou tee?"

Ragel let op dat daar net twee koppies gedek is. Oom Swanie drink dalk nie tee nie, of kry hy dit in 'n blikbeker iewers in die groentetuin? Dalk verkies hy dit so.

Agtien

Middagete sit Ragel en Johan alleen aan tafel.

"Rosie het Emma-hulle se kos kliniek toe gestuur," maak hy verskoning. "Ons sorg sommer vir die dokter en sy personeel ook."

"Dis moeite."

"Nee wat, dis net drie ekstra, en hulle betaal. Eintlik behoort ons 'n sopkombuis by die kliniek te begin. Emma wil, maar ek keer. Hier's nie mense wat bereid is om haar enduit te help nie, en netnou sit sy weer alleen met die verantwoordelikheid. Ons gee een keer 'n maand kospakkies by die kerk uit, en dit raak ons oor."

Rosie dra 'n kleinerige bobotie op.

Johan snuif die lug. "Dit ruik heerlik, Rosie."

"Dankie, dominee, geniet dit."

En weg is sy, weer kombuis toe.

"Kom ons bid, voor dit koud word," sê Johan.

Hy vat nie hande nie, seker omdat hulle alleen is, buig net sy kop en trek weg.

Ragel maak haar oë toe, maar hoor skaars wat hy sê. In haar gedagtes sien sy lang toue siek en honger mense wat medisyne kom haal, terwyl die dokters en verpleegsusters beurte maak om te gaan eet – in een van die agterkamertjies van die kliniek sodat die armes nie moet sien nie.

"Amen," sê Johan.

Toe Ragel opkyk, kyk Michelangelo se Skeppergod reguit na haar.

Wat het Jy gedoen, wil sy Hom vra, om soveel mense in ellende te dompel?

Rosie dra nog skottels op en Johan stoot hulle in Ragel se rigting. "Kry vir jou."

Soetpampoen en piesangslaai.

"Ek hoor jy't by oom Swanie-hulle gekuier?" vra Johan nadat hy 'n paar happe geneem het.

"Ek het gister daar verbygestap, toe nooi die oom my in."

"Wat dink jy van hulle?"

"Ek weet nie, ek ken hulle nie. Daar is teenstrydighede."

"Hy aanbid die grond waarop sy loop."

"Dit kon ek sien."

"Sy ook, sy het haar hier kom begrawe ter wille van hom."

"Sy't my die troufoto gewys. Hy was 'n aantreklike man en sy was beeldskoon, hulle het twee baie aantreklike seuns ook. Sy sê sy was die dorp se musiekjuffrou."

"Vandat hy by die laerskool begin het. Sy't ook skoolgehou en smiddae musiekles gegee. Hulle was goed vir die gemeenskap. Het sy jou nie vertel nie?"

Ragel probeer terugdink. Hulle gesprek het op die ou end oor Anna M. Louw se *Kroniek van Perdepoort* gegaan. Ciska soek iemand om dit vir haar voor te lees, en Ragel het tot haar eie verbasing aangebied om dit te doen. "Ons het oor boeke gesels."

"Sy kan nie meer lees nie, die suiker het haar oë aangetas."

"Ek het ingewillig om Dinsdae en Vrydae vir haar te lees."

"Sy sal dit waardeer, en jy lees vir iemand wat Milaan in 'n stadium aan haar voete gehad het."

Ragel frons. "Dit weet ek nie."

"Sy is te beskeie. Maar sy was agtien jaar oud toe sy in Europa gaan sang studeer het en die Italianers so bekoor het dat sy volhuise getrek het. Dit was net 'n paar jaar ná die Tweede Wêreldoorlog en almal het gesmag na beter dinge. Sy was 'n ster, en sy sou dit nou nog kon wees, as Gideon Swanepoel dit nie reggekry het om sy passaat Europa toe te verdien nie. Hy het genoeg geld vir twee enkelkaartjies terug Suid-Afrika toe bymekaargemaak, maar hy het kole gestook in 'n stoomskip om sy eie passaat Europa toe te betaal. Daar, voor 'n hele saal mense, het hy Ciska gevra om saam met hom terug te kom. Sy het liefde gekies, nie roem nie. Sommige mense sê daar was ook ander manne wat met Gideon meegeding het, een glo 'n skatryk Italianer."

"Sjoe," sê Ragel, "klink amper of sy kop verloor het."

Johan glimlag breed. "Nie sy nie. Sy het haar voorwaarde gehad – sy wou eers studeer voor sy trou. Toe is sy Stellenbosch toe, waar sy musiek studeer het, en daarna ook 'n onderwysdiploma behaal het. Sy en Gideon het as jong getroudes hier aangekom en gebly. Hulle een seun is 'n bekwame violis, hulle sing ook al twee. Ons hoor hulle doen oorsee gewone werk. Hulle was lanklaas hier. Ek praat te veel, maar ek wil vir jou die agtergrond gee."

"Dis 'n wonderlike storie," sê Ragel.

"Vra haar om haar albums vir jou te wys. Sy het nog vir Rentia musiek gegee en die kerkorrel gespeel tot sy vyf-en-sewentig was."

"Om te dink hy het haar in Europa gaan haal."

"Om te dink sy het teruggekom."

"Maar sy kon nooit haar talent ten volle ontwikkel nie."

"Wie sê sy het nie? Sy het die gemeenskap opgehef toe hulle dit nodig gehad het, sy het kinders leer sing en klavier speel. Sy het niks teruggehou nie."

"Dink jy sy het iets daarby gebaat?"

"Van haar leerlinge het presteer. Sy het baiekeer opgetree, selfs in die Kaap. Sy en oom Swanie is gesiene inwoners. Ons het haar nog hoor sing. Die skoolkoor word deur een van haar leerlinge afgerig. Hulle wen pryse. Alles aan haar te danke."

Maar sy draai haar rug op Milaan nadat hulle haar naam gevestig het en duisende lire in haar belê het!

Ragel dink dit, sy sê dit nie. Wie is sy om te kritiseer? Sy het galerye en versamelaars in die steek gelaat. Die waarde van haar skilderye daal by die dag vandat sy besluit het om haar potlode en kwasse neer te sit. Sy sal in die vergetelheid verdwyn en vir niemand iets goeds beteken nie, allermins vir Stephan. Met hom gaan dit waarskynlik beter vandat sy uit die prentjie is.

Dit gaan goed met Stephan, al is hy bra uitgeput. Dis aand en dit reën saggies terwyl hy ná 'n lang dag huis toe ry. Hy en Constance het besluit om voorlopig nie saam in te trek nie. Hy oornag by haar. Maar sy wil nie by hom kom bly nie. Volgens haar kan Ragel enige oomblik haar verskyning maak, en daarvoor sien sy nie kans nie. Aan die ander kant is hy al so ingeburger by Constance, een van die ander huurders het hom vanoggend voorgekeer en kastig in 'n grap gesê dat hy al geregtig is op 'n permanente parkeerplek.

Hy het vandag sy somme gemaak en besluit om sy privaatheid terug te koop en vir hom en Constance 'n woonstel in die Strand of in Gordonsbaai te kry.

Hy is reg om sy meubels te stoor, sy klere te pak en sy huis te verhuur.

Nou weer, toe hy inry, skyn die straatlig presies op die plek waar die motor Frankie getref het. Dis asof hy elke keer die dag herleef, die oomblik toe hy uitgehardloop het, deur die kring mense gebars het en Frankie so skeefgegooi daar sien lê het. Die bloed het by sy mondjie uitgeloop. Sy ogies was reeds glasig.

Hulle moes hom vashou, anders het hy die meisiekind wat die motor bestuur het, vrek gemaak.

Stephan laat sak die garagedeur. Hy klou die stuurwiel vas. Verdomde vroumens.

Hulle het haar van manslag aangekla en vrygespreek. Daarna het sy en haar ouers 'n afspraak met hom en Ragel probeer maak – to find closure, soos hulle in Engels gesê het. Hy en Ragel het geweier, hulle wou haar nie sien nie. Hoe vergewe jy jou kind se moordenaar? Sy is toe weg, studeer glo nie meer in Stellenbosch nie. Tienie het kom sê. Tienie het hulle kom aanspreek, 'n voorspraak probeer wees, die meisiekind se saak gestel, asof hy dit nie in die hof aangehoor het nie.

Daar was volgens ooggetuies – die bejaarde buurman en sy vrou oorkant die straat – geen manier hoe sy die botsing kon vermy het nie.

Dit was 'n ongelukkige sameloop van omstandighede, het haar pa getuig. Sy dogter ry nooit in die buurt rond nie, en daardie dag het sy 'n verkeerde afdraai geneem. Sy het nie besluit om 'n kind te gaan doodry nie, sy het een fout gemaak wat tot 'n tweede gelei het.

Daardeur het sy 'n gesin vernietig. Die kind is dood, die ma is weg en die pa is nie meer dieselfde man nie.

Stephan rus met sy voorkop teen die stuurwiel. As hy lank genoeg so sit, raak hy aan die slaap. Dit was 'n nag laas nag.

Hy en Constance het vir die eerste keer seks gehad.

Dit was goed. Dit was die beste ding wat die afgelope maande met hom gebeur het. Hy is moeg, maar dis 'n goeie moegheid. Constance het hom verras, sy het hom meer gegee as wat hy verwag het. Sy het alles wat hy in hom opgekrop het, die spanning en pyn en trane en verwyte, die woede, die vernedering, elke negatiewe gevoel en gedagte, omgekeer en uitgewis. In die plek daarvan het hy nie net ekstase ervaar nie, maar sy manlikheid en menswaardigheid, wat oor maande afgetakel is, is ook binne ure herstel.

Hy het haar die dag vry gegee. Ook goed, want hulle sou hul gevoelens beswaarlik kon wegsteek. Hy het haar gebel voor hy weg is by die werk, want dis laat en hy wou die draai by die huis maak om sy tas te pak met skoon klere vir môreoggend.

Hy grinnik en maak die motordeur oop. Hy het uitgevind dat daar nie net een vrou vir elke man is nie. Constance is waaghalsig en verfrissend anders, so anders hy dink skaars aan Ragel.

Sy is nie hier nie, die huis is donker en toe. Maar hy is tog versigtig.

Wat doen hy as sy vir hom wag? Hy stoot die deur tussen die garage en die kombuis stadig oop. Dit ruik na ou olie – van eergister se vis en skyfies wat hy halfpad geëet het en op die tafel gelos het.

Die huis is leeg, hy kan dit aanvoel. Hy frommel die oorskietvis in die papier toe en stap daarmee uit na buite. 'n Vaal streep vlieg by hom verby en gee hom amper 'n hartaanval. Dis die bure se kat wat ook groot geskrik het. Om te wys dat daar nie kwade gevoelens is nie, sit Stephan die stuk vis op die asblik se deksel neer. Die patio lyk soos 'n nagmerrie met die dooie potplante en papiere en blare wat oral rondwaai. Maar dis te laat in die dag om nou iets daaraan te doen. Hy moet sy tassie gaan pak en spore maak.

Hy is nog besig om 'n paar bottels wyn vir hom en Constance uit te soek toe die telefoon lui en hy onthou dat hy wou kyk vir boodskappe. Amper het hy dit vergeet. Hy sit die bottel neer en loop telefoon toe. As dit Ragel is, het hy niks vir haar te sê nie. Maar dalk verander alles as hy haar stem hoor.

Hy tel die gehoorbuis op. "Hallo."

"Naand, Stephan, dis Tienie hier."

Gemengde gevoelens. Hy vererg hom vir die vrou wat nie haar neus uit hulle sake kan hou nie én hy is verlig dat dit nie Ragel is nie.

"Naand, Tienie."

"Ek is bly ek kry jou by die huis."

"Ek het 'n selfoon as jy my dringend soek."

"Ja, maar ek is bang jy is nog by die werk en dan pla ek."

"Jy pla nie."

"Ek het nuus."

Stephan word yskoud. Dit sal sy straf wees vir gisteraand. Ragel sit by Tienie en huil, sy gaan nou die telefoon vir haar aangee. Hy het 'n bottel Meerlust merlot wat wag om geslag te word en ander vooruitsigte wat nog beter as wyn is.

"Ja?"

"Ek weet waar Ragel is."

Hel, die ou vrou is erger as 'n bloedhond op steroïede!

"Hoe?" kry hy dit uit.

"Ek was vandag by Hester Visser. Sy's een van my ouer vriendinne en sy woon in Barnardshof in die Strand. Dis om naby 'n siekeboeg te wees, hoewel sy nog nie sorgbehoewend is nie – ver daarvan. Sy swem gereeld in die see en leef lekker op haar rente, verhuur haar huis in die Sandveld, veral nou in die blomtyd. Ragel het haar huis gehuur!"

Stephan se mond is droog. Wat moet hy doen? Moet hy, soos sy, van vreugde gil?

"Stephan, hoor jy my?"

"Ja, ek hoor."

"Ek het dit alles fyn uitgewerk. Hester sê sy is drie maande vooruit betaal in kontant. Die dominee wat haar sake op die dorp behartig, sê dis 'n jong vrou wat 'n nuwe kombi ry en wat haar man by die huis gelos het. Sy en die man het glo huweliksprobleme en die dominee en sy vrou ontferm hulle oor haar. Sy eet by hulle en sy gaan sy vrou met die kinders se kunslesse help. Dis Ragel!"

Stephan sug verlig. Dit kan nie Ragel wees nie. Sy wil niks met kuns te doen hê nie – en nog minder met predikante. Dis nie Ragel nie.

"Nee," sê hy. "Dis nie sy nie. Het hulle gesê dis Ragel Naudé?"

"Sy noem haarself Marinda Boshoff."

"Sien, dit is nie sy nie."

"Daar was 'n Marinda Boshoff saam met haar op skool."

Stephan vererg hom. Hy weet nie van hierdie Marinda nie en hy pes dit as Tienie met goed uitkom wat hy nie weet nie. Hy byt op sy tande, hy hou asem op. Dan waag hy dit om te vra.

"Moet ek soontoe gaan?"

"Liewer nie. Ek stel voor ons los haar dat sy kalmeer en perspektief kry. Of ek kan ry en gaan kyk as jy wil hê?"

"Nee, as dit sy is, verongeluk jy alles."

"Jy's reg, ek glo nie sy sal daarvan hou as ons op haar spioeneer nie. Dis nogtans goed om te weet sy is veilig, nè?"

"Dankie, Tienie."

"Is jy oukei?"

"Ek is – en jy?"

"Ek voel beter noudat ek haar gekry het."

"Ek hoop jy is reg."

"Moenie moed verloor nie, Stephan. Julle het mekaar lief en julle kan nie toelaat dat hierdie tragedie julle huwelik verwoes nie. Wees geduldig, alles sal regkom. Ek weet jy wil dit nie hoor nie, maar ek bid vir julle. O ja, voor ek vergeet. Ek het Saar in die hande gekry. Sy sal Donderdag – dis oormôre – kom huis skoonmaak. Los die sleutel vir haar op die gewone plek voor jy werk toe gaan."

"Dankie, Tienie, ek waardeer jou moeite."

"Enigiets, praat as daar nog iets is. Eet jy?"

"Ek eet, moenie jou daaroor bekommer nie. Nag, Tienie."

"Nag, Stephan."

Hy sit die foon neer en sug. Tienie is oorstuur. Sy gryp na strooihalms en hy is laat vir Constance. Hy haal sy selfoon uit en bel haar.

"Stephan, waar bly jy?"

"Tienie het gebel en my opgehou."

"Wat's dit met haar?"

"Lang storie, vertel jou as ek jou sien."

"Die kos is reg – ek ook."

"Moenie wyn oopmaak nie, ek het 'n bottel goeie merlot."

"Asof ons dit nodig het."

"Hou jou warm. Ek bedoel die kos, hou dit warm."

"Jy ook!" Sy giggel.

Toe hy die selfoon in sy sak druk, klop sy hart wild.

Negentien

Woensdagoggend staan Ragel vroeg op, trek aan en maak haar bed op. Sy is besig om vetkoek te bak toe Valery aan die agterdeur klop. Trewwie is weer by. Dié keer het hy nie sy toiingtrui aan nie, maar 'n oulike streeptrui en 'n langbroek en skoene.

"As jy so deftig is!" groet Ragel.

Hy word skaam en kruip agter Valery se pienk jassie weg. Sy glimlag trots. "Sê vir mevrou wat maak julle vanmiddag, toe sê."

"Kuns," brom hy, sy hand in sy mond.

"Watse kuns?"

"Teken, ek hou nie van plak nie."

"Ek ook nie, ek hou ook nie van plak nie."

Sy het laas geplak toe sy in graad twee was, maar sy assosieer dit met die gevoel van teensinnigheid wat haar skielik oorval. Teken is ook nie meer een van haar prioriteite nie.

Valery snuif die lug. "Bak mevrou vetkoek?"

"Ja, hoop julle eet vetkoek wat met bakpoeier aangemaak is."

"Ons ken dit, dankie, mevrou. Kou jy al weer naels!"

Valery se hand vlieg uit en ruk Trewwie s'n uit sy mond.

Ragel sê niks. Sy pak twee van die vetkoeke op 'n broodbordjie, gooi stroop op, skink vir haar tee daarby en verkas voorkamer toe. Sy eet stadig. Miskien moet sy sê dat sy vanmiddag ook by die kuns sal wees.

Toe sy klaar is, dra sy die bord kombuis toe. Trewwie sit by die tafel, 'n vadoek om sy nek gebind en 'n stuk vetkoek in 'n plas stroop op die bord voor hom. Sy mond blink van olie. Stroopdruppels hang aan sy trui se mouboordjies.

Valery is nêrens te sien nie.

"Oe, jou moue hang in die stroop," keer Ragel en gryp 'n vadoek by die opwasbak.

Hy kyk en probeer dit aflek.

"Toe maar, ons gebruik die lap."

Hy laat haar toe, maar doodstil, sonder 'n woord. Die seunskind het sulke klein handjies. Frankie was twee en syne was groter. Sy kan ook nie help om op te let hoe stomp Trewwie se naels afgekou is nie.

"Daar's hy. Hou die lappie langs jou, dan vee jy self af as jy weer mors. Waar is antie Valery?"

"Weet nie."

"Oukei."

Ragel hou haar kop skeef en luister of sy skoonmaakgeluide hoor.

"Sy's nie hier nie," sê Trewwie.

"Dan's sy seker langsaan by antie Rosie."

"Reg geraai!"

Ragel moet wegdraai om haar glimlag te verberg.

"Soet bly tot sy terugkom."

Ragel wil Emma bel om te hoor hoe laat sy by die kerksaal moet wees, en sy loop kamer toe waar Frankie se teddie haar met sy plat gesiggie en kraalogies verwelkom. Was dit maar Frankie wat in die kombuis sit en vetkoek eet het, dan sou sy daar gebly het en gekyk en gekyk het na elke happie wat hy vat.

Sy gaan sit op die bed, tel Teddie op haar skoot en vryf sy wolletjies. Die boeke op die bedtafeltjie trek haar aandag. *Kroniek van Perdepoort* lê heel bo. Ragel sal dit hardop moet oefen om dit ordentlik aan te bied. Hulle het die verhaal en karakters bespreek, en gelukkig kon sy nog heelwat onthou uit die dae toe sy Afrikaanse letterkunde studeer het.

Vir Ciska is dit hartseer dat 'n man wat so trots geleef het, so onsalig sterf. Sy het met 'n sug oor haar bene gevryf. "Sê my, kan ek jou iets vra?" het sy toe gesê.

"Vra maar."

Ragel het haar klaargemaak vir 'n intensiewe ondervraging oor wie sy is en waar sy vandaan kom en wat sy in die omgewing kom soek. Die vraag het haar uit die bloute getref.

"Ruik jy die vrot?"

"Vrot?"

"Ja, soos vleis wat sleg word."

Ragel het die lug gesnuif en niks buiten parfuum en potpourri geruik nie.

"Nee, ek ruik dit nie."

"Is jy seker?"

"Ek ruik definitief nie vleis wat sleg word nie."

Ciska het haar kop laat sak.

"Dankie."

Toe het hulle hul weer by die Lotriets van Perdepoort bepaal.

Dis Ciska se boek. Op die skutblad het iemand geskryf: *Aan mevrou Ciska Swanepoel, baie dankie dat ek in mevrou se wenkoor kon sing. Ek hoop mevrou geniet die boek, Hermien Kruger.*

Hermien Kruger het waarskynlik nooit self die boek gelees nie, maar dit gekoop omdat die omslag die meriete van die werk met aankondigings van die CNA-prys en die Hertzogprys onderstreep.

Die tema word uitgelig met twee aanhalings oor sonde. *"Het die goeie dan vir my die dood geword?"* vra die skrywer van Romeine. *"Nee, stellig nie! Maar wel die sonde ..."*

Julian, die dame van Norwich, skryf oor haar verlange na God: *After this the Lord brought to my mind the longing that I had to Him afore. And I saw that nothing letted me but sin.*

Ragel lees dit weer en weer. Dit maak haar onrustig.

Sondig sy nou, het sy gesondig?

Teenoor God om Hom nie meer te glo nie?

Teenoor Stephan om hom nie te vergewe nie?

Hoe maak sy dit reg?

Niks kan Frankie terugbring nie. Hy is dood.

Die verhaal wat sy in haar hande hou, begin met 'n begrafnis. Dis 'n ou man se begrafnis, nie 'n kind s'n nie, maar dit is 'n begrafnis. Ragel klap die boek toe. Sy weet nie of sy kans sien om dit voor te lees nie.

Marinda Boshoff sien dalk kans, maar sy is besig om meer af te byt as wat sy kan kou.

Sou dit nie makliker wees om nou dadelik vir Stephan te bel sodat hy haar kan kom haal nie? Maar sal hy bereid wees om ná dese met haar te praat? Hoe kry hulle dit reg ná maande van verwyte en stiltes? Tienie? Moet sy nie vir Tienie bel nie?

Ragel skuif die boek eenkant toe en tel haar selfoon op. Daar is bitter min nommers om van te kies.

Emma

Stephan.

Tienie.

Anke.

"Mevrou, ek moet vee."

Valery is terug. Sy staan in die deur met die besem en stoflap, die veertjies soos 'n septer in haar regterhand.

"Ek's jammer, ek loop."

Sy druk die selfoon in haar sak, staan op en skuur by Valery verby kombuis toe.

Trewwie sit nog by die kombuistafel. Hy is besig om te teken en konsentreer so, dit lyk asof hy in 'n ander wêreld is – die papier en potlood se wêreld. Ragel is nuuskierig om te sien en sy tree nader, maar toe hy agterkom, gooi hy sy arm oor die prent.

"Jammer, ek weet hoe dit voel as 'n mens besig is en ander mense kom kyk."

Hy lê met albei arms oor die tekening gevou en loer vir haar.

"Ek's nog nie klaar nie."

"Mag ek sien as dit klaar is?"

"Ek gaan dit saamvat vir juffrou Emma."

"Dis gaaf. Sy sal hou daarvan."

"Sy sal."

"Goed, ek loop. Dan kan jy klaarmaak."

Ragel gaan by die agterdeur uit. Dit het twee dae laas gereën en die bogrond begin droog raak. Sy loop in al die paadjies af, langs driehoekige beddings wat met bakstene afgemerk is en vroeër seker groentebeddings was. Vandag groei hier net onkruid, of dalk is dit van die madeliefies en gousblomme wat binnekort gaan blom. Vreemd, sy was weke laas in haar eie tuin en hier loop sy en soek goed wat groei.

Sy loop muur toe na die vyebome, reeds vol blare en klein vruggies, ook 'n pruimboom. Voëls vlieg op toe sy aankom. Die son streel haar skouers. Sy staan en kry die geur van grond en blare. Sy was lief vir tuinmaak. Wat het dit weggeneem, dood en sonde? En haar verlange na God – waar is dit?

Sy draai om en loop terug na die driehoekbeddings, loop in die paadjies op en af, al in die paadjies soos iemand wat die gange van 'n labirint volg. In die middel is 'n sirkel en die driehoeke kom daar bymekaar. Daar staan 'n suurlemoenboom belaai met blomme en vrugte. Miskien moet sy vir Ciska daarvan saamneem – 'n takkie met blommetjies ook, dit ruik so lekker.

Sy pluk solank vir haar 'n geelryp suurlemoen en loop terug huis toe. Valery is besig om vadoeke aan die draad te hang. Trewwie sit vir sy tekening en kyk.

"Mag ek nou maar kyk?" vra sy.

Hy sit regop sodat sy kan sien.

Verstommend.

Die kind het 'n plaas geteken, 'n huis met landerye en skape wat wei, ook mense wat op die landerye werk. Die detail is merkwaardig, die realisme briljant vir 'n kind van sy ouderdom. As Valery nie so haastig was om voor twaalfuur klaar te werk nie, en as Ragel hom nie sien teken het nie, sou sy kon dink hy is gehelp.

"Maar dis baie, baie mooi. Dis uitstekend. Wie leer jou om so te teken?"

"Ek! Ek sien op die papier, dan teken ek."

Nes Michelangelo wat sy beelde in die marmerblokke gesien het voor hy hulle losgekap het.

"Mag ek van naby kyk?"

Hy knik en sy tel die tekening op. Dit is nie kru kinderwerk nie. Dis te fyntjies, te netjies in perspektief.

"Ken jy sulke skapies?"

"Ja, hulle is daar op die plaas. Almal werk daar."

"Werk jy ook daar?"

"Nie kinders nie!" Hy lag.

"Ek gaan vanmiddag vir juffrou Emma met die kunsklas help."

"Kan jy ook teken?"

Ragel skud haar kop. "Nie soos jy nie."

"Ek het 'n insiggewende lesing oor Ragel ontdek," sê Emma die middag aan tafel. "Ek wil dit in die Bybelstudiegroep uitpluis en ons bevindings vir jou gee. Dis 'n goeie preek vir jou vrouereeks."

"Maak so," sê Johan, "dan kan ek jou Bybelstudiegroep vorentoe roep."

"Jy gaan vir jou 'n lat pluk!"

"Hang af."

Hulle praat, hulle raak opgewonde. Emma is aangevuur, sy het haar feite agtermekaar.

As julle maar weet, dink Ragel en klem haar eetgerei stywer vas.

Hier sit sy, dis ek.

Ek is Ragel.

Maar sy neem nie deel aan die gesprek nie, sy luister, sy hoor.

"Dis geskryf deur twee vroueteoloë, Serene Jones en Cynthia Rigby. Hulle beskryf onder meer die dag wat Ragel, die treurende, en Maria, die moeder van Jesus, mekaar ontmoet. Ragel het nie haar kind maklik afgegee nie, sy't geveg met naels en tande en sy't letsels oorgehou, in haar gesig soos een van die Romeine haar met die swaard gekap het. Geestelik is sy geknak, sy ly al dertig jaar aan post-traumatiese skok, sy gaan geklee in flenters en sy stel nie belang in die lewe nie, selfs nie in die ander vroue wat ook treur nie. Voorheen het sy wol gespin en klere geweef, nou vat sy nie aan 'n spinwiel nie. Sy steek nie haar hand uit om 'n ding in die huis te doen nie. Sy plant nie, sy oes nie, sy melk nie die bokke of was wasgoed nie. Sy treur en sy kan nie vergewe nie."

"Interessant," sê Johan en laat sak sy eetgerei. "Ragel is 'n komplekse karakter. Sy is oermoeder én simbool van kinderloosheid. Ons Christene sien haar as treurende vrou wat haar kinders moet afgee. Die Jode ken haar as Jakob se lieflingvrou en moeder van die twee Noordrykstamme. Matteus het haar in die geskiedenis gaan uithaal en Nuwe Testament toe gebring. Jeremia het haar opgehaal toe hy oor die ballingskap geprofeteer het, toe't hy haar as treurende volksmoeder voorgestel."

Emma luister geduldig, maar neem haar kans waar toe hy weer sy vurk optel. "Dis alles goed en wel, maar ek wil by die Ragel in Matteus uitkom," sê sy.

"Wil jy troos of ou wonde oopruk?" vra Johan.

"Troos."

"Met Matteus se Ragel?"

"Ja," sê Emma, "sy het Jesus ontmoet."

Johan knik instemmend. "Dis hoe 'n gewone ma dit regkry om die moordenaars van haar kind te vergewe."

"En om vrede te maak met almal wat betrokke was. Sy sien hoe dieselfde soldate Jesus voor sy moeder se oë kruisig en sy besef sy is nie alleen nie. Maria se seun sterf ook onregverdig, maar Hy vra God om die laksmanne te vergewe. Terwyl sy so na Hom opkyk, dring dit tot haar deur dat vergifnis die enigste pad uit haar ellende is."

"Soos vir daardie mense wat gister in die koerant was – die Burgers wie se seuntjie doodgery is," voeg Johan by. "Hulle glo dis binne God se toelaatbare wil en hulle bid vir die seun wat die motor bestuur het."

Ragel kan nie meer eet nie. Die kos word dik in haar keel. Watse soort mense is dit wat so skynheilig is?

"Het jy dit gelees, Marinda?"

Sy skud haar kop, sy het nie 'n koerant gekoop nie, maar sy weet hulle lieg oor vergifnis. Hulle bid waarskynlik dat die seun sy verdiende loon moet kry.

"Kan jy glo hierdie skatryk pa en sy seun jaag met Lamborghini's deur 'n woongebied?"

"Aventadors," voeg Johan by. "Kos ses miljoen rand stuk."

"Daai kind se lewe was meer werd."

"Hy is dood en hy was maar twee jaar oud."

Soos Frankie!

"Marinda, wou jy iets sê?"

Sy skud haar kop, sy dwing haar hande om die eetgerei vas te vat, sy laai iets op haar vurk. Dit val af, sy laai dit weer op.

Johan skep vir hom nog pastei. Hy en Emma eet asof niks verkeerd is nie.

"Jy wou nog sê van Ragel," sê hy vir Emma.

"Die teoloë wou uitwerk of Ragel haar verlies in die konteks van genade en verlossing vir die hele wêreld kan sien. Sou sy een van die vroue wees wat Jesus op sy lydensweg gevolg het? Haar kind is dan ter wille van Hom geslag! Maar dis dertig jaar ná sy dood. Sy het Jesus hoor praat, sy het sy wonderwerke gesien. Verstaan sy in die lig van die kruis, of het sy op die kantlyn gestaan en vir Maria voorgekeer om te sê: Daar het jy dit?"

Johan frons. "Dit kan 'n debat afgee. Wat skryf jou teoloë?"

"Hulle laat Ragel en Maria toe om mekaar te vertroos – en Ragel is die een wat eerste na Maria uitreik. Miskien omdat sy ook weet hoe dit is om 'n seun aan die dood af te staan."

Ragel se vurk val uit haar hand. Sy kan nie praat nie. Sy kan nie sluk nie. Sy kan nie asem kry nie. Dit is te veel gevra, dit is eenvoudig te veel.

"Emma, daar sit iets in haar keel vas."

Johan spring op en klap Ragel tussen haar blaaie. Sy hou haar servet voor haar mond en hoes.

Emma gooi water in 'n glas en gee dit aan. "Was dit 'n beentjie?"

"Dit was … sommer … iets in my keel."

"Voel jy beter?"

"Jy't ons laat skrik."

"Jammer."

Rosie verskyn in die deur. "Moet ek help?"

"Jy moet versigtig wees as jy pastei maak, haal al die beentjies uit."

Rosie se oë rek. "Mevrou, ek is jammer as dit my skuld was, ek doen dit, ek is versigtig. Maar 'n ongeluk gebeur. Ek vra om verskoning, mevrou Boshoff."

Skuld kan maklik rondgeskuif word en dit is nie Rosie nie, daar was nie 'n beentjie in haar pastei nie.

"Dis oukei, Rosie, ek het meer afgebyt as wat ek kon kou," keer Ragel.

Emma pak borde op mekaar en gee aan.

"Bring vir ons die vrugteslaai."

Toe sy uit is, kyk Ragel reguit na Emma. "Daar was nie 'n beentjie in my pastei nie, ek kon net nie sluk nie – dis al."

Maar Emma frons. "Het dit jou ontstel, ons praatjies oor Ragel?"

"Ek weet nie."

"Bybelstudie is vanaand. Wil jy saamkom?"

"Mag ek eerlik wees?"

Rosie kom in met 'n bak vrugteslaai wat sy saam met drie poedingbakkies voor Emma neersit. Johan speel met sy servetring. Toe Rosie uit is, draai hy na Ragel.

"Emma sal jou nie dwing nie. Jy doen dit uit vrye wil."

Sy kan voel sy bloos, sy bloos bloedrooi.

Hy glimlag vir haar asof hy 'n kind gerusgestel het. Emma kyk nie op nie, sy skep. Toe sy Ragel se vrugteslaai aangee, lyk sy afgehaal.

Ragel wonder of dit goed of sleg is dat sy nie kans gekry het om "eerlik te wees" nie.

Sy wou redes gee, sy wou sê hoekom sy nie meer Bybel lees nie. Dis 'n wrede boek wat lyding afmaak met twee sinne, want daar staan niks verder oor Ragel en die ander vroue nie. Watter wrede God laat toe dat onskuldige kinders vermoor word?

Sy het Hom geken. Dis die Een wat haar kind reg voor hulle voordeur laat doodtrap het.

Die vrugteslaai smaak na niks. Ragel eet dit omdat sy nie die moed het om op te staan en uit te stap nie. Emma en Johan bespreek die res van die dag se program. Johan gaan na mense in die distrik met siekte in die huis. Emma het die kunsklas, van halfdrie tot halfvyf, en vanaand seweuur die Vrouebybelstudie.

"Voel jy beter?" vra sy vir Ragel.

"Ja, dankie," sê Ragel.

"Sien ek jou nog halfdrie by die kerksaal?" vra sy dan.

Twintig

Dis nie maklik nie, dit verg konsentrasie en selfbeheersing om die seksuele spanning tussen hulle onder beheer te hou. Stephan se bloed is soos kokende lawa wat enige tyd tot uitbarsting kan kom. Sy temperatuur styg as Constance net by hom verbyloop en hy die geur van haar parfuum kry. Die klank van haar stem sit sy bene aan die bewe, sweet slaan oral op hom uit as hulle vlugtig vir mekaar kyk. Hy giggel en maak simpel grappe en foute wat hy nog nooit in sy lewe gemaak het nie, selfs nie toe hy en Ragel pas getroud was nie. Maar hulle verhouding was nooit so wild en desperaat nie, nie so gewaagd nie.

Teen elfuur is hulle albei so opgewerk, Constance lok hom na die stoorkamer en druk die deur toe. Sy val hom om die nek en soen hom asof hulle sewe jaar laas seks gehad het. Hulle betas mekaar sonder om te dink aan die gevolge en raak so begeesterd dat hulle 'n ry pakkies van die rak afstamp en skielik tot hulle sinne kom.

"Vanaand by die huis," hyg Constance terwyl sy haar klere regpluk en hom terselfdertyd help om die skade op die rak te herstel.

Hulle is daarmee besig toe die deur oopgaan en een van die studente instap.

"Ekskuus!" roep sy uit en retireer.

Constance en Stephan kyk vir mekaar. "Ons pak rakke reg," fluister Constance. "Wat verbeel sy haar?"

Hy druk haar hare agter haar ore in en soen haar op haar mond. "Dalk het sy ons in retro gesien."

"Dis nie snaaks nie!"

"Oukei, ons beter ons inhou. Gaan poeier jou neus, ek sal hier klaarmaak."

"O nee, gaan poeier jy jóú neus, dan sal ék hier klaarmaak."

"Luister, ek is nie 'n lafaard nie, maar ek het langer as jy nodig om af te koel."

"Ons bly al twee tot ons al twee afgekoel het."

"Jy weet dis nie vir my moontlik om koel te bly met jou langs my nie."

"Die deur staan oop."

Stephan gee vir haar 'n doos met pakkies hoofpynpille. "Gaan pak dit op die rak."

"Ek sal my so sedig hou," sê sy en stap penregop maar met 'n sexy swaai van haar heupe by die deur uit.

'n Matriekmeisie het hom op hoërskool met dieselfde swaai van haar heupe uitgelok en saamgesleep musiekkamer toe, waar hy gevat het wat op 'n skinkbord vir hom aangebied is, maar hy begin nooit eerste nie. Dis Constance wat hom eergisteraand verlei het en Constance wat hom netnou hierheen gelok het. Selfs met Ragel het hy gewag tot sy hom die tekens gegee het. Hy is getroud met haar, hulle deel twaalf jaar se bedpret en ander huweliksvoorregte soos wedersydse respek en begrip. Soms het hulle gestap of gedans of gehardloop of geswem of gevlieg, soms ure gesels oor mense en dinge en plekke. Hulle het nie altyd saamgestem nie, maar hulle het mekaar leer verstaan en … liefgehad.

Liefgehad.

Dis vandat Frankie weg is, vandat Ragel vasgehaak het by háár interpretasie van die ongeluk en van hom en van wat hy gedoen het of nie gedoen het nie dat hy haar nie meer verstaan nie en skaars meer liefhet. Sy ken hom, of sy het hom geken. Hoe kan sy dink dat hy sy eie kind, bloed van sy bloed, sy oogappel, nie soos goud sou oppas nie? God weet, dit was 'n ongeluk!

Maar sy verafsku hom, sy verstoot hom, sy verneder hom. Hoekom moet hy dit verduur as hy gekoester en versorg kan word, bewonder kan word? Hy sou nooit sy kind in 'n graf wou sien nie, háár nooit so wou sien nie, nooit wou versigtig wees om sy hand op haar skouer te sit of iets te sê oor genesing nie.

Constance is sy anker. Sy het meer gedoen die afgelope twee dae as wat Ragel in maande wou of kon. Ragel is siek, dit moet hy toegee. Maar sy probeer nie hard genoeg nie. En nou is hierdie verhouding soos 'n wegholtrein. Hy kan dit nie meer stop nie.

Moet hy hom skaam of nie? Sy lewe was hel genoeg tot eergister. Maar wat sê hy vir sy wettige vrou as sy môre of oormôre terugkom en op haar knieë val en hom om vergifnis smeek? Dankie, dis waarvoor ek gewag het, kom ons begin oor?

Nie meer nie!

Daar is nou iemand anders.

Stephan haak die stoor se voorradelêer van die rak af en stap na sy rekenaar. Hy kyk nie links of regs nie, maar hy weet presies waar Constance haar bevind. Dis eintlik nie nuut nie, sy laat geld haar teenwoordigheid hier rond. Sonder haar het die apteek net 'n halwe persoonlikheid – die manlike deel. Sy sorg vir die vroulikheid, en saam maak hulle 'n span. Ragel was nog nooit deel hiervan nie.

Ná ete gaan lê sy op haar enkelbedjie in die Visser-huis en rook. Dis koel en sy trek ouma Ragie se lappieskombers oor haar bene. Sy was vanmiddag skaars deel van die gesprek, tog het sy dit op 'n manier verongeluk. Sy weet sy het 'n Bybelnaam. Haar ouma en haar ma het dit vir haar ingeprent dat sy vernoem is na Ragel, Jakob se vrou. Hulle het nie een keer gesê sy is die simboliese treurende moeder in Matteus nie. Ragel was baie mooi en geliefd, maar ook 'n tragiese figuur. Sy sterf by die geboorte van haar tweede seun, Benjamin. Sy sien hom nooit opgroei en man word nie. Sy weet nie hy word een van die leiers van die twaalf stamme van Israel nie, sy mis 'n lewe. Maar daaroor het ouma Ragie-hulle nooit gepraat nie, hulle was net trots omdat sy Jakob se gunstelingvrou was, die moeder van Josef en Benjamin – en mooier as haar suster, Lea.

Ragel ken haar Bybel. Sy het so grootgeword, eers in haar ma en pa se huis en toe by oupa Pieter en ouma Ragie. Kategese was belangrik, sy moes in die koshuis bly daarvoor en kon net uit-naweke en vakansies huis toe gaan. Haar aanneming en voorstelling was 'n groter okkasie as die matriekafskeid. Tienie en Kobus het gekom en vir haar 'n spierwit Bybeltjie present gegee, een wat sy net kerk toe saamgedra het en wat sy in die week in 'n plastieksakkie gehou het. Toe sy universiteit toe is, het sy dit saamgeneem en vir hulle gewys sy het dit nog. Aan die begin, voor sy Stephan ontmoet het, is sy naweke Worcester toe, na Tienie en Kobus, want Oupa is oorlede en Ouma was in Huis Herfsblare. Kobus het haar en Stephan in Rawsonville getrou, en ouma Ragie was ook teenwoordig. Sy het Frankie gesien en die Here hardop geloof en geprys. 'n Jaar lank het hulle hom gereeld vir haar gaan wys. Dis goed sy weet nie van die ongeluk nie.

Die familienaam, Ragel, is profeties vir hulle geslag, want kinders is skaars. Een het in elke gesin, ná vele miskrame, met smart en trane in die wêreld gekom en bly leef. Dit was so met ouma Ragie en so met Ragel se ma, so met grootouma Ragel Martina. Ragel het haar daarmee versoen dat sy net een kind sou hê. Sy en Stephan het immers laat begin, te laat. Dit het net so 'n gesukkel afgegee, drie mislukte in vitro-bevrugtings. En toe hulle bes gee, kom Frankie vanself, 'n klein wonderwerk, 'n gawe van die Here in die hemel. Hulle het hom met liefde en oop arms verwelkom. Hulle het God geloof en vir hom 'n stapel Kinderbybels gekoop. Hy is van die dag dat hy sy ogies oopgemaak het, vir Jesus gegee.

Maar God was nie daarmee tevrede nie.

Hy het Frankie gevat soos Hy tientalle seuntjies van twee jaar en jonger van tientalle Ragels se borste af weggeskeur het.

Dis kindermoord. "The slaughter of the innocents", noem die Engelse Bybel dit.

Die Bybel sê dis Herodus, en Herodus is gestraf. Maar God het dit toegelaat. God laat kinders sterf en moeders uitteer van verdriet.

Sy en Stephan het Hom te maklik laat wegkom. Hulle moes Hom gedwing het om saam met hulle te huil en swaar te kry. Maar hoe dwing jy die Een wat mag het oor lewe en dood, tensy jy Hom uitskakel en kleinkry en nietig verklaar?

Dis eintlik jammer sy gaan nie Bybelstudie toe nie.

Sy sou hulle nog 'n ding of twee kon vertel het oor Ragel. Sy ken haar. Ragel lê heeldag op haar bed. Sy eet nie, sy was nie haar hare nie, sy lees nie, sy kyk soms televisie, maar sien niks. Sy het nie 'n toekoms nie, die verlede spook by haar. Sy is nie meer wie sy was nie, sy het nie werk nie, sy kan niks doen nie. Alles wat sy voorheen was, is in een dag nietig verklaar. Ragel ween oor haar kinders en sy wil nie getroos wees nie. Dit is sy, en daarby kan nie meer weggeneem of bygevoeg word nie.

Maar sy is hier omdat sy bang geword het vir haarself.

Niemand sal dit verstaan nie, allermins Johan en Emma wat Ragel uitpluis terwyl hulle eet! Sy en Stephan het ook soms so aan tafel gepraat en geredeneer en mekaar opgesweep. Stephan het altyd gesê sy gee hom 'n maagseer, maar hy was die een wat hom ontstel as sy nie met hom saamstem nie.

Dit was binne perke, dit was akademiese gesprekke.

Die oorlog het losgebars oor Frankie, oor die ongeluk. Toe het hulle mekaar gemartel.

Ragel druk Teddie teen haar vas, hy voel soos haar bababondeltjie. Haar Frankie-baba was so weerloos, sy was bang hy breek. Maar hy het nie, sy het hom groot gekry op haar melk. Toe raak hy so vas aan haar, Stephan was naderhand ongeduldig.

"Die kind praat al," het hy gesê. "Netnou vra hy jou in die winkel of in die kerk of hy kan drink."

"So, dan sê ek nee."

"Speen hom, hy moet grootword."

Sy het, op agtien maande.

Dit was vir hom makliker as vir haar. Sy pa het hom geleer om melk uit koppies te drink. Sy pa het hom van sy geboorte af gebad, en toe hy nie meer aan haar drink nie, saans in die bed gesit. Later het hulle beurte gemaak om vir hom te sing en stories te lees in sy kamertjie met die wolke en die reënboë. Stephan was 'n betrokke pa. Sy het geen oomblik gedink hy sal agtelosig wees en nie kyk nie!

Hulle sê dit was 'n ongeluk.

Goed, sy gaan nie Bybelstudie toe nie, sy wil nie vertel nie.

Maar dis tien oor twee, tyd om op te staan en reg te maak en kerksaal toe te stap vir die kunsklas. Dis net so erg soos 'n maanwandeling, en sy moet dit doen omdat sy belowe het en ... om weg te kom van Ragel. Ragel sal haar op die bed vaspen en nie toelaat om op te staan nie. Ragel sal haar bang praat. Marinda kan oorstap.

Sy gaan was haar gesig en kam haar hare. Sy het 'n bruinerige trui met oranje en geel spikkels. Sy trek dit aan, ook bruin stewels oor haar blou jeans. Toe raak sy aan die bewe, sy raak bang die kinders bestorm haar en dwing haar om prentjies te teken wat sy nie wil teken nie. Sê nou sy vergeet haar naam en sy teken?

Marinda Boshoff, juffrou Marinda Boshoff.

"Dis juffrou Marinda, sê agter my aan: Middag, juffrou Boshoff!"

Hulle skree haar Marinda-naam. Die saal weergalm, dis groot en leeg. Die opslaantafel is so hoog, die kleinstes hang daaraan, hulle lig hul voetjies en skop agterop. Dit lyk of hulle hul beste klere aanhet, die hare is netjies gekam of gevleg. Party lag haasbek, ander het groot skewe voortande. Van die meisietjies spog met nagemaakte goue oorringetjies. Almal het truie en donkerblou voorskootjies aan. Emma was besig om dit vir hulle vas te strik toe Ragel by die saal aankom.

Woelige goedjies. Hulle los mekaar nie uit nie.

"Juffrou, Kevin stamp my!"

"Kevin, hou op!"

"Issie, juffrou, Tania stamp mý."

"Wanneer is dit blomtyd?" Emma is hees gepraat.

"Môre."

"Maandag."

"Issie, Dinsdag!"

"Maandag!"

"Julle gaan blomme teken en julle gaan daardie papier vol teken, dan sê ek vir julle wat verder!"

"Moet ons daisies teken?"

"Gousblomme en magriete!"

Maar hulle ken van beter.

"Pietsnotte! Tonteldoeke!"

"Teken, juffrou gaan raas."

"Dis groot velle papier, hulle gaan lank besig wees," wil Ragel troos.

"Jy sal jou misgis. Help tog net waar jy kan."

Trewwie sit eenkant. Hy teken met konsentrasie heuwels wat hy met bont blommetjies oortrek, soos Emma se olieverfpogings. Van die ander teken groot blomme die hele vel vol en kleur dit liggies in, party krap verveeld. Een kleintjie maak 'n krabbel en roep vir Ragel om te kom kyk.

"Dis mooi!" sê Ragel.

Die kleintjie lag, keer die vel om en maak nog 'n krabbel op die agterkant. Haar sussie het dieselfde oranje trui as sy aan, gebrei met dieselfde dik wol, dieselfde groen strikke in haar hare, 'n ernstige uitdrukking op haar gesig. Haar sussie trek die bladsy vol potlood-strepies en teken madeliefiegesiggies bo-op elkeen, styf en presies, elkeen dieselfde, oranje en swart. 'n Militêre parade.

Emma plak nog 'n stuk papier voor die kleintjie neer.

"Teken," moedig sy haar aan.

"Juffrou, hoe teken jy 'n vygie?"

"Wys tog daar," sê Emma.

Die meisietjie spring van haar stoel af en gee haar potlood vir Ragel. Wat doen ek? dink Ragel. Ek kan nie! Sy tel die potlood op. Sy het laas geskryf toe sy die brief vir Stephan geskryf het, sy het haar naam geteken, maar om 'n vygie te teken … Sy weeg die potlood. Sy voel dit in haar hand, 'n instrument, 'n Stradivarius waarmee sy musiek kan maak en blomme met vlerke kan skep. 'n Vygie vir 'n kind.

Twee bruin oë kyk haar met afwagting aan. Die kraag van die hempie is nie skoon nie, die boonste knoop van haar rooi trui is weg. Sy ruik na 'n houtvuur en muisafval.

Ragel wil huil, die kind is so mooi.

"Wat is jou naam?"

"Pamela."

Pamela wat eendag pienk oorrokke sal dra en van Maandag tot Vrydag aartappels sal klas by die ryk Bezuidenhouts.

Ragel buk oor die papier, sy trek 'n strepie, sy trek nog een.

Pamela roep haar maatjies. "Kom kyk hoe teken juffrou. Toe juffrou, 'n vygie!"

Nee! Sy knyp haar oë toe, die potloodpunt bly op een plek. Dit boor 'n gat in die papier. Daar is kinders al om haar. Hulle raak ongeduldig. Hulle stry onder mekaar.

"Sy kan nie."

"Sy kan!"

"Sy kan nié!"

Sy kan nie hardloop nie, kan nie spring nie, is nie goed in sport nie en kan ook nie brei nie. Tienie wys vir haar. Dis aweregs. Met die draad aan die voorkant, steek jy die regterpen van agter af vorentoe deur die eerste steek op die linkerpen, neem die wol af aan die agterkant en om die pen, trek die wol deur die steek met die regterpen, so! Trek die steek van die linkerpen af, mooi! Jy brei aweregs, Ragel.

Sy brei die een steek ná die ander en huil dat die trane spat. Dis onmoontlik. Sy kan nie en sy sal nie, ook nie wiskunde doen nie – en balle, sy kan nie balle vang nie.

Frankie is dood.

Sy sal nooit weer 'n kwas of 'n potlood optel nie.

Sy kan nie teken nie.

Die potlood val uit haar hand.

"Juffrou, dis maklik!"

Een van die begrafnisgangers tel dit op. Dis 'n kind.

"Ag nee, kyk! Nou't juffrou die punt afgebreek."

"Juffrou Emma, juffrou! Juffrou Marinda kan nie 'n vygie teken nie!"

"Maak tog net 'n paar blaartjies, Marinda."

Ragel sit op haar hande. Hulle swerm soos bye om haar en blaas warm asems in haar nek. Dis die mense van die begrafnis, die huis is vol, almal staan om haar en troos en vat en huil. Wat weet hulle van haar pyn?

"Sy kan ook nie 'n skaap teken nie."

"Of 'n huis of 'n kat of 'n hond nie!"

"Kan juffrou 'n spinnekop teken?"

"Juffrou kan nie teken nie, juffrou kan nie teken nie."

Ragel sweet, sy haal 'n snesie uit en vee haar gesig af. Iemand druk weer 'n potlood in haar hand. "Marinda, net 'n blommetjie."

"Ragel, my maggies, jy brei aweregs, kyk."

"Ek kan nie!"

"Jy kan!"

Stemme en nog stemme. Dit weergalm, die saal is groot. Maar hier waar sit, voel sy vasgekeer en doodsbenoud.

"Seblief, juffrou."

Sy sal nie kan ontsnap voor sy doen wat hulle vra nie. Sal sy dit waag?

Ragel haal diep asem. Een, twee, drie keer … Sy vat die potlood vas. Die punt is te skerp. Sy werk hom af, maak hom ronder, sagter. Sy trek 'n strepie en nog een, maak 'n sirkel, en nog strepies. Die vygie se kroonblare is 'n dansrokkie op vet ronde takkies om dit regop te hou. Klein handjies gee kleurpotlode aan. Sy teken een oop vygie met 'n bloedrooi hart, en nog een, 'n groepie wat oor klippe klouter. Sy maak hulle geel en oranje, ligter na die middel toe, gee hulle 'n rooi hart en vet groen blare.

"Juffrou, maar dis so mooi!"

Die son kom op in duisende sterre, haar vygies gaan oop in pienk en wit en skakerings van oranje. Die kinders staan tou en Ragel teken en teken.

"Juffrou, vir my ook. Ek ook!"

"Hoekom huil juffrou?"

"Ek huil nie, dis hooikoors."

"Kyk my vygie, juffrou!"

"Ek het dit self geteken."

"Toe, toe, sy teken nie nog 'n takkie voor julle almal ook self probeer het nie. Op julle plekkies." Emma kom sit langs haar. "Sien jy kans om my 'n paar tekenlesse te gee?"

"Ek wou nooit weer teken nie."

"Vandag het jy. Moenie weer terugsak nie."

"Ek het nie eens papier of potlode saamgebring nie."

"Maak jou lysie, ons gaan oormôre Malmesbury nie. Ek bring vir jou, al moet ons Stellenbosch toe om die regte goed te kry. Daar's goeie kunswinkels daar."

"Ek weet," sê Ragel.

"Moenie vir my sê jy doseer kuns nie?"

"Nee, maar ek het klas gegee by my huis tot …"

"Jou en jou man se probleme begin het?"

"Ja."

"Marinda, jy moet jou lewe terugneem. Talent soos joune durf nie verlore gaan nie."

"Ek sal my lysie maak."

"Belowe?"

"Ek belowe."

Een en twintig

Woensdagnag slaap Ragel vir die eerste keer in 'n lang tyd sonder nag-
merries. Toe sy Donderdagoggend wakker word, is sy verbaas. Sy voel
lig, sy voel of die bande waarmee haar hande vasgebind was oornag
losgegaan het. Sy kan teken, sy kan weer teken.

Vygies vir kinders.

Songesiggies.

As Tienke nie beskikbaar is nie, sal sy Vrydagmiddag die kunsklas
alleen moet behartig. Maar Emma sal Tienke vanoggend van die kli-
niek af bel en hoor. Die Bybelstudie hou tot negeuur aan en Tienke-
hulle gaan slaap saam met die hoenders, dus kon sy nie gisteraand
met haar praat nie. Ragel het vir Emma gesê om haar selfoonnommer
vir Tienke ook te gee. En dis nogal die nommer wat sy so jaloers be-
waar het. Het sy volledig losgekom uit die tronk, of is dit Marinda
wat oorneem? Sy dra haar naam al sewe dae soos 'n pantser teen
nuuskierige grootmense, mense wat haar wil bejammer en bemoedig.
Maar vandat sy die kinders van naby gesien het, is sy jammer vir húlle.
Omstandighede hier is moeilik, en daar is min hoop op verbetering.

Tog, soos alle kinders, geniet hulle dit om te speel en om stories te hoor en te teken.

Ragel steek haar hand uit na die pakkie sigarette en trek dit weer terug.

Kunsgereedskap kos geld, en sy sal iewers moet afknyp.

Stephan sal sy ore nie glo nie. Tienie sal in ekstase wees en Anke sal haar prys.

Dis vandag presies 'n week dat sy weg is. Moet sy hulle bel? Nee, sy is nog nie reg nie, en netnou dring hulle daarop aan om te kom kyk waar sy bly.

Hulle sal haar skanse kom afbreek, en sy het skanse nog te nodig. Dis soos klere. Klere maak toe en bedek foute. Klere kan jou voorkoms verbeter en jou mooier maak as wat jy is. Sy is op die oomblik so maer soos 'n voëlverskrikker, en haar hare kort 'n goeie sny. Goeiste, wanneer laas het sy aan haar uiterlike gedink met die oog op 'n verbetering? Januarie laas – juis vir die opening van die uitstalling wat sy toe nooit eens bygewoon het nie. Ironies genoeg is die werke binne die eerste drie dae uitverkoop, die laaste een. Die resensente het gesuggereer dat die tragedie in die kunstenaar se lewe bygedra het tot die verkope. Maar dit was 'n goeie uitstalling.

En sy gaan weer werk.

Sy pluk die bed reg, sy maak Teddie sit op die kussing en gaan skakel die ketel in die kombuis aan. Dis amper agtuur en sy ontdek 'n radio op een van die kombuiskaste. Sy skakel dit aan, maar sukkel met die ontvangs. Klink of die batterye pap is. Dis die eerste keer in 'n lang tyd dat sy die behoefte ondervind om te weet wat in die buitewêreld aangaan. Sy behoort 'n slag die koerant te koop.

Sy eet 'n skyf pynappel en brood en kaas. Sy trek haar *Sarie* nader en lees 'n artikel oor die jongste somerstyle. Buite sif die motreën.

Môreoggend moet sy vir Ciska uit *Perdepoort* gaan voorlees en sy beter voorberei. Sy loop kamer toe om die boek te gaan haal toe iemand met die koperklopper aan die voordeur klop. Dis 'n onseker kloppie, asof die persoon aan die ander kant nie veel krag het nie.

Ragel loer deur die loergaatjie en sien niemand. Dalk 'n kind wat 'n grap gemaak het? Sy wil net omdraai toe die klopper weer val.

Dis klein Trewwie met 'n reënbaadjie aan, 'n plastieksak oor sy skouer.

Toe sy die deur oopmaak, spring Trewwie op en af.

"Hallo, Trevor. Waar loop jy rond?"

"Antie Valery werk by mevrou Lamprecht, dan mag ek nie saamgaan nie, dan bly ek by antie Rosie."

"Wil jy kom kuier?"

"Asseblief."

"Die vetkoek is op," sê sy toe sy die deur toemaak.

"Antie Rosie het vir my brood gegee, ek is vol."

Hy bly in die middel van die gang staan, die plastieksak raas.

"Ek kom teken," sê hy.

"Ons gaan sit by die kombuistafel."

Die kind het so 'n ou manier aan hom – seker omdat hy nog nie skoolgaan nie en heeldag tussen oumense is. Anders sou hy vanoggend 'n maat saamgebring het.

Sy tekenpapier is ewe in 'n silinder. Hy sprei die opgerolde velle oop. Hy het mense geteken, en honde en katte. Sy herken gisteroggend se vygies.

"Het juffrou ook papier?" vra hy toe hulle langs mekaar sit.

"Ek het nie my kunsgoed saamgebring nie. Juffrou Emma sal gaan koop."

"Hoekom nie?"

"Ek het nie geweet ek sal dit nodig kry nie."

"Of juffrou was nie lus vir teken nie. Partykeer is ek ook nie lus nie. Het juffrou inkleurboeke?"

Ragel skud haar kop.

"Myne is vol."

Sy maak 'n nota in haar kop: inkleurboeke en vetkryt, 'n tekenboek vir Trewwie.

Hy gee vir haar 'n velletjie papier aan. "Kan juffrou 'n kat teken?"

"Ek dink ek kan."

Sy kry een van sy potlode. Hulle teken 'n rukkie in stilte.

"Het juffrou ook 'n seuntjie by die huis, of 'n boetie?"

"Nee."

"Ek ook nie, ek het nie boeties of sussies nie, net niggies en neefs. Hulle maak my seer en vat my lekkers."

"Baklei hulle met jou?"

"Ek baklei terug." Hy snuif en vee sy neus met sy vingers af.

"Jy moet liewer vir antie Valery vertel."

"Ek het, toe sê hulle ek lieg. Ek lieg nie."

Die hond wat hy teken, het vreeslike tande, maar geen spiere onder sy pels nie. Sulke briljante kinders, dink Ragel, moet ook geleer word. Sy verduidelik dat honde gespierde lywe het en teken 'n voorbeeld. Hy kou sy naels asof sy lewe daarvan afhang.

"Myne het afgeblaas," sê hy toe hy die twee honde met mekaar vergelyk.

"Toe, teken vir my een wat opgeblaas is."

Hy begin en werk 'n stukkie voor hy opkyk: "Waar is jou kat?"

"Sy kom, sy kom!"

So teken hulle heeloggend tot vervelens toe. Met middagete loop hulle 'n halfuur voor eenuur langsaan toe. En eindelik sal sy ontslae wees van hom en sy gehoes en gesnuif en gevrae-vra.

"Het jy 'n kat?"

"Nee."

"Het jy 'n hond?"

"Ons het een gehad."

"Toe?"

"Toe gee ons hom weg."

"Hulle het ons hond doodgetrap. Toe sê antie Valery dis reg, hy eet te veel. Kan hulle jou doodtrap as jy te veel eet?"

Die kind weet nie, hy weet nie wat hy sê nie. Sy vergewe hom en verduidelik breedvoerig.

"Hulle kan jou net doodtrap as jy nie kyk waar jy loop nie. Elke keer as jy 'n straat oorsteek, dan wag jy eers – kyk regs, kyk links en weer regs. As daar niks aankom nie, loop jy vinnig oorkant toe en klim op die sypaadjie. Moenie in die straat loop of bal speel nie. Die straat is gevaarlik."

"By ons huis speel almal in die straat krieket, tot oupa Jakob, hy speel saam."

Toe hulle die hekkie van die pastorie oopmaak, is Rosie daar. Sy plak haar hande in haar sye. "Waar was jy? Ek het jou gesoek."

"Hy't by my gekuier."

"En my niks gesê nie! Amper bel ek die polieste, jou klein stouterd!"

"Dis niks, hy was soet."

"Nee, ek hou hom nou hier. Jammer, mevrou."

Ragel sit stokalleen aan tafel, 'n bord spaghetti en maalvleissous voor haar.

Amper bid sy voor sy eet. Dis die roetine hier en God raak aan Adam, maar Hy kyk na haar asof Hy haar wil aanspreek. Verbeel sy haar of lig sy mantel hoër as laas keer?

Hoekom lyk Hy vandag groter en geweldiger? Wat wil Hy vir haar sê?

Uit die kombuis kom Trewwie se kermstemmetjie en Rosie praat hard. Kry hy raas ter wille van haar? wonder Ragel. Sy sal nie inmeng nie, maar sy is jammer vir hom. Hy is 'n eensame kindjie.

Saar bel laatmiddag om te sê sy is klaar gewerk, moet sy die sleutel op dieselfde plek sit en waar is die koevert met haar dagloon?

Stephan kan homself skop omdat hy dit vergeet het.

"Kan jy by die apteek langs kom en jou geld kry?"

"Ek sal moet loop en dis ver."

"Goed, ek is nou-nou daar. Kyk televisie, doen enigiets, ons is besig, anders het ek dadelik gekom."

"Ragel het duidelik nog nie huis toe gekom nie," sê Amir toe Stephan sy selfoon neersit.

"Sy weet nie wat sy my aandoen nie."

"Verlang jy na haar?"

"Sy't my met die verantwoordelikheid gelos en verkas. Maar dis lankal so, ons huis vergaan. Selfs die bure begin aanmerkings maak oor die tuin. En hulle sien net die buitekant."

"Sy was 'n bedrywige vrou tot sy siek geword het."

Stephan kan hom so vir Amir vererg. Hy is skaars in sy twintigs en hy verbeel hom hy weet alles van vroue en huwelike en huishoudelike sake. Die stellings wat hy maak, is dubbelsinnig en beskuldigend. Hy moet hom nie daaraan steur nie, maar hy wil hom op sy plek sit.

"Ja, Amir, sy was heeldag by die huis en sy het 'n voltydse huishulp en tuinhulp gehad én tuindienste wat twee keer 'n week ingekom het. Sy kon net orders gee en toesig hou. Selfs dit was toe te veel vir haar, maar ek moes werk toe kom."

"Wys jou, jy was sterker."

Wat weet die klein stront! Wat weet hy van sy hart? Almal dink net hy is sterk en manlik en hy stort nie 'n traan nie. Hy het soos 'n kind gehuil, maar hy moes op die strand gaan loop en skree vir die golwe sodat niemand kon hoor nie. Wie was daar om hom te troos? Nie 'n mens nie. Alles het altyd om Ragel gedraai. Arme vrou, kyk wat het met haar gebeur, haar kind is dood, het hulle vir mekaar gesê. As gevolg van haar man se onverantwoordelikheid, het hulle agter hulle hande gefluister. Hy is die pa, verdomp, Frankie was sy kind! En hy was nie sterk nie. Hy was in die grond in platgeslaan met niemand wat hom troos nie – Constance, miskien, maar haar omhelsings is mos taboe. Hy sou by sy ma kon gaan huil het. Sy sou verstaan het, maar sy ma was ook al dood. En sy pa … Sy pa het hom verraai, hom by Ragel geskaar.

Stephan tik verwoed, hy tik oor en oor, hy maak foute met kodes en aanwysings en moet weer probeer. Sy kop is nie by sy werk nie. Hy hoor nie dat een van die mense hom groet en na sy welstand verneem nie. Hy tik harder, hy kyk deur die rekenaarskerm en sien hom, klein Frankie soos hy kon lag en kraai van plesier. Hy moet sy oë toemaak, hy moet homself onder beheer kry, sterker wees!

"Mevrou Tucker het gegroet, het jy nie gehoor nie?"

Al weer Amir.

"Ek was besig, ek het nie gehoor nie."

"Toe maar, ek dink sy kon sien jy konsentreer."

"Wel, as daar een ding is wat geen mens kan doen nie, is dit om op twee plekke tegelyk te wees!"

"Oukei, oukei."

Amir steier agteruit. Het hy so hard gepraat?

Dis halfses en die apteek is leeg, hy maak sy rekenaar toe.

"Gee jy om as ek vroeg loop en Saar gaan betaal?"

"Glad nie, die studente is hier. Ek sal cope."

"Dankie."

"Stephan ..." Amir het sy hand op sy arm. "Ek is jammer as ek uit my beurt praat. Ek wil net vir jou sê ek kan sien jy is naby breekpunt. As jy 'n dag of twee wil vat om te rus en so aan, kan ek en Constance vir jou instaan. Sê net en ons reël dit."

Stephan kan sy irritasie nie wegsteek nie. Is die skepsel besig om te vis, wil hy weet wat tussen hom en Constance aan die gang is? Of is hy doof vir die gefluister en geskinder onder die meisies. Weet hy nog nie?

"Dankie vir die aanbod, maar Constance het waarskynlik net soveel rus nodig soos ek," sê hy voor hy Amir met 'n vraagteken tussen sy oë agterlaat.

Hy moet gaan geld trek omdat hy nooit kontant uit die apteek se geldlaai neem nie en nie genoeg in sy beursie het vir Saar nie. Dis spitstyd en die dorp is besig, hy kry nie parkering naby 'n kitsbank nie en moet 'n ent loop om daar uit te kom. Op pad terug koop hy 'n bos tulpe vir Constance. Die warm gevoel wat deur sy lyf spoel as hy net aan haar dink, gee hom nuwe energie en hy stap met 'n glimlag by die bloemis uit – in 'n vroumens vas wat nie kyk waar sy loop nie.

"Ekskuus!" sê hy vies en hou die blomme uit die pad.

"Jammer."

Sy kyk op en toe sy haar hare van haar voorkop af lig, sien hy dis Anke Middleton van alle mense – vir 'n verandering sonder haar kinderwaentjie.

"Haai!" Haar gesigsuitdrukking verander van gejaagdheid na uitbundige vreugde.

"Hallo," groet hy bedeesd.

Sy wys na die tulpe. "Ek sien sy's terug," sê sy.

O hel, sy dink die blomme is vir Ragel. En nou sal hy die waarheid fyn moet systap.

"Ongelukkig nie."

"Vir wie's die blomme dan?"

Die vroumens ken geen takt op aarde nie.

"Vir 'n vriendin."

"O."

"Dis nie wat jy dink nie."

"Tulpe is vrek duur dié tyd van die jaar."

"Wel, dis al wat goed genoeg was."

Hy is lus en prop die blomme in haar hande en loop.

"So, Ragel is nog nie terug nie."

"Nee."

"Wel, geniet jou vriendin."

Verdomp, staan sy oortredings op sy gesig geskryf?

Anke val omtrent oor haar voete om weg te kom.

"Sy maak vir my kos, dis al!" roep hy agterna.

Miskien het sy nie gehoor nie, want sy kyk nie om nie.

Hy staan 'n rukkie, haal diep asem en loop motor toe. Hulle kan in hulle maai vlieg, die hele spul van hulle.

Tuis kry hy Saar aan die slaap voor die televisie. Sy lê stokstyf met haar bene reguit en haar hande gevou op haar maag, kop na die een kant toe, so ongemaklik hy dink amper sy is dood.

"Saar?"

Sy kom in beweging asof sy uit dieptes na bo moet spartel. "Ek wag en ek wag," verwyt sy, haar klein ogies blitsend.

"Ek het spesiaal vroeg van die werk af gekom."

"As jy die geld hier gelos het, was ek vyfuur by die huis."

"Ek is jammer, Saar. Ek is nie gewoond daaraan om die dinge te doen nie."

Sy staan op, trek haar rok en trui reg. Hy sien sy het oud geword, ouer as wat hy haar onthou het.

"Ek het ook my probleme," sug sy. "Maar ek was vroeg vanoggend hier en die huis was vuil. Wat doen julle?"

"Het Tienie jou nie vertel nie?"

"Sy het gesê julle soek my om te help. Ek het nie geweet Ragel is nie hier nie."

"Dis hoekom ek jou dienste nodig het."

Stephan haal sy beursie uit en tel die note af. "Wat skuld ek jou?"

"Drie honderd en die busgeld."

Sy staan vir hom en kyk, sien seker die pak note. Hy het drie duisend getrek.

Hy haal 'n honderd- en 'n tweehonderdrandnoot uit en soek 'n vyftig en 'n tien vir die bus toe sy selfoon lui. Hy pluk dit uit sy sak. Dis Constance en hy beter antwoord.

"Hallo?"

"Ek het werk toe gebel, toe sê Amir jy's vroeg af en jy's huis toe."

"Ek't vergeet om Saar se geld vir haar te los. Sien jou netnou."

"Kan jy by die winkel aanry?"

"Ek was nou net daar, maar sê ..."

"Melk en eiers en rooi soetrissie en twee honderd en vyftig milliliter room en paprika, daai rooi goed. Kyk sommer of Augustus se *Elle* nog op die rak is."

Asseblief, sou ek sê!

"Moet ek dit dan koop – die *Elle*?"

"Ja, ek sou jou nie vra om te kyk of dit nog beskikbaar is as ek dit nie wil hê nie!"

Kon sy nie verdomp self winkels toe gegaan het nie? Sy sit heelmiddag by die huis. Sy het tyd, meer as genoeg.

"Oukei, wag, ek's bang ek vergeet. Dis melk, eiers, rooipeper en room."

Hy kyk vlugtig na Saar. Sy staan geduldig na die note in haar hand en staar, haar ore natuurlik so fyn ingestel op die stem aan die ander kant van sy selfoon dat sy alles hoor.

"Het jy 'n pen, skryf neer."

"Ek gaan soek een."

Dis 'n verligting om Saar agter te laat. Hy skryf die lysie by die telefoon uit en prop dit in sy sak.

"Sien jou nou-nou."

"Miskien moet jy 'n ekstra hoenderborsie bring, ek het net twee en dalk is dit nie genoeg nie."

"Kan ek nie maar 'n pizza koop nie?"

"Nee, ek maak vir ons iets lekkers."

"Oukei, baai."

Hy skakel die selfoon af toe Saar om die draai kom. Sy het 'n maskeragtige uitdrukking op haar gesig. Dis asof sy haar afkeuring aangeplak het en nooit weer sal afhaal nie.

"Jy slaap nie hier nie?" sê sy.

Hy wil haar toesnou dis nie haar besigheid waar hy slaap nie.

"Ek gaan uit, maar ek kom terug," sê hy en die leuen brand sy tong.

Hy wou skoon hemde en onderklere saamneem. Saar het gewas en gestryk.

"Wil jy saamry tot by die bushalte?"

Nou sal hy haar moet gaan aflaai en terugkom om die goed te kry, alles neem tyd.

"Dankie."

Sy tel haar sakke op die kombuisvloer op. Seker volgeprop met alles wat sy kon aas.

Hy sê niks en laat haar vooruit loop garage toe. Die kombuis is skitterskoon, dit moet hy haar ter ere nagee. Hy wil haar voor langs hom laat sit, maar sy maak die agterdeur oop en sien die blomme.

"O!" roep sy uit. "Amper maak ek die blommetjie seer."

Hulle ry in stilte na die bushalte. Sy vra nie uit nie en hy bied geen verduideliking nie. Die atmosfeer in die motor is gelaai. Hy reël dat sy volgende week weer inkom en ry om die blok voor hy teruggaan en sy tas met skoon klere pak.

Twee en twintig

Vrydagoggend trek Ragel haar nuwe jeans en haar roomkleurtrui met die wolborduursel op die skouers aan. Sy het *Kroniek van Perdepoort* in haar hand, en drie suurlemoene en 'n takkie vars bloeisels in 'n plastieksakkie. Dis jammer sy kan nie 'n bos blomme saamneem nie. Maar hier verkoop die winkel nie ruikers nie, net saad en kunsmis, en die Visser-huis se tuin bied niks anders wat die moeite werd is nie. Sy wou gistermiddag sjokolade koop, maar het haar betyds bedink. Diabete mag nie gewone sjokolade eet nie, en Tienke het haar verseker dat meneer Swanepoel – soos hy steeds onder al sy oudleerlinge bekend staan – elke tweede dag 'n vars bruinbroodjie kom koop. Ciska sal haar geselskap waardeer, dis wat sy soek – niks meer nie. Daarby berus sy haar.

Die oom staan reeds by die hekkie en wag toe sy aankom.

Hy groet met die hand.

"Môre, hoe gaan dit vandag?"

Sy oorhandig die suurlemoene.

"Dit gaan goed, en met oom?"

Hy hou die sakkie omhoog en loer deur die plastiek.

"Baie dankie vir hierdie, ons boom is nog onwillig. Dit gaan beter vandat Ciska weer iemand het wat haar aandag bietjie aftrek van die voet."

"Ek is bly ek kan help."

"O, jy kom asof jy gestuur is." Hy laat sak sy stem. "Sy kla oor die ander se leesvermoëns – arme Tienke is gevra om nie weer te kom nie. Emma lees goed, maar Emma is so besig, sy kan nie byhou nie. Die dogter van dominee-hulle, Rentia, sy kan ook. Ciska is baie puntenerig."

"Waarsku oom my?"

"Ek sê maar, moenie sleg voel as sy jou in die rede val oor 'n verkeerde klem of uitspraak nie."

"Ek het gisteraand geoefen."

"Dis 'n goeie ding!"

Vanoggend hoef hy nie sy skoene om te ruil nie. Die tuinskoene staan teen die bank en wag vir later. Hy maak die sifdeur oop.

"Vrou, sy is hier!" roep hy.

Sy sit gereed, soos laas keer, opvallend uitgevat en afgerond, haar hare so perfek gestileer dit lyk kompleet asof 'n haarkapper dit vanoggend gedoen het. Sy glimlag en laat sak die hekelwerk. Haar grimering is subtiel en sag, die helderblou oë opvallend soos glas. Sy is 'n pragtige vrou, selfs noudat sy siek en oud is.

"Marinda, hoe gaan dit?"

"Baie goed, en met tannie?"

"Sê tog vir my Ciska, tannie laat my so oud voel."

"Seker omdat dit ek is wat dit sê."

"Jy! Jy is nie oud nie. Kom, sit."

Sy leun oor en klap op die stoel wat skuins langs hare geskuif is. Ragel sien uit die hoek van haar oog hoe die oom hom uit die voete maak, klein suutjiese treetjies agteruit asof hy bang is hy versteur die vreedsaamheid.

Ciska sug. "Die haarkapper was vanoggend hier. Wat 'n gedoente met die was."

"Ek het nie geweet hier's 'n haarkapper op die dorp nie."

"Sy werk van haar huis af. Marta is haar naam."

"Ek wil graag 'n afspraak maak vir 'n sny."

"Jy gaan tog nie jou mooi lang hare afsny nie!"

"Nee, net netjies maak."

Ciska haal 'n selfoon van die ronde teetafel af, ook 'n notaboekie. Sy gee dit saam met 'n potlood vir Ragel. "Skryf af, ek het haar nommer onder 'Marta'. Sê vir haar jy't dit by my gekry."

Haar hande is so fyn en vroulik, die naels perfek. Dalk is hier ook iemand wat naels doen - of doen Ciska dit self? Wat doen sy heeldag? Slaap sy of huil sy wanneer sy alleen is?

"Ek luister musiek," sê Ciska toe Ragel die selfoon vir haar teruggee. "Ek luister weer en weer na al die arias wat ek gesing het toe ek jonk was. Ek kon sing, weet jy. My gunsteling-opera is *La Traviata*, die rol van Violetta ... Ek droom van haar – *La Dame aux Camélias*. Sy kon skaars loop van die tering en sy was werklik lief vir haar jong man, so 'n treurige verhaal – *Madama Butterfly* ook. Die liefde is 'n marteling, jy gee jou lewe daarvoor – en wat hou jy oor, nie eens die kinders nie. Maar ek moenie so swartgallig wees nie, dan kom kuier jy nie weer by my nie."

"Dominee het my vertel jy was 'n operasangeres."

Ciska lag sag. "Het hy?"

"Ek eet daar, toe sê ek aan tafel ek was hier."

"Het hy jou van my voete ook vertel?"

"Nee, net van die sang."

Ciska is merkbaar verlig. Sy trek die kniekombers reg.

"Dit was in my jong jare. Ek het sang geneem in die Kaap – ons is Bolanders. My vader was 'n mediese dokter, 'n gesiene man. My moeder het ook gesing, sy't my geleer. Toe neem Vader ons oorsee, Engeland toe, na Covent Garden vir die operaseisoen. Elisabeth Schwarzkopf het Violetta gesing en Moeder het op 'n manier met haar kennis gemaak. Een ding het tot 'n ander gelei en ek het die oudisie geslaag, Moeder nie. Dit was soos 'n droom."

"Maar jy het teruggekom."

"Die liefde was 'n groter droom."

Ragel brand om te weet hoe dit presies gebeur het, maar sy durf nie laat blyk hoeveel Johan vertel het nie.

"Waar het julle mekaar ontmoet? Was oom Swanie ook 'n sanger?"

Ciska lag haar fyn, vroulike lag. "O, nee goeiste, Swanie kan nie noot hou nie." Sy bly 'n rukkie stil, kyk na die deur se kant en laat sak haar stem. "Hy voel altyd so verleë as ek sê. Nee, ons het mekaar as kinders leer ken op Lambertsbaai. My ouers het 'n strandhuis daar besit en ons het gereeld soontoe gegaan vir vakansies. Dis 'n skilderagtige plekkie, was jy al daar?"

Ragel kan nie onthou nie. Sy skud haar kop.

"Jy's nou naby, kry iemand om jou te vat. Gaan kyk Voëleiland, die witmalgasse, dis 'n ongelooflike gesig. Ek hoor daar is nou allerlei toeristegeriewe. Destyds het ons net die strand gehad – die spieëlgladde water, die wit sand en die bote en die voëls. Duisende broeipare, dis nou in September hulle broeiseisoen. Ons het hulle dopgehou, die paartjies, een mannetjie en een wyfie en die oulike kuikens, nog visvretertjies. Swanie se pa was 'n visser, maar hy sou nie in sy voetspore volg nie, hy was te veel van 'n digter-dromer. Hy was my hartklop."

"Was jy nie later spyt nie?"

"Ek verlang, ek dink aan daardie dae in Milaan, noudat ek oud is en bang word. Sê nou God vra my wat het ek met my talent gedoen?"

Ragel het nie haar Bybelstudie vergeet nie en sy glo nie dis wat Jesus met die gelykenis van die talente bedoel het nie. Maar sy gaan nie met Ciska stry en haar dieper aftrek nie. Sy weet hoe maklik dit is om in die put te bly sit, hoe glad die walle is waarteen jy kan afgly.

"Nee, God sal jou nie kan verwyt nie," troos sy. "Ek hoor dan dat jy die dorp se musiekjuffrou was en dat jou koor steeds die beste aan die Weskus is."

"Een of twee van die leerlinge het verder gevorder, ja, ek is dankbaar. Ek en Swanie het hard gewerk, maar ons was gelukkig, ons is gelukkig."

"Hy sorg nog."

"Sy pensioen is voldoende en ons het 'n goeie mediese skema. My dokter is in die Kaap, hy is 'n kenner, hy doen sy bes." Sy roer haar voete. "Dis net die voet."

Ragel hoor al die teetrollie aankom en sy het nog nie 'n woord gelees nie. Daar is 'n kloppie aan die deur en Eva vra of sy mag inkom.

"Die tyd vlieg!" roep Ciska uit.

Eva stoot die keurig gedekte teetrollie tot langs Ciska.

Vandag bedien hulle sjokoladekoek, appeltert en worsrolletjies. Die rosekoppies blink en daar is gekleurde korrels op die suiker. Ragel sien haar suurlemoentakkie langs die suikerpot. Dis 'n fees.

"Alles Eva se werk," sê Ciska. "Het jy die kookwater onthou?"

Eva wys na die bekertjie.

"Dankie, Eva, jy kan gaan."

Toe Eva weg is, sien Ciska die bloeisels. "Waar kom dié vandaan?"

"Ek het gepluk, die Visser-huis se boom is oortrek."

Sy tel dit op en ruik daaraan. "Bloeisels vir 'n bruid ... Ek sal 'n worsrolletjie neem en stukkie appeltert."

Ragel skep en gee aan. Toe sy die tee skink, ruik sy bergamot.

"Earl Grey," sê Ciska. "Vrydae is Earl Grey-dag."

"Wanneer moet ek lees?" vra Ragel.

Ciska neem eers 'n slukkie voor sy praat. "Ek het besluit ek wil dit nie meer hoor nie."

"O."

"Daar's 'n ander verhaal wat ek eerder wil hoor."

Ragel raak benoud. Sy het dit nie geoefen nie en sy wil nie 'n teleurstelling wees nie.

"Ek sal probeer."

"Rut."

"Rut?"

"Die boek Rut in die Bybel."

Ragel moet haar koppie neersit. Sy tel 'n servet op en vee haar mond af.

"Vandag nog?'

"Asseblief. En dankie dat jy verstaan."

Ragel weet nie wat dit is wat sy verstaan nie, die wispelturigheid van 'n ou dame of die standhoudendheid van 'n jong vrou se liefde. "Liefde het baie aangesigte," sê Ciska. "Ek vind dit so duidelik in die geskiedenis van Rut."

Vrydag is die apteek altyd besiger as ander dae. Teen etenstyd sit Constance 'n koppie tee en 'n toebroodjie langs Stephan neer. Hy is op die telefoon in gesprek met 'n dokter se moedswillige ontvangsdame wat 'n voorskrif verlê het.

"Dis vir meneer J.K. Goosen. Hy was verlede week by dokter en hy het sy voorskrif daar vergeet. As jy dit nie kan kry nie, vra asseblief vir dokter Van der Merwe om vir ons 'n nuwe voorskrif deur te faks. Doen dit so gou soos jy kan, meneer Goosen wag."

Stephan plak die foon neer en roep die ou man nader. "Oom, kan oom nog 'n bietjie vir ons wag? Dokter sal 'n voorskrif faks – voor die rekenaar dit weer vir my teruggooi. Oom kan daar sit, dan bestel ek vir oom 'n koerant en 'n koppie tee."

"As jy so aanhou, kan ons maar 'n restaurant ook oopmaak," brom Constance.

"Vra vir Mikaela as jy nie wil nie," kap Stephan terug.

"Dis nie asof julle mans nie ook water kan kook nie."

Sy wip haar voor hy kan antwoord en verdwyn in die kombuisie.

Die tee wat sy vir hom gebring het, is koud. Maar Stephan is bang om dit in die mikrogolfoond te gaan warm maak terwyl sy in die kombuis is. Hy vermy haar vandag sover hy kan. Dit alles omdat hy gisteraand die verkeerde ellendige rooipeper gebring het. Hy dag dis van die botteltjies gemaalde speserye, en toe is dit al die tyd 'n vars rooi soetrissie. En sy hou ook nie van tulpe nie. Sy was kwaad. Toe eet hulle pakkiesop, die enigste ding wat hy kan voorberei.

Seks was 'n mislukking. Hy het lank wakker gelê, sy rug na haar,

en gewonder of hy nie maar sy tas moet pak en huis toe gaan nie. Die
tekens is daar. So 'n verhouding is nie iets wat hy kan volhou nie. Hy
is getroud en Ragel het vriendinne wat hom nie sal toelaat om geluk
te vind voordat hy en Ragel vrede maak nie. Baie van hul vriende
skei so en gaan as vriende uitmekaar. Anke hou haar verniet sedig, sy
en Rory is ook geskei, hoewel hulle goeie redes daarvoor aanvoer en
Rory saam met haar die kinders grootmaak. Rory moes nooit getrou
het nie. Hy toer te veel, sy musiek is sy lewe. Nie een van hulle het,
sover Stephan weet, weer 'n verhouding aangeknoop nie. Die kinders
is die middelpunt van hul verhouding. By hom en Ragel is dit presies
dít wat hulle uitmekaardryf – 'n kind wat hulle nie meer het nie.

Stephan eet sy toebroodjie en drink sy koue tee, sy een oog op die
koerant se voorblad.

Toe hy weer opkyk, sien hy Constance in gesprek met die oom
vir wie sy netnou nie wou tee maak nie. Sy is soos alle vroue behep
met haar eie waarde, besluit Stephan. Hulle gee wat hulle wil en hou
terug by die geringste provokasie. Dis die man wat moet soebat en
bedel vir gunste, of moet gryp as dit gawes reën. En dan sê hulle vroue
word benadeel. Bog. Hy is lus en ry vanaand huis toe. Laat Constance
wonder, laat sy 'n slag mooipraat.

Tienke bring 'n sak vol leë eierdosies. Sy sit dit in die middel van die
tafel neer. Dis tweeuur. Die kinders speel al van eenuur af om die saal,
so al deur die modderkolle en polle gras afgewissel met gousblomme
en madeliefies wat vandag begin oopgaan het, baie mooi.

"Teen die tyd dat ons die deur oopmaak, is die sieletjies van kop
tot tone besmeer," sug Tienke. "Maar die ouers weet nie wat om met
hulle aan te vang nie en die klasse is gratis, so hoekom omgee?"

Ragel het ook vroeg gekom. Sy het eenuur oorgestap om te gaan
eet en byna omgedraai toe sy die voertuie op die parkeerplek langs
die huis sien. Drie viertrekke met modderstrepe langs die kante –

duidelik vervoermiddels van 'n toergroep. Daar is kleiner tafels in die eetkamer en sy het haar vingers gekruis en gehoop haar plek is by een van hulle gedek. Die lang tafel was toe volgepak en sy het haar enkeltafeltjie gekry, maar ook 'n paar kyke en groete van die groep se kant. Toe het sy haar waterblommetjiebredie vinnig opgeëet en die nagereg van die hand gewys. By die huis het sy koffie gemaak. Sy sou liewer in die kombuis by Rosie gaan eet as weer in sulke luidrugtige geselskap.

Tienke en Bakker het die eierdosies losgesny. Sy en Ragel tel stapels van tien houertjies elk af. Die plan is dat elke kind vandag hier uitstap met 'n bont wurm waarvan die segmente met pypskoonmakers aanmekaar gelas is. Elke wurm kry ook sy eie pypskoonmakerpote.

"Hulle moet eers verf en dan kan ons hulle help vasryg," sê Tienke.

"Sal dit nie oulik wees as ons vlerke sny en aanlas nie?"

"Wurms met vlerke?"

"Fantasiediere."

"Ons gaan ons doodwerk, want die sieletjies is onhandig," antwoord Tienke traag. "Maak ons elkeen 'n voorbeeld?"

"Beslis nie, hulle is die ontwerpers." Ragel staan voor die kas met blikke poeierverf. "Watter kleure moet ek aanmaak?"

"Alles, en swart. Ons help hulle met die swart, jy wil nie weet hoe swart kan mors nie."

Die tafel is gedek toe Ragel die kleintjies buite gaan bymekaarmaak. Tienke was reg, hulle is besmeer. Maar hulle word badkamer toe gejaag om handjies te was en elkeen kry sy kunsvoorskoot aan, skoner as hul klere. Daar is vandag nege en twintig sieletjies, soos Tienke hulle noem. Die jongste is drie en die oudste twaalf.

Dit verg alles wat Ragel en Tienke het om die spulletjie op die regte pad te hou. Om eierhouertjies te verf is nie juis opwindend nie, en die meeste van hulle wil eers die wurm se lyf las en dan die verfwerk doen.

"Jy trek nie eers jou trui aan en verf hom dan pers nie!" roep Tienke uit.

"Ek het eers my lyf gekry en toe kry ek klere," stry een slimkop.

Trewwie sit eenkant en verf geduldig die een houertjie ná die ander, een pers, een geel, een pers.

Ragel gaan staan agter hom en sê saggies. "Jy verf baie netjies."

"Dis nie kuns nie," brom hy.

Was Mozart ook so, wonder sy – te groot vir sy skoene, maar ver bo sy tydgenote?

Die wurms is nie 'n maklike projek nie. Toe die segmente gelas moet word, staan die kleintjies tou en Ragel en Tienke moet van die groter kinders omkoop om te help pypskoonmakers insteek en vasdraai. Ragel wen tyd deur hulle aan te moedig om die wurms se voelers en vlerke ook te verf, en giftande en tonge te maak. Teen vieruur is sy en Tienke ook met verf besmeer. Die voltooide wurms lyk gelukkig baie oulik. Hulle word in 'n ry op die verhoog neergesit en die kunstenaars kry elkeen 'n stuk skoon papier sodat hulle die verf kan opgebruik, ook etikette om die wurms se name neer te skryf.

Kruiper. Vlieger. Giftong. Breker. Spook. Monster. Tik-tok. Rower. Flaai. Powerhouse. Superwurm. Spykerbeen!

Hulle is nog besig om hul wurms name te gee toe Bakker ingestap kom met 'n plaat vol versierde cupcakes. Die kinders spring skielik soos hasies al om hom.

Ragel is verras. "Vier ons iets waarvan ek nie weet nie?"

"Dis om jou in ons midde te verwelkom. Ons het mense soos jy hier nodig," sê Tienke.

"Ek gaan haal die koeldrank in die motor." En uit is Bakker.

Nie een van die kinders volg hom nie, hulle het net oë vir die soetgoed.

Drie en twintig

By die huis val Ragel op die bed neer en rook een van haar laaste sigarette. Sy voel asof sy pas van 'n mallemeule afgeklim het. Haar kop draai en haar maag is snaaks. Daar is verf aan haar vingers en modderkolle op haar jeans, maar die rit was pret.

Sy het Desember verlede jaar laas vir kinders kunsklas gegee, 'n klein groepie wat presies op tyd saam met hul au pairs deur haastige mammas in luuksemotors by haar ateljee afgelaai is. Nadat sy haar storietjie vertel het, het sy gesorg dat elke kind saam met sy of haar au pair agter die regte esel te lande kom. Die au pairs het meeste van die werk gedoen, maar net te gewillig om verfkwasse te was en potlode skerp te maak, aan te gee en op te tel. Hulle het neusies afgevee en dissipline toegepas, pouse op die patio elkeen se spesiale organiese eet- en drinkgoed uitgehaal, Wet Ones byderhand.

Vandag was dit net sy en Tienke en dertig woelige sieletjies met loopneuse en hoesbuie soos hondegeblaf – een begin en die res val in. Hulle het op haar skoot geklouter en om haar nek gehang. Sy is aangestaar asof sy van Mars af kom, terwyl hulle in hul neuse krap en mekaar wegstamp.

Frankie sou onder die tafel weggekruip het. Hy ken nie sulke kinders nie. Sy weet darem van hulle, omdat sy 'n grootmens is wat soms televisie kyk en koerante lees en by plakkershuisies verbyry maar nooit ingaan nie.

Hoe op aarde doen Emma dit alleen? As sy nie vandag haar eie kinders op Malmesbury moes gaan haal het nie, was dit sy wat die sieletjies moes besig hou – sonder haar vriendin wat Pretoria toe getrek het, en dalk sonder Tienke ook.

"Hè, Teddie?"

Teddie kyk na haar met sy glasogies, kyk asof hy wil praat.

Jy het vandag iets goeds gedoen, Ragel Steinbach-Naudé. Jy het iets van jouself gegee en dis goed.

"Dink jy so?"

Ek sou nie so sê as ek nie so dink nie.

"Nee wag, dit was nie ek nie, dit was Marinda Boshoff. Sý teken en sy help Emma met die kunsklasse, nie Ragel nie. Ragel is nog nie heel nie. Haar hart is toegesluit in haar huis in Stellenbosch. Ragel is reeds een week en een dag weg van haar hart. Haar man wag, anders sou hy haar al kom soek het. Haar niggie is gedaan van kommer en haar vriendinne praat en bespiegel en bel hom om uit te vind. Wat antwoord hy? Wat doen hy?"

Die selfoon lê beskuldigend op die bedtafeltjie. Sy kan dit optel en bel. Sy kan hulle gerusstel. Sy lê nie iewers in 'n kamertjie en kyk na die dak nie, sy leef tussen mense. Sy maak verf aan en teken prentjies vir kinders. Sy eet cupcakes saam met hulle en luister na Tienke se stories oor haar suster en die Palestyn wat in Desember kom kuier. Sy help. Sy lees vir Ciska uit Rut.

Tienie en Anke sal daarvan hou om te hoor sy het vanoggend die Bybel oopgemaak en Rut opgesoek en voorgelees oor Elimelek en sy vrou Naomi en hul seuns wat uit Betlehem weggetrek het na Moab, en van Naomi wat teruggekom het sonder haar man en seuns met haar twee skoondogters, Orpa en Rut, wat lief was vir haar.

Ciska het begin huil toe sy lees van Maglon en Kiljon wat in Moab begrawe lê en toe van haar seuns vertel – Deon en Gunther, wat Engels gee vir die Arabiere en die Koreane en nie een getroud is nie.

"Ons het hulle twee jaar laas gesien. Dis so goed hulle is … dood. Weet jy hoe voel dit as jou kinders dood is?"

Ragel weet, maar sy kon nie antwoord nie. Sy het die Bybel vasgeklem en die gesprek tussen Emma en Johan onthou oor Ragel en Maria en wat Ragel vir Maria sou gesê het as hulle aan die voet van die kruis ontmoet.

Jy het jou seun dertig jaar gehad, ek het myne afgegee toe hy twee jaar oud was!

Twee jaar is nie 'n lang tyd nie. Maar vir Ciska is dit 'n ewigheid, vir Ragel ook. Daar was trane in haar stem toe sy lees van Naomi wat vir haar skoondogters sê dat sy te oud is om kinders te hê.

Haar tyd is ook verby.

Ciska het haar geprys oor haar gevoelvolle vertolking.

"Dit klink asof jy dit self geskryf het?"

Sy het dit nie geskryf nie, sy weet net uit ondervinding dat nie alle vroue ewe vrugbaar is nie. Naomi het, soos Ciska, twee seuns in die wêreld gebring, Ragel net een. Medies gesproke was Frankie 'n wonderwerk. Hulle het God vir hom gedank, hulle was heeltyd innig dankbaar. Het dit dan nooit by Hom uitgekom dat hulle Hom die nodige erkenning gegee het nie? Hulle het tog elke doktersbesoek aan Hom opgedra, elke pil en prosedure vir Hom gegee en sy seën afgebid. Dit was sy wonderwerk. Maar dit kon Hom nie skeel nie. Twee jaar, toe kyk Hy weg.

"Ja, Teddie. Wat kan jy van 'n God verwag wat ander twee jaar oue seuntjies laat vermoor sodat sy Seun kan wegkom en Hom dan later aan 'n kruis laat ophang, vir wat?"

Is dit sodat sy moeder in die smart van haar susters kon deel?

Ciska se seuns leef. Sy het hulle ten minste sien grootword. Al wat sy van Frankie oorhet, is Teddie.

Sy soen vir Teddie op sy snoetjie en sit hom in die bed, sy trek die komberse op tot net sy oortjies uitsteek.

"Lekker slaap, Teddiebeer."

Vanaand bad sy vroeg, maak tee, eet 'n stukkie brood en 'n appel en klim langs hom in. Dis nou wel eers kwart oor ses, maar tyd maak nie saak nie.

Sy wil net opstaan en kombuis toe gaan, toe lui haar selfoon.

Kan tog nie Stephan wees nie, kan nie een van hulle wees nie. Emma?

Natuurlik, Emma en Tienke het haar nommer en sy het hulle s'n.

"Hallo, Emma."

"Naand, Marinda! Ek hoor by Tienke jy het darem die kuns-klas oorleef?"

"As sy en Bakker nie daar was nie, was ek dood!"

"Luister, ek stuur vir Rentia oor met jou kunsgoed. Jou lysie, jou kleingeld en die faktuur is in 'n koevert in die sak – die goed was duur, hoor. Maar ek't gekoop soos jy bestel het. Ek moet ongelukkig hard-loop, hier eet en slaap vanaand 'n horde. Rentia is oor vyf minute op jou stoep. Sal jou anderdag vertel wat by die kunswinkel gebeur het."

Wat by die kunswinkel gebeur het ...

Wat hét by die kunswinkel gebeur?

Ragel bly op die bed sit. Wat?

Miskien het Emma een van die beroemde Kaapse kunstenaars daar ontmoet. Dalk het hulle gedink sy is professioneel omdat sy profes-sionele ... ! Emma het háár lysie ingehandig en die winkelassistent het haar handskrif herken! As dit Mervin was, het hy 'n bohaai opgeskop. Sy sal moet uitvind, maar sy kan nie vanaand by Emma uitkom nie. Die vrou het 'n huis vol mense.

As Mervin sy mond gerek het, sal sy alles ontken. Sy sal sê die man praat nonsies.

En daar klop Rentia.

Ragel trek haar vingers deur haar hare en loop vinnig voordeur toe.

Rentia is 'n goeie mengsel van Emma en Johan. Sy is blond en blosend soos Emma, maar langer en fris gebou, soos haar pa. Sy hou die yslike pak met albei hande voor haar vas en loer om die kant.

"Naand, tannie."

"Hallo, Rentia."

"Tannie, my ma stuur dié."

"Sê vir my Marinda, seblief."

Ragel vat die pak. Dit tref haar soos 'n elektriese skok, die gevoel van die papiersak, die logo van die winkel, die reuk, alles. Sy moet dit langs haar been laat sak en teen die deurkosyn leun om regop te bly.

Rentia gee 'n tree vorentoe. "Is tannie oukei?"

Nee! Sy is nie oukei nie! En die kind hoef nie te weet wat aangaan nie.

"Dis … sommer niks. Wil jy inkom?"

"Ek moet my ma gaan help, maar as tannie môre tyd het, sal ek graag met tannie wil kom chat oor kuns, as tannie nie te besig is nie."

Die pak maak kreukelgeluide, dit kielie haar bene, dit maak haar so opgewonde.

"Kom maar. Kom gerus."

"Oukei! Baai, tannie!"

Ragel wag tot Rentia by die hek uit is voor sy die pak optel en instap.

Rooi soetrissies kos 'n plaas se prys, maar Stephan kies 'n pak van vier en 'n bos langsteelrose, ook rooi. Toe soek hy 'n bottel merlot en loop na die betaalpunt van die supermark. Die duiwel is aan sy kant, want almal in die tou is vreemdelinge. Hy betaal kontant en loop na sy motor soos 'n man met 'n missie. Hierdie misverstand tussen hom en Constance is kinderagtig en onnodig en hy moet dit regstel.

Hy het intussen sy eie sleutels laat maak en hy ry sommer deur na die parkeerplek wat hulle deel. Haar motor is daar en hy parkeer agter haar. Hy hou nie daarvan dat die agterste kwart van sy BMW in die pad hang nie, maar dit kan nie anders nie. Hy het intussen agente in die Strand gebel en daar is 'n vrou wat Saterdagmiddag vir hulle 'n paar gemeubileerde woonstelle sal kan wys. Dis een van die verrassings wat hy vir haar het, vir Constance.

Toe hy die deur oopsluit, ruik hy uie wat braai. Sy sorg vanaand goed. Die tafel is reeds gedek met kerse en die tulpe. Hy loop deur kombuis toe en kry haar voor die stoof.

"Constance?"

Sy het 'n swart kousbroek aan, 'n goue toppie en hoë hoëhak-skoene. Van agter af lyk sy so baie soos Cat Woman dat hy 'n gesig vol snorbaarde verwag as sy sou omdraai. Sy is pragtig, sy is so sexy hy wil haar in sy arms opraap en dadelik bed toe dra. Maar hy hou die pak soetrissies in sy een hand en die rose in die ander hand.

"Is dit die regte rissies?" vra hy.

Sy laat val die spaan in die pan en gooi haar arms na weerskante toe oop.

"Jy is die dierbaarste, die wonderlikste man in die wêreld!"

Met dié vat sy die rissies en die rose, sit dit op die tafel neer en soen hom op sy mond. "Ek is jammer ek was humeurig. Dis omdat ek bang is ek verloor jou en gister het jy huis toe gegaan en te lank weggebly. Ek kan die onsekerheid nie meer verduur nie."

"Skakel die stoof af," sê hy. "Ons kan later eet."

"Soet rooirissies tot die wêreld vergaan," belowe sy hom.

"Solank jy saam met my kan uithou tot dan."

Hy steek sy hande onder haar goue toppie in en ontdek 'n rits-sluiter in haar katpak.

"Die bure loer vir ons deur die kombuisvenster," fluister sy in sy oor en sleep hom saam met haar kamer toe.

"Daar is niks beter as 'n liefdesverhouding om jou jou lus vir die lewe terug te gee nie," sê hy toe hy veel later die duvet oor hul kaal lywe trek. Hy soen haar vir die soveelste keer. "Jy moenie bang wees nie, ek sal nie weer kan teruggaan na Ragel nie."

Constance bly lank stil voor sy antwoord. "Dit hang af. Hoe skei jy van haar as sý nie weer terugkom nie?"

"Gee tyd. Dis vandag een week en een dag."

"Tel jy die dae?"

"Nee, maar ek weet sy's verlede Donderdag hier weg, op Vrouedag, die 9de Augustus."

"Jy onthou dit in detail."

"Dis nie moeilik nie, dis soos om Kersfees te onthou, of iemand se verjaardag."

"So, elke Vrouedag van nou af sal jy op jou vingers aftel hoeveel jaar, hoeveel maande, hoeveel dae."

"Stry ons nou oor Ragel?"

"Dis jy wat haar naam eerste genoem het, nie ek nie."

Stephan lê stil, maar gedagtes jaag deur sy brein soos wilde perde. Constance was beter voor hulle met seks begin het. Sy het hom soos 'n vriendin bygestaan en selfs vir Ragel probeer verstaan. Sy het saam met hulle gehuil oor Frankie, maar die laaste tyd word Frankie se naam nooit meer genoem nie. Hy doen dit nie, omdat Frankie met Ragel geassosieer word en hy Ragel sover moontlik nie wil bespreek nie. Haar naam maak skuldgevoelens in hom los wat hom enige tyd weer na drank sal dryf. Hy wil nie oor haar praat nie, nie oor haar dink of stry of treur of bekommer nie. Besef Constance dit nie? Hy probeer vergeet dat sy deel van sy lewe was, hy probeer vergeet van die kind, die pragtige seuntjie wat hulle soveel gekos het. Wat hom betref, hoef sy nooit weer terug te kom nie. Hy gaan ook nie vir Constance vertel wat Tienie gesê het, dat sy weet waar Ragel is nie. Hy wil nie weet nie, en van sy kant gaan hy niks doen om haar op te spoor nie.

Constance is hier. Hy streel haar kaal maag. Sy roer langs hom en stoot sy hand van haar af weg. Dan wikkel sy haarself reg en stut haar op haar elmboog.

"Ragel is jou vrou, julle is getroud," sê sy.

"Ragel is van haar verstand af, vergeet van haar."

"Sy is steeds 'n faktor in jou lewe."

"Nie meer lank nie."

Constance sit regop, sy slaan haar arms om haar knieë. Sy kyk vorentoe, nie na hom nie.

"As jy heldersiende was en jy't geweet hoe lank nog, sou ons 'n troudatum kon afspreek, ons sou hand aan hand in die strate kon loop en ringe gaan soek het, nou kan ons nie."

"Ons is nie hulpeloos nie, Constance. Ons kan intussen 'n bietjie vryheid koop."

"Hoe bedoel jy?"

"Ek het vir ons 'n afspraak gemaak met 'n agent in die Strand."

Sy kyk skielik weer na hom.

"En dan?"

"Dan huur ons 'n woonstel langs die see en saans gaan ons soontoe en loop lang ente en swem en geniet mekaar."

"Soos al die oumense op pensioen wat elke oggend en aand op die strand heen en weer loop?"

"Ons kan saam oud word."

Sy gee 'n suggie en sak af, haar arms glip weer om sy nek, haar ledemate raak verstrengel met syne.

"Vra jy my om te trou?"

"Voorlopig."

"Voorlopig tot jy en Ragel julle vrede gemaak het."

"Wat bedoel jy?"

"Wat ek aan die begin gesê het. Ek kan nie seker wees nie."

Sy is reg, besef Stephan. Selfs as hy Constance teen hom vashou, selfs terwyl hulle liefde maak, is dit Ragel na wie hy smag – haar aanraking, haar vergifnis, haar finale vryspraak. Hy het dit nodig soos asem.

Vier en twintig

Saterdagoggend toe sy haar oë oopmaak en opkyk en die strepe son teen die dak sien, dink Ragel heel eerste aan die sketse wat sy die vorige aand gemaak het. Dis skaduwees wat haar gedwing het om haar potlode neer te sit. Sy sal graag vanoggend wil sien wat sy aangevang het, sy het so lanklaas gewerk. Maar gisteraand toe sy die sak met kunsgereedskap op die kombuistafel neersit, het daar 'n wonderwerk gebeur.

Sy het vergeet van die ketel wat kook en van die tee wat sy wou maak en eers alles uitgepak – papier eerste. Sy het die greinerige Fabriano met haar vingerpunte gelees soos 'n blinde 'n brailleboodskap. Sy het die roomkleurige Hahnemühle teen die lig gehou en gekyk en gekyk. Toe het sy die Canson-sketsboek oopgeslaan en met haar palm oor die papier gestreel asof dit lewe. Sy het die reuk van nuwe papier ingeasem. Dit is soos 'n boek met poësie. Dit het groot potensiaal, het sy vir haarself gesê.

Sy het dit vasgehou en 'n byna sinnelike tinteling in haar hande en arms ervaar.

Sy gaan teken, sy gaan weer … teken.

Sy moes asem skep voor sy die sketsboek eenkant kon neersit en die dosies met potlode en houtskool uitpak. Sy het die houtskooldosie oopgemaak en na die stokkies gekyk, dit toegemaak en netjies neergesit. Sy het die Conté-potlodedosie se deksel gelig en die potlode getel – drie van elk, swart, wit, rooi, roetbruin en drie skakerings van grys. Sy het die twee stelle Faber Castell-pastelle van twaalf kleure elk oopgemaak en haar daarin verlustig.

Toe het sy die blikkie met fikseermiddel uitgehaal, die nuwe skoon uitveërs in hul plastiekomhulsels, en die skerpmakers en kunsvlytmessies. Sy het alles netjies langs mekaar opgestel – haar manskappe in gelid, reg vir die oorlog, presies wat sy altyd gebruik, alles reg, alles op die lysie, ook die sketsboekie en vetkryte vir Trewwie.

Sy het hom geskets soos sy hom onthou – die seuntjie met die groot swart oë wat so intens sit en prentjies teken, klein Trevor. Ook vir Bakker en Tienke en Valery en Ciska. Teen twaalfuur het die harde kombuislig haar so gefrustreer dat sy eers alles gelos het, tee gemaak het en 'n stuk brood daarin gedompel het om haar honger te stil.

Hoe sy gedink het dat sy vir die res van haar lewe kan asemhaal sonder om te teken!

Vanoggend is die daglig sag en sy het 'n hele dag oop voor haar. Sy mors nie nog 'n oomblik nie, maar spring uit die bed, trek vinnig aan en haas haar kombuis toe om te sien wat sy gisteraand in haar oorywerigheid aangevang het.

Die tekeninge is onvoltooid, maar dit raak haar hart, veral dié van Trewwie, ook Bakker en Tienke agter hul toonbank met brode op die rak. Maar sy is bekend as fotorealis en daarvoor moet sy foto's neem van Ciska en oom Swanie en Rosie en Johan en Emma en suster Dora by die kliniek – van almal, die kunskindertjies ook.

Ongelukkig is haar kamera by die huis. Maar miskien het Emma of Johan een – haar nuwe selfoon sal nie deug nie. Intussen werk sy soos sy die mense onthou en vergeet van haar koffie wat staan en koud word. Sy het 'n esel nodig. Dalk kan sy dit ook by Emma leen tot hulle weer winkels toe gaan. Jammer sy kan hulle nie vra om by haar huis aan te ry en haar beste esel te gaan oplaai nie.

Dis byna elfuur. Sou Rentia nie kom gesels het nie? Die selfoon is op die kombuisrak byderhand. Die tafel lê vol sketse in verskillende stadiums van ontwikkeling en skielik wil sy dit vir iemand wys, maar Rentia daag nie op nie en Emma is besig. Sjoe, as sy nie tot bedaring kom nie, sal sy Emma moet vra of sy Maandag nog papier kan saambring! Maar teen Maandag moet die kinders reeds in die skool wees. Dan ry hulle Sondag ná kerk. Te laat, want die kunswinkel is net soggens oop. Wel, iemand hier rond sal seker in die week daardie kant toe ry?

Intussen moet sy stadiger teken, deegliker werk, en foto's neem. Sy het die album met foto's van haar en Stephan en Frankie en sy kan een van hulle kies. Ongelukkig sal sy die tekeninge dan moet wegsteek, anders sien iemand dit en sy wil nie verduidelik wie en wat nie. Maar hoe heerlik om weer te kan werk! Sy konsentreer so op Valery dat sy amper nie haar selfoon hoor lui nie. Dis Emma.

"Hallo, Marinda, hoe gaan dit? Alles reg?"

"Perfek, alles is perfek."

"Ek neem aan jy teken?"

"Ek probeer, sonder 'n esel."

"Jy kan myne leen."

"Ek het nie geskimp nie."

"Jy het, maar dis oukei, ek skilder nie nou nie. Kan Rentia gou 'n draai by jou maak tot middagete? Ons doen dit vandag buite op die patio ter wille van die toeriste, 'n visbraai."

Die idee van mense onder die versamelnaam van toeriste maak Ragel senuweeagtig en sy antwoord nie dadelik nie.

"Snoek en kreef. Ons kry die kreef vars van Lambertsbaai, jy wil dit nie mis nie."

"Is daar baie mense?"

"Duitse toergroep en die groepie van gister, 'n jolige lot."

Sy sal in die skaduwee gaan sit en haar vis eet en klaarkry.

"Het jy nie hulp nodig nie?"

"Rosie het Valery saamgebring."

"En Trewwie?"

"Hy's by die huis. Kan Rentia gou oorstap? Sy sal sommer die esel vir jou saambring."

"Sy's meer as welkom, baie dankie. Maar ek skuld julle vir die inkopies, en nou leen ek al weer 'n esel."

"Ons het betaal – met jou geld – en in blomtyd skilder ek nie, ek maak kos."

"Ek wil vir julle iets gee vir die moeite."

"Niks moeite gewees nie, en dit was baie insiggewend."

Voor Ragel kan vra hoekom insiggewend, gaan Emma se selfoon dood.

Emma wil natuurlik nie oor die telefoon sê dat sy nou weet haar naam is nie Marinda nie, haar naam is Ragel. Sy is die bekende Ragel Steinbach-Naudé wat wou maak of sy nie kan teken nie, maar haar masker laat val het toe 'n kind haar uitgedaag het om 'n vygie te teken. Maar dit het al by klein Trevor begin. Sy kan huil by die gedagte dat hy sy talent nie behoorlik sal ontwikkel nie, dat hy eendag sy vryheid sal moet prysgee, dat armoede en rampe hom sou kon beroof.

Noudat hulle meer van haar weet, sal sy praat. Sy sal Valery aanspreek en met Emma saamspan om klein Trevor aan te moedig en te beskerm asof hy van goud gemaak is. Hy hoort nie hier in die skooltjie nie, hy hoort saam met Rentia-hulle in Malmesbury of in Stellenbosch waar hy sy talent kan uitleef. Daarvan het hy meer as al die kinders in al haar kunsklasse. Nog planne begin in Ragel se kop vorm aanneem. Daar is plek in hulle huis, sy kan hom saamneem …

Nee, dit sal nie deug nie. Niemand kan Frankie se plek inneem nie.

'n Ander kind in die kamer met die reënboë en die wolke teen die mure, die son en die maan en twaalf sterre teen die plafon? Sy het dit spesiaal so uitgewerk sodat sy hom van Josef en sy broers kon vertel, en sy het, sy het hom vir die Here en vir Jesus grootgemaak. Sy sou hom genoeg kennis gee sodat hy eendag maklik kon kies.

Maar God het gekies.

Haar hande sweet, sy sit die potlood neer.

Dis te vinnig, te gou om aan aanneming te dink, en om haar kosbare sketse vir iemand te wys.

Daar is 'n klop aan die voordeur. Die mense wil haar insleep en aanspraak maak op haar, hulle wil haar dwing om haar storie te vertel en sy sal nie.

Die een wat klop, klop harder.

Wie is dit nou weer?

Rentia! Amper vergeet sy van Rentia.

Ragel maak die sketsboek toe. Sy haal diep asem en loop voordeur toe om oop te maak.

Rentia stut 'n opgevoude esel met een punt teen die stoep se sementvloer.

"Hallo, tannie. My ma stuur dié."

Dit lyk uitstekend!

"Baie dankie, ek sal hom later opslaan."

"Kan ek tannie help?"

"Ek sal regkom. Sê baie dankie vir jou ma."

Ragel vat die esel by Rentia en laat rus dit teen die gangmuur. "Ons sit sommer hier, " beduie sy en draai by die sitkamerdeur in.

Sy kies die bank, Rentia die leunstoel in die hoek.

"My ma sê sy is seker tannie het kuns geneem."

Ragel weet nie wat Mervin alles kwytgeraak het nie en sy huiwer so lank met haar antwoord dat Rentia haar nog 'n keer moet vra.

"Het tannie?"

"Ek het," sê sy dan, "toe ek op hoërskool was, nes jy."

"My ma het my tannie se sketse van vygies gewys. Dis amazing! Het tannie ná skool ook klas geloop?"

"Ja, ek … Ek is in 'n tekengroep, sommer vroue wat in hulle vrye tyd teken."

Dis nie heeltemal leuenagtig nie. Sy is nie meer nie, maar sy was lank deel van 'n groep.

"So, tannie sê ook kuns is net goed vir 'n stokperdjie?"

"Wat anders?"

"Ek wil gaan studeer en my graad kry, maar my pa wil nie."

"Dis 'n eensame pad om te loop," begin Ragel. Sy het immers ondervinding. "Van die mense wat weet, sal vir jou sê jy werk soos 'n arbeider, altyd alleen in jou ateljee. Die beroepswêreld is onvriendelik en oorbevolk met kunstenaars wat graag aandag wil trek en hul werke wil verkoop. Geld is die bottom line, jy wil tog eendag 'n bestaan maak. Probleem is dit neem soms so lank as veertien jaar voor die kunswêreld jou aanvaar. Resensente en kopers is wispelturige mense, hulle soek altyd iets nuuts en jy moet aanhou verander en ontwikkel, anders raak jou werk uitgedien. Jy het op die ou end 'n plig teenoor jou kopers, jy kan nie sommer ophou werk nie, al gebeur daar wát met jou, al sterf jou … Al sterf iemand vir wie jy baie lief is, jy kan nie treur nie, jy mag nie rus nie."

Ragel besef eers dat sy te veel praat toe haar mond droog raak en die meisie te ver vorentoe leun, byna asof sy haar wil keer.

Constance het ingewillig om na woonstelle te gaan kyk. Die apteek maak vieruur toe, maar Amir is aan diens en hulle ry tweeuur van Constance se woonstel af. Stephan bestuur. Dis nie die eerste keer dat hulle saam ry nie. Hulle was al 'n paar keer Kaap toe vir konferensies en lesings, maar dit was amptelik. Hierdie keer gaan dit oor hulle as paartjie, oor hul toekoms en hul verhouding en die ruimte wat hulle hulself gun om te groei en gelukkig en ontspanne te wees.

Constance is stil, sy kyk stip voor haar uit. Stephan leun oor en sit sy hand op haar been.

"Tevrede?" vra hy.

"Hoe kan jy vra voor ons die woonstel gesien het?"

"Dit gaan nie oor die woonstel nie. Ons sal soek tot ons iets kry wat ons albei pas. Dit gaan oor die besluit om die volgende stap te neem. Is jy tevrede daarmee?"

"Ek sal my goed mis, my skilderye en my eie meubels."

"Jy hoef nie jou woonstel op te gee nie."

"Nee, maar ek sal dit moet toemaak."

"Ons hoef nie elke aand Strand toe te kom nie."

"So 'n gemeubileerde plek is tydelik. Ek glo nie ek sal iets van my soontoe neem nie – my klere, en niks verder nie."

"Ja, dis nie ideaal nie, maar dit is 'n begin. Dis ten minste neutraal."

"Verwyt jy my nou omdat ek nie by jou in die huis wil gaan bly nie?"

"Dit het ook nadele – ons het dit mos uitgewerk."

"Alles kom daarop neer dat ons 'n skelm verhouding het – en moenie vir my sê dis hoekom dit so opwindend is nie."

Stephan wil-wil hom vererg. Hy trek sy hand van haar been af weg.

"Ons moet ontspan," sê hy sag.

Sy vou haar arms om haar en kyk na links na die aarbeiplaas. "Kan ons stop om aarbeie te koop?" vra sy soos 'n stout dogtertjie.

"Ons kan, maar dan is ons laat vir ons afspraak."

"Ry dan."

Hy moet op sy tande byt om stil te bly. Constance was nog altyd volwasse en kalm, die laaste tyd raak sy kinderagtig en veeleisend – en sy huil net so maklik soos Ragel.

"Jy hou mos van die see?" sê hy toe die blou van die see op die horison verskyn.

"Ja."

"Jy kan hom nou in al sy buie geniet."

"Ek hou die meeste van sonnige dae en kalm waters."

"Wel, ek hoop dis wat vir ons wag."

"Daar sal altyd storms wees, veral nou."

"Dis oorgangstye, Constance. Ons moet dit versigtig benader."

Toe hy dit sê, sien hy Ragel en Frankie in die vlak water. Hulle staan en wag vir 'n brander wat aangespoel kom. Dis slaan te hoog teen Frankie se beentjies op, maar sy hou hom regop. Die kind bewe en raak aan die huil. Sy tel hom op en druk hom vas, loop 'n lang ent met hom op haar heup. Stephan kyk hoe hulle wegraak. Al wat hy later sien, is die weerkaatsings wat die son op die water maak.

"Jy is nes 'n apteker, so wetenskaplik en so versigtig. Ek kan nie glo jy ... toe maar ..."

Hulle staan by die verkeerslig net onder Somerset Mall.

"Jy wou sê?"

"Niks, ek is moeg, dis al."

Hy weet goed wat sy wou sê, maar hy gaan dit nie verder neem nie. Dit is Ragel se deuntjie en dit het hy tot vervelens al gehoor. Verskil is, Ragel het rede om hom te verwyt, Constance nie. Maar sy het verwagtings, en daarvoor kan hy haar nie verkwalik nie. Gee en neem, het hy al so dikwels gehoor, gee en neem is die basis van elke goeie verhouding. Die laaste paar dae het sy hom meer gegee as wat hy in sy wildste drome verwag het.

Die agent wag vir hulle by die agentskap se kantoor in Kusweg. Vandag is een van daardie rustige vroeglentedae. Die wind is stil en die water lê glad en blink onder die namiddagson.

"Dis mooi," sê Constance.

"Pragtig," sê hy.

Sy buk oor en soen hom op sy wang.

"Dankie dat jy so geduldig is met my."

Hy knik en glimlag. Maar die bekende landmerke, die plekke waar hy en Ragel en Frankie saam was, staan soos seer vingers uit. Hy sal sy gevoelens vir homself moet hou, sy woorde sluk. Hy sal nie een keer kan vertel hoe Frankie vir die eerste keer 'n kluisenaarskrappie ontdek het nie en hoe hy slakkies opgetel het en gehuil het omdat hy hulle nie huis toe kon neem nie. Hy sal nie vir haar die video kan wys van Frankie wat seevoëls jaag en huil oor sy roomys wat op die sypaadjie geval het nie. Hy sal al die mooi foto's wat hy van Ragel en Frankie en Vlekkie hier en by die huis en oral geneem het, moet wegpak.

Sal hy dit soms kan uithaal en kyk en verlang na sy eerste liefde?

Vyf en twintig

Die Duitsers is familie van 'n Friedrich Buchler of Büchner wat appelplase in die Theewaterskloof-distrik besit. Hulle kuier op die plaas en toer die laaste week langs die Weskus op soek na blomme. Dit reën glo nog te veel, maar hulle het verneem daar is blomme in die Nasionale Park. Hulle het plek bespreek en ry Sondagaand. Hulle praat Duits met mekaar, maar is goed met Engels en probeer hard om Afrikaans te verstaan en om die snoek en kreef te geniet. Die Afrikaanse groep is ook baie gesellig, maar haastig omdat hulle Lambertsbaai toe wil ry om na die seevoëls te gaan kyk. Die Duitsers was Vrydag daar en wil liewer ontspan. Hulle manier van ontspan is blykbaar gesels, lag en foto's neem. Almal moet poseer – tot Ragel, wat onwillig is maar darem agter haar donkerbril kan skuil.

Ná ete help sy vir Emma en Rentia om die skottelgoed bymekaar te maak en koffie en koeksisters te bedien. Johan verkas na die ander kant van die huis om sy preek voor te berei. Emma kla dat haar voete seer is. Sy loop al vinniger voor Ragel en toe sy in die huis is, skop sy haar sandale uit.

"Ons sit hier binne," sê sy. "Daai klomp gee my kopseer ook."

"Is jou dae altyd so besig?"

"Nie altyd nie. Sodra die blomme af is, raak dit rustig. Rentia sê jy't toe geteken?"

"O, ja! Dankie vir die papier en potlode."

"My plesier. Die man by die winkel het my so belangrik laat voel."

"Gaaf van hom."

"Ek't eers gedink dis omdat ek so baie koop. Toe kyk hy jou lysie so en vra of ek ook een van die RN-groep is. Ek dink hy't gesê RN."

Ragel slaak 'n sug van verligting. Mervin was in een van sy afkortingsbuie.

"Toe sê ek, ek weet nie van so 'n groep nie, ek's 'n Sandvelder, ek skilder blomme."

"Wou hy jou portefeulje sien?"

"Nee, hy't net aangegaan oor RN wat goeie werk gedoen het en nou nie meer werk nie. Toe kyk hy na jou lysie en vra vir my: 'Waar is die vrou?' Ek het gemaak of ek nie weet nie. Dis jy, nè? Jy is RN?"

Ouma Ragie het altyd gesê die leuen het kort bene – as hy gejaag word, word hy sonder uitsondering ingehaal. Ragel is vas, sy kan Emma nie in die oë kyk nie. Sy kyk boontoe en soos die toeval dit wil hê, is dit altyd die Michelangelo-afdruk wat haar aandag trek. God weet, en dit het sy ook geleer, al wil sy dit nie meer glo nie. Hy haat die leuen en in dié huis is Hy steeds die hoof.

Ragel hou van hulle, die Van Veldens, hulle was goed vir haar.

"Ja," sê sy. "Ek is RN. Kan ons later praat?"

Emma knik. "Natuurlik, die keuse is joune om te praat of nie te praat nie. As jy jou hart wil oopmaak, ek is hier." Toe glimlag sy. "Intussen kan jy my asseblief 'n paar lesse gee, voor jy besluit om ons te verlaat. Hoe lank bly jy nog?"

Ragel ontspan. Die vrou het die sonnigste geaardheid. "Ek het drie maande se losies vooruit betaal."

"Dis nie 'n waarborg nie."

Ragel kyk na haar hande. "Emma, ek teken weer, maar ek het nog nie alles uitgewerk nie."

"Intussen het ons jou nodig, die kinders ook."

"Dis hulle wat my geïnspireer het en julle wat my gehelp het."

"Jy moet sê as daar nog iets is."

"Daar is. Ek het my kamera by die huis gelos. Is hier iemand met 'n goeie kamera? Ek moet foto's neem."

"Johan het 'n digitale een en 'n rekenaar met 'n drukker. Is dit goed genoeg?"

"Ek dink so, maar ek sal hom betaal. Ek kan nie glo dat ek weer wil werk nie."

"Miskien is dit die verandering van omgewing?"

"Ek het sewe maande in die bed gelê."

"Was jy siek?"

"Ja, en ek is nog nie gesond nie."

Emma knik, en toe sê sy uit die bloute. "Wil jy môre saamry Malmesbury toe om die kinders af te laai? Ek ry alleen, Johan bly om die aanddiens te lei."

Ragel is onseker. Malmesbury is so naby aan die huis, sy kan netsowel huis toe ry.

"Ek vra altyd iemand," sê Emma. "Johan hou nie daarvan dat ek alleen terugkom nie. As jy nie kans sien nie ..."

Dit sal nogtans lekker wees om te sien waar Emma se kinders skoolgaan.

"Wanneer ry julle?"

"Ná kerk. Maar ons eet eers saam."

Die ete pas haar. Die kerk veroorsaak probleme. Want om nie saam met hulle kerk toe te gaan nie, maar saam te eet, is nie goeie maniere nie. Dalk moet sy 'n slag 'n diens bywoon, al sit sy net daar. Sy wil iets sê, maar net toe bring Rentia vir hulle ook koffie en koeksisters.

"Die Duitsers is mal oor antie Dora se koeksisters," sê sy toe sy die skinkbord neersit. "Hulle wil koop om saam te neem vir die pad."

"Daar is gelukkig 'n voorraad in die vrieskas." Emma lig die bord met koeksisters op en hou vir Ragel. "Kry vir jou," sê sy.

Rentia gee 'n servet en 'n bordjie aan. "Dit druip van die stroop, tannie moet versigtig wees."

Net so moederlik soos haar ma, dink Ragel. "Is dit Dora wat by die kliniek werk, wat bak?"

"Ja, Dora is 'n voorslag."

"Kom tannie môre saam?"

"Malmesbury toe? Jou ma het my gevra."

"Dit sal nice wees. Dan wys ek vir tannie my kuns. Ma, hoe laat ry ons, weer ná ete?"

"Soos gewoonlik."

"Tannie gaan seker kerk toe?"

"Ek wil nie … alleen sit nie." Amper verstik sy aan die soet suiker-stroop van Dora se koeksister. Hoekom steeds teëstribbel, sy het dan besluit om te gaan?

"Tannie sit by ons. Ek sal tannie kom haal."

Ragel voel soos 'n voël wat in 'n wip gevang is – altans, sy dink dis hoe 'n voël moet voel as hy in 'n wip sit.

"Hoe … hoe laat?" vra sy.

"Kwart voor nege!"

"Kwart voor," beaam Ragel.

Rentia glimlag vir Emma en Emma glimlag vir Ragel.

Hulle het dit beplan, maar Ragel het nie die hart om Emma daar-aan te herinner dat sy eintlik nie meer kerk toe gaan nie. Die feit dat hulle haar agter haar rug bespreek het, pla ook, maar sy glo nie dit was kwaadwillig nie.

Emma besef dat sy weet, want sy verander dadelik die onderwerp.

"Waar is Jan?" vra sy vir Rentia.

"Ry perd by die Bezuidenhouts."

"Marinda het hom nog nie eens ontmoet nie."

"Sy mis niks." Rentia vat nog 'n koeksister.

"Kan jy glo, dis hoe my kinders mekaar liefhet," sê Emma vir Ragel.

"Ek was 'n enigste kind," sê Ragel. "Ek sal nie weet nie."

"Vreemd hoe die armes altyd troppe kinders het," sug Emma.

"Ons was ook nie ryk nie," sê Ragel.

"Ons was ses," sê Emma, "en my pa was 'n polisieman."

Ragel raak bang hulle sny te naby aan die waarheid en sy vertel van ouma Ragie en oupa Pieter en Tienie en Stephan en … van Frankie. Hulle trek haar in, die Van Veldens, hulle maak haar deel van hulle gesin. Sy hou van hulle, sy sien kans om saam te lag en soet koeksisters te eet, maar nie om te huil nie, nie om haar hart oop te skeur nie.

Toe haar koppie leeg is, sê sy dankie vir die koffie en neem afskeid. Sy het skielik 'n behoefte om met Tienie en met Stephan te praat. Hierdie keer is dit so dringend, nadat sy die voordeur van die Visser-huis agter haar toegemaak het, storm sy in die gang af na haar slaapkamer waar die selfoon op die bedtafeltjie lê.

Nou! Sy soek S en kry lus om te lag, al is sy senuweeagtig. Daar is net een naam.

Stephan.

Moet sy of moet sy nie? Sy weet nie eens wat om te sê nie. Hang af hoe hy reageer as hy haar stem hoor. Kwaad of verras, oorstelp van vreugde? Hy sal vrae vra, en sy sal moet antwoord. Dit voel soos die eerste keer toe sy hom gebel het. Sy het sy nommer by Anke gekry. Anke het hom goed geken en Anke het gesê hy is 'n skaam outjie, hy sal haar nooit eerste uitvra nie, maar hy is mal oor haar. Sy moet hom help, gee hom 'n stootjie, vra hom vir die koshuis se eerstejaarsdans, hy sal ja sê. Ragel was nogal voor op die wa en net so mal oor Stephan, maar hét sy gebibber van angs toe sy hom bel! Nes nou, net soos sy nou staan en bewe met die foon teen haar oor.

Deksels, dit lui nie en dis omdat sy deurmekaar is en nie die belsleutel gedruk het nie.

Sy doen dit, sy druk. Sy wag, haar kop sing, haar kop draai, sy moet sit.

Dit lui en lui en lui.

Toe kom sy stemboodskap deur. Sy luister. Dis Stephan – die man wat sy liefhet. Trane loop oor haar wange. Sy het hom 'n onreg aangedoen. Maar wat sê sy? Hallo, Stephan. Dis Ragel, ek's veilig, ek's by goeie mense, ek verlang na jou, ek wil met jou praat. Is jy oukei? Nee.

Geen boodskap nie, sy het geen boodskap nie.

Stephan en Constance sit op 'n bankie op die sypaadjie langs die see. Hulle eet roomys en kyk vir die mense wat op die strand verbystap. Die seeluggie is koel, nie koud nie.

"Hulle loop asof hulle op pad is na die pot goud onder die reënboog," sê Stephan.

Constance gee haar roomys 'n lek en giggel. "Die een klomp reken dis by Gordonsbaai en die ander De Beers. Wie dink jy is reg?"

"Waarskynlik die ouens wat De Beers toe loop, maar dis 'n pot vol diamante."

"Hoe ook al, niemand kry dit nie."

"Ons is nie ver daarvandaan nie, of hoe?"

Constance draai na hom. Haar lippe is perserig van die koue roomys. "Ek hou van die woonstel, dit sal voel of ons met vakansie is."

"Duur, maar dis wat jy betaal vir 'n see-uitsig in een van die torings."

Sy kyk agter haar en dan vorentoe. "Hy gooi 'n lang skaduwee."

"Weet jy wat is vir my so interessant van dié dorp?"

"Nee."

"Die mengsel van oud en nuut, drieverdiepingwoonstelle uit die dertigs langs staal-en-glaswolkekrabbers gebou met die oog op die twee en twintigste eeu."

"Dis nog lank voor ons by twee en twintig is."

"Nie volgens ons agent nie." Hy gee 'n laggie. "Sy verhuur glo net aan mense wat dit kan bekostig om 'n honderd jaar oud te word. Jy sal dit nie sê as jy die toename in voorskrifte vir vigsmiddels en kankermedisyne sien nie."

"Dis dié dat ek sekerheid soek, nie stories nie."

"Jy het dit – sekerheid."

"Jip, my minnaar is bereid om elke maand duisende rande te betaal sodat ons soggens en saans die son op die water kan sien blink. Hoe gaan jy dit bybring?"

"Ek gaan my huis verhuur."

"Met of sonder meubels?"

"Die huis is myne, die meubels is Ragel s'n. As sy nie binnekort kontak maak nie, stoor ek haar goed vir haar. Sy kan dit gaan haal as sy dit nodig kry of sy kan dit verkoop, sy kan daarmee maak wat sy wil. Ek hou van hierdie plek wat ons vandag ontdek het. Dis minimalisties, dis futuristies, dis volledig gerekenariseerd. Ons sal soos arende leef, nie soos hoenders nie. Het jy die motors gesien wat daar indraai?"

"Jy sal jou BMW moet inruil vir 'n nuwe model. Ek sal my Honda by die woonstel los tot ek 'n Mercedes-Benz kan bekostig. Is jy seker jy het geld vir hierdie storie?"

"Ek sê mos, ek gaan my huis verhuur of verkoop."

"Dit vat tyd."

Stephan gooi die punt van sy roomyshoring vir die seemeeu wat 'n paar treë verder staan en wag.

"Ek het geld in die bank."

"Maak seker dat jy genoeg het."

"Moenie jou kop breek nie, Constance, ek het dit alles op die punte van my vingers."

"Vir hoe lank is die kontrak?"

"Een jaar."

"Jy kan drie huise in Stellenbosch koop met die geld wat jy gaan uitgee."

"Is jy bekommerd oor geld?"

"Ek is. Wanneer moet ons sê of ons dit vat?"

"Maandag. Ek het môre heeldag om die kontrak te bestudeer, jy ook."

"Ek wil dit nie sien nie, dis nie my uitgawe nie. Ek betaal vir my woonstel en dis duur genoeg."

"Jy wil jou woonstel aan die gang hou?"

"Woonstelle soos daai is skaars, my goed is daar en my kontrak verval eers Desember."

"Jy kan jou goed stoor. Jy kan onderverhuur."

Constance eet die puntjie van haar roomyshoring. Sy kou verwoed. "Ek stoor nie my goed nie en ek mag nie onderverhuur nie. Ek doen niks so drasties voor ek 'n ring aan my vinger het nie. Reken dit uit teen die prys wat jy vir hierdie dakwoonstel wil betaal."

Stephan is teleurgesteld. "Ek dag jy hou van die woonstel?"

"Ek hou daarvan! Natuurlik hou ek daarvan – wie sal nie? Maar jy is die een wat betaal, my liefling."

Sy skuif tot teen hom, sy laat rus haar kop in die holte van sy nek, sy vat sy hand en tel sy vingers. "Wees prakties. Miskien moet ons volgende Saterdag na iets meer realisties kom kyk. Ek is nie ondankbaar nie, maar ek wil nie hê jy moet spyt wees nie, ek wil hê ons moet gelukkig wees."

Stephan druk haar hand teen sy lippe. Haar vingers is koud.

"So, jy sê dit was 'n lekker middag?"

"Dit was."

"Jy klink nie baie oortuigend nie."

Sy los sy hand en skuif van hom af weg. Die wind skep haar hare en waai dit oor haar gesig. Sy druk dit met 'n moeë gebaar agter haar ore in, kyk ver oor die see voor sy hom antwoord. "Dis omdat ek nie oortuig is nie. Jy's soos 'n seunskind met 'n nuwe speelding, Stephan, en ek … Ek gee om vir jou. Ek wil nie hê jy moet seerkry nie en jy het. Ek voel jou pyn, ek wens ek kan dit toemaak. Ek wens ek kan alles kanselleer en jonk wees saam met jou, twintig jaar oud. Maar dis nie hoe dit gebeur het nie. Jy en Ragel het 'n lewe saam … gehad. Ek was die toeskouer. Het dit verander? Ek weet nie."

Ses en twintig

Ragel is halfnege al gereed vir kerk. Sy het die enigste romp wat sy saamgebring het en haar roomkleurtrui met die wolborduursel aan. Haar hare is in 'n netjiese Franse knoop en sy het lig gegrimeer. Dis platteland, die mense trek aan vir kerk en dis die beste wat sy kan doen. Haar bonkige skouersak pas nie by die uitrusting nie en sy maak haar beursie leeg en pak 'n paar los note en snesies in. 'n Bybel is seker nie nodig nie, maar sy het tyd en sy gaan maak 'n draai in die hoofslaapkamer met die dubbelbed. Sy verbeel haar sy het daar 'n Bybel op die bedkassie gesien.

Dis in swart leer oorgetrek, en dit lyk so swaar en swaarmoedig, sy wonder of sy dit moet saamdra. Sy vat dit nogtans, gaan sit in die sitkamer en slaan dit oop. 'n Laggie ontsnap diep uit haar keel toe sy 'n skoon sakdoekie, 'n ou tienrandnoot en 'n program uit die jaar 2010 reg agter die voorblad ontdek. Die Bybel behoort aan: *Hannelie Ester Visser, 1990.*

Onder die naam staan: *'n Mens leef nie net van brood nie maar van elke woord wat uit die mond van God kom – Matteus 4:4.*

Ragel sug en maak die Bybel toe.

As God maar wil praat en Homself wil verduidelik.

Sy het laas nag sleg geslaap, want sy het toe nie vir Tienie gebel nie. Sy het te sleg gevoel oor Stephan, te veel gewonder waar hy op 'n Saterdagmiddag laat rondloop. Kuier hy saam met vriende, dalk op Nuweland as daar rugby aan is, of slaap hy of drink hy? Sy wou nie weet nie. Dis haar skuld dat dit sleg gaan met Stephan. Sy het dit veroorsaak, sy wou dit doen, haar pyn in hom vermeerder en vergroot. Sy wou sien hoe die las wat sy op hom laai al swaarder word, hoe hy steier, hoe hy val en soms lang ure bly lê. Dis so goed sy het hom met pyle deurboor en met messe stukkend gekap. Sy wou hê hy moet hom leeg bloei. Die laaste strooi was nie die genadeskoot nie, dit was bedoel om sy hart uit sy borskas te ruk. "Jy het ons kind doodgemaak!"

Dis wat sy hom toegesnou het, dis wat sy by herhaling gesê het.

Hoe keer sy dit om met een telefoonoproep?

Dis goed dat hy nie die foon geantwoord het nie, maar sy wou met hom praat en nou twyfel sy weer. Sy het lank wakker gelê en dink. Dalk kan sy Tienie laat kom, dalk kan Emma en Johan haar help. Johan is 'n predikant, hy weet hoe. Maar sy en Stephan praat nie meer met predikante nie. Sy kan vir Stephan sê Johan is 'n vriend. Dit beteken dat sy eers met Johan moet praat, heel eerste met Emma. Emma is haar vriendin. Is sy haar vriendin? Sy ken Emma skaars 'n week. Emma is 'n goeie mens, sy wil help. Sy help almal. Hulle kon seker sien sy is in 'n toestand die aand toe sy hier aangekom het. Sy onthou hoe Tienke en Bakker haar aangekyk het, selfs Trewwie het haar aangekyk. Sy is vas, sy kan nie beweeg nie. Stephan sal kan sê sy verraai hom, sy skud hom af soos 'n ou flenter, sy praat met vreemde mense, sy wil ... Sy wil met God praat.

Dit pla haar die meeste, dat sy Hom begin mis, die God wat lank haar toevlug was, na Wie toe sy gegaan het met al haar kommer en nood, vir Wie sy kon dankie sê vir goeie goed, vir voorregte en vreugdes, die God van lewe, die Een wat sy nie verstaan nie en Wie se stem sy wil hoor.

'n Mens leef nie net van brood nie.

Die kerkklok lui vir 'n tweede keer, en dis mooi. Dis kwart voor nege. Rentia sal netnou hier wees. Ragel staan solank op en gaan drink water, maak 'n laaste draai in die badkamer. Sy is senuweeagtig, sy was te lanklaas in die kerk en dis tog so, God is daar. Hy moet daar wees, want mense gaan soontoe om Hom te soek en sy boodskap te hoor. Dis hoe ouma Ragie haar geleer het.

Sy is so benoud en opgewonde, haar asem sit in haar keel vas. Sal God haar daar sien en haar weer onthou? Die kerkklokke weergalm nie net in haar ore nie, ook in haar hart. Sy is op pad voordeur toe om dit solank oop te sluit toe sy die klopper hoor.

Rentia staan uitasem en rondtrippel toe sy oopmaak.

"Hallo, tannie – jammer, ek's laat. My trui was weg, toe weet ek nie wat om aan te trek nie. Is hierdie oukei?"

Sy het 'n donkergroen jassie oor 'n swart skibroek aan en kort swart stewels, 'n lang rooi serp om haar nek. Haar wange gloei.

"Jy lyk pragtig. Moet ek 'n Bybel saambring?"

"Tannie hoef nie, my pa gooi die Skrifgedeeltes op die skerm."

"Goed, dan loop ons."

Ragel trek die Yaleslot agter haar toe, sluit die veiligheidshek. Sy is kalmer noudat die meisiekind so senuweeagtig is. Hulle loop vinnig, 'n fris bries teen hul gesigte.

"Daar staan hy," mompel Rentia by die kerk se tuinhekkie. "Op die stoep, kan hy nie ingaan nie?"

"Wie?" vra Ragel.

"Herman Bezuidenhout wat dink hy is God's gift to women. Is my hare reg?"

Die wind was in haar hare, en dit lyk mooier as wat sy dit gekam het.

"Jou hare is perfek."

"Hy't ons gesien."

"As hy vir jou wag, sal ek by die sydeur inglip."

"Nee, ek sit nie langs hom nie, nooit."

Rentia loop met mening op die stoep af. Herman Bezuidenhout

skuif intussen diskreet agter 'n pilaar in. Hy is 'n aantreklike seun, sien Ragel, die valse bravade ten spyt.

En God het hulle man en vrou gemaak.

Die sinsnede wat by haar opkom, ruk haar terug na haar en Stephan, na hul eerste dae. Hulle het mekaar ook so van ver af dopgehou. Sy het ook vir Anke gevra of haar hare reg is. Sy het haar ook gewip en gesê hy dink hy is mooi. Sy was ook laat vir kerk omdat sy hom daar verwag het en nie geweet het wat om aan te trek nie.

As God hulle gemaak het en hulle bymekaargebring het – want Frankie kon nie sonder God in die wêreld gekom het nie – hoort hulle mos nog saam. Hulle het saam gebid. Hulle het Frankie van God afgebid! Hoekom gebeur daar slegte dinge wat mense wat saam bid, uitmekaarskeur? Hoekom iets so erg soos die dood van 'n kind?

Die gemeente sing onder begeleiding van die orrel. Sy moet stil word, sy moet rustig raak voor sy vergeet sy is tussen ander mense en God hardop konfronteer.

Sy en Rentia loop sedig by Herman Bezuidenhout verby. Emma staan in die portaal langs 'n ander vrou wat gemeenteblaadjies uitdeel. Sy groet en stel Ragel voor aan Sandra van Wyk. Dan neem sy die voortou vir hulle groepie en loop eerste in. Uit die hoek van haar oog sien Ragel hoe Herman en 'n jonger seun aangedrentel kom. Hy het die houding van 'n prins, en die jongetjie van sy lakei. Herman praat met Sandra en vra hoe dit met Sandy gaan, hard genoeg dat Rentia hom moet hoor, die aap.

Die kerk se binneruimte is 'n verrassing. Vensters weerkaats lig van alle kante op die rosige hout van banke en houtpilare met ingewikkelde kerfwerk. Die preekstoel en die kansellap van rooi fluweel met goue letters is kunswerke.

God is liefde, staan dit daar in goue Gotiese letters.

Regs van die preekstoel sit die orrelis agter die orrel, 'n groepie van drie voorsangers om haar gegroepeer. Hulle sing.

"Ere aan God! Die Heer van alle here
woon ook in ons, deur sy Woord en sy Gees."

Die woorde verskyn op 'n skerm skuins langs die preekstoel. Die skerm baklei met die argitektuur van die kerk, maar Ragel kan sien dat dit nodig is.

Daar sit 'n seun van so veertien alleen. Emma skuif langs hom in.

"Dankie dat jy vir ons plek gehou het," sê sy vir hom en buig dan haar hoof in stilgebed.

Ragel sit langs Emma, dan Rentia.

Ragel buig haar kop. Sy bid nie, sy luister na die sang.

"Groot is u werke, herskeppend u liefde;

heerlik, o Heer, is u heilige Naam."

Ná 'n rukkie kyk sy op en vorentoe. Die blomme is seker ingevoer, want waar kry jy dié tyd van die jaar hier rose en angeliere?

"Dis Jan," sê Emma sag en wys na die seun links van haar.

"Hallo," sê Ragel.

Hy is 'n tipiese tiener wat nie lus is om uit sy dop te kruip nie, maar hy groet omdat sy ma dit verwag. Ragel glimlag vir hom. Sy kan hom verseker sy is meer verleë as hy. Boonop voel sy skuldig, skuldig omdat sy hier is sonder Stephan.

Die kerk is te groot vir die klein gemeente, sien sy. Daar is heelwat leë plekke. Nogtans moet hulle skielik opskuif. Toe sy na links kyk, kom sit Herman Bezuidenhout en sy tweede-in-bevel langs Jan. Jan kry lewe en fluister vir sy maats tot Emma hom met haar elmboog in die sy pomp. Langs Ragel bloos Rentia en verskuif in haar sitplek.

Johan staan agter die kateder op, hy groet die gemeente, hy seën hulle in die Naam van God die Vader, God die Seun en God die Heilige Gees. Hy kondig nog 'n lied aan.

"Woord van God, Woord van lewe, Woord vir ewig vas en waar. Lied 255."

Toe die lied klaar is, gaan sit die voorsangers tussen die gemeentelede. Die orrelis neem 'n alleenplekkie in in die voorste bank. Johan lees die aankondigings, hy praat oor 'n Kersspel wat die kategeseklasse saam met die skool en meneer Stals en sy personeel aanpak, hy noem dat daar dié week oudisies is vir die hoofrolle, almal is welkom. Juffrou

Saaiman is die regisseuse, meneer Van der Merwe die koormeester, mevrou Swanepoel tree op in raadgewende hoedanigheid. Hy vra die gemeente om te bid vir haar gesondheid.

Hy bid, hy kondig die skriflesing aan: Samuel 1:1–20.

Ragel volg die Skrifgedeelte op die skerm. Dit gaan oor Hanna en Penina, die vroue van Elkana. Hanna was kinderloos en Penina nie. Penina het Hanna gespot en verneder omdat sy nie kinders kon kry nie. Jaar ná jaar het dit so gegaan, al het Hanna gebid en gesmeek. Penina het haar so gespot dat sy gehuil het en nie wou eet nie.

Dan sê haar man Elkana vir haar: "Hanna, waarom huil jy? Waarom eet jy nie en waarom is jy hartseer? Is ek nie vir jou meer werd as tien seuns nie?"

Daardie woorde bly steek by Ragel. Sy herhaal dit in haar hart. Sy stel haar voor hoe lief Elkana vir Hanna was. In daardie tye toe vroue besittings was, het hy haar liefde vir hom hoër geag as die kinders wat sy vir hom kon gee. Johan noem dit, hy preek nie oor kinderloosheid nie, hy preek oor die huwelik en dat 'n man en vrou mekaar vir dekades kan respekteer, vertrou en aanvul. Kinders is 'n seën van Bo, maar getrouheid tussen twee mense wat gekies het om deur dik en dun by mekaar te staan, is die basis van 'n gesonde gesinslewe.

"Kinders word aan ons geleen, sommige vir 'n kort tydjie, ander vir langer. Maar hulle behoort nie aan ons nie, hulle behoort aan God, hulle is sy kinders. Daar sal 'n tyd kom dat julle alleen agterbly. Dan het julle steeds mekaar. Julle is saam voor God, saam op pad. Wees lief vir mekaar, verdra mekaar en vergewe mekaar. Amen. Ons bid saam."

Ragel weet nie of sy net die dele wat op haar en Stephan van toepassing is gehoor het nie, maar dit voel of Johan vir haar gepreek het. Hy weet dat Marinda Boshoff en haar man probleme het. Hy kan aflei dat daar nie kinders is nie. Hy sien dat sy ná 'n week steeds alleen is, en ver van versoening.

Toe hy die slotgesang opgee, verbeel sy haar hy kyk na haar. Sy kyk af en sien haar naels is lanklaas versorg. Sy het haarself gruwelik verwaarloos, en vir Stephan ook. Snaaks, sy voel nie beledig of verneder deur die preek nie.

Buite in die tuin maak die mense groepies. Herman Bezuidenhout lok Rentia weg en Emma maak verskoning om met die koster te gaan praat. Ragel ken net vir Tienke en Bakker en Dora Stals, wat haar voorstel aan haar waardige man, die skoolhoof, Jonnie Stals.

"Ek hoor u is kunstig," neem Jonnie sy kans waar.

"Ek kan teken," sê Ragel.

"Ek soek so na iemand wat die dekor vir ons Kersspel kan ontwerp en die kinders help om te verf, 'n mens voel aardig om elke jaar dieselfde mense te vra en mevrou Van Velden is oorlaai."

"Ek sal met plesier help, maar teen Kersfees is ek terug by die huis," sê Ragel.

"Vra jou man, miskien leen hy jou Desembermaand weer vir ons."

"Sulke mans wat hulle eggenotes 'n vakansie weg van die huis gun, is skaars," sê Dora en kyk kastig kwaai na hom.

"Wat! Jy was laas jaar drie weke by jou suster in Wellington."

"Om haar te gaan verpleeg ná haar hartoperasie, nie vir vakansie nie."

"Wie stry hier net nadat ons van vrede in die huwelik gehoor het?"

"Nie ek nie!" roep meneer Stals uit, haak by Dora in en stap met haar weg.

Tienke kom staan langs Ragel. "Hulle is goeie mense, maar hier is baie huweliksonrus in die dorp. Moenie dink dominee het jou geteiken nie."

"Ek glo nie hy is so gemeen nie," sê Ragel. "Maar dis goed dat ek vandag in die kerk was. Ek het iets gehoor wat my laat nadink het."

Tienke sit haar arm om Ragel se skouers en gee haar 'n drukkie.

Johan en Emma, wat hier en daar gegroet en gesels het, kom ook aangestap.

"Kom jy pastorie toe vir 'n koppie tee?" vra Emma.

"Liewer nie, ek sien julle etenstyd," sê sy. "Dankie vir die boodskap, Johan."

Johan knik. "Marinda, ek wil darem vir jou sê, die reeks met

onderwerpe is 'n ringsbesluit en die huwelik is toe vandag se tema."
"Ek is altyd so bang hy neem sy kans waar en preek vir my," voeg
Emma by. "Ons kom by die pligte van die vrou," terg hy en lyk dan ernstig.
"In die finale instansie is die Woord God se Woord," sê hy.
Ragel kan hom nie in die oë kyk nie. Sy kyk oor sy skouer. "Ons was
kerkmense," sê sy sag. "Ek en Stephan was elke Sondag in die kerk."

Constance en Stephan slaap laat. Hulle was Saterdagaand heelnag
by Canal Walk. Daar het hulle te veel ryk en romerige restaurant-
kos geëet, twee bottels rooiwyn uitgedrink, 'n laataandfliek gekyk, en
gevolglik teen die vroeë oggendure by Constance se plek ingestrom-
pel. Stephan, wie se bloedalkoholvlakke teen die tyd dat hy agter sy
BMW se stuurwiel ingeskuif het ver van normaal was, was so deur
die blare, hy weet nie hoe hy hulle veilig by die huis gekry het nie.
Die spanning van die afgelope tyd was besig om hulle in te haal, vir
hom en vir Constance. Sy het in die motor op pad terug aan die slaap
geraak en hy het hom maar wakker gehou deur kougom te kou en
radio te luister.

Die ligte van die motors wat van voor af gekom het, het hom laat
wonder waar almal heen op pad was, en spesifiek hy en Constance.
Hy gee geld uit asof hy 'n skatryk sakeman is en sy trek aan asof sy
'n model is. Die mense wat hulle in die week agter die apteektoon-
bank sien staan, sou hulle oë nie kon glo as hulle hulle vanaand sien
fuif het nie – soos twee uitlanders op vakansie, so het hulle te kere
gegaan. Maar vir amper tien uur lank het hulle vergeet dat hulle pro-
bleme het en dat hulle veronderstel is om gerespekteerde lede van die
samelewing te wees – hy die seun van 'n emeritus-professor in skei-
kunde, sy die dogter van 'n bekende onkoloog, albei aptekers met 'n
konserwatiewe beeld en 'n plig teenoor die publiek en die dokters en
pasiënte wat hulle met integriteit en verantwoordelikheid dien. Van

hierdie nag sal hulle nie maklik herstel nie. Stephan het sy sterre sit en dank dat hulle nie bekendes raakgeloop het nie.

Constance het met haar kop skeef teen die kopstut gelê, haar nek slap, haar mond oop. As sy nie nou en dan 'n snork gegee het nie, sou hy kon gedink het dat sy dood is. Twee weke, 'n week gelede sou hy hom nie hierdie aand kon voorgestel het nie, nie hierdie pad nie. Hy en Ragel het dié soort naglewe vroeg in hul getroude lewe uitge-skakel. Om die waarheid te sê, hulle het dit nooit so gedoen nie. As studente het hulle te min verdien en te hard gestudeer, en toe hulle eers getroud was, het hulle stil aandjies tuis met vriende verkies bo duur restaurante en nagklubs en teaters. Hy moes haar wel na ope-ningsaande van kunsuitstallings vergesel, na haar eie en na meeste van haar kollegas se groot aande. Maar dit het 'n glas wyn, southap-pies, 'n wandeling tussen die kunswerke deur, 'n toespraak en 'n uur se geselsies maak behels voor hulle huis toe kon gaan om verder voor die TV te ontspan. Sondae het hulle kerk toe gegaan en soms kursusse bygewoon. Verder was hulle rustig, veral in die tye wanneer hy en Ragel vir vrugbaarheidsbehandeling gegaan het en sy haar stil moes gedra. Hulle het heeltemal afgeskaal toe sy Frankie verwag het. Sy was so siek aan die begin, so mooi later, nog mooier toe sy Frankie huis toe gebring het en hom in die wiegstoel by die venster gevoed het.

Stephan het die stuurwiel vasgevat en probeer om nie aan hulle te dink nie. Dit was gelukkige tye, te huislik, te goed. Ragel en hy en Frankie, 'n volmaakte gesin. Hy wou die beste pa wees wat hy kon wees, maar dit is hom nie gegun nie. In een dag is hulle lewe omgekeer. Ragel het in 'n treurende depressielyer verander en hy in 'n beskonke, agtelosige monster. Miskien ís hy daardie man, die een wat hekke en deure laat ooplê vir die vyand, vir die dood om in te kom?

Hy het sy voet op die petrolpedaal neergesit en die spoed opgejaag na byna twee honderd kilometer per uur. Dit was sinsbegogelend, tot die rooi liggies van 'n ander voertuig van nêrens af voor hom verskyn het en hy hard teen die rem moes vasskop. Hulle het skuins van die pad af geloop. Die bande het 'n sloot in die gruis uitgekalwer en die motor het in die rondte getol voor dit aan die ander kant van die pad tot stilstand gekom het. Gelukkig het daar niks van voor af gekom nie, maar Constance is uit haar dronkslaap wakker geruk en sy het soos 'n besetene gegil en geskree. Hy moes haar klap om haar tot bedaring te bring.

Die aand het gisteraand op 'n hoë noot geëindig, inderdaad. Constance se gille het in 'n histeriese huilbui oorgegaan, en toe in 'n geskel wat eers voor die woonstelhek gestop het. Sy het 'n kombers en 'n kussing in sy arms geprop en haar kamerdeur gesluit.

Hy was lus en gaan huis toe, na sy eie huis. Hy was dikwels lus om terug te gaan. Maar die voëltjies het al begin sing en hy was moeg. Hy het op die bank inmekaargesak en geslaap.

Toe hy sy oë oopmaak, ruik hy spek en eiers en vars koffie. Hy val omtrent van die bank af en loop met die kombers om sy skouers kombuis toe. Constance staan voor die stoof in 'n kamerjapon, haar hare hang los oor haar skouers.

"Dis eenuur in die middag," sê sy met haar rug na hom.

Hy dink sy is in 'n beter bui as gisteraand, maar hy kan ook nie te seker wees nie.

"Wel, middag," sê hy. "Hoe gaan dit vanmiddag met jou?"

Toe draai sy om en lag. "Jy lyk of die kat jou ingesleep het. Gaan was jou gesig, ek dek die tafel."

"Is jy oukei?"

"Sover ek kan onthou, was ons gisteraand in 'n ongeluk. Jy het amper die motor omgegooi."

"Ek dink ek het aan die slaap geraak."

"My skuld, ek moes wakker gebly het en met jou gesels het. Ons is seker bestem vir groot dinge, anders was ons vandag in 'n ander dimensie. Hoekom het jy op die bank geslaap?"

"Jy wou my nie in die bed hê nie."

"Ek is jammer, vergewe my."

Hy gooi sy hande in die lug. Dis maklik om haar te vergewe, hy doen dit elke dag, en môre is hy weer in die moeilikheid, dan moet hy weer vergewe. Dis anders met Ragel – by haar is sy oortredings in klip gekap, sy een groot oortreding.

Sewe en twintig

Rentia is stil in die motor op pad Malmesbury toe. Ragel vermoed Herman Bezuidenhout het alles daarmee te doen. Jan sit met oorfone op sy ore en sy en Emma gesels oor die mense op die dorp.

"Ek sien jy het meneer Stals ontmoet?" vra Emma.

"Hy kry jou jammer," antwoord Ragel.

"Hoe so?"

"Hy't iewers gehoor ek is kunstig, toe vra hy my of ek die kinders sal help met die dekor vir die Kersspel. Nuus trek darem vinnig op dié dorp."

"Seker maar die kleintjies wat gaan praat het. Jy het 'n baie mooi vygie geteken."

"Of jy en Dora wat by die kliniek gesels het."

"Nou't jy my uitgevang. Ek het haar vertel, ja. Maar ek belowe jou ek het niks van RN gesê nie. Gaan jy vir meneer Stals-hulle help?"

"Ek weet nie of ek teen die tyd dat hulle begin dekor bou nog in die omgewing sal wees nie. As ek is, sal ek help. Ek raak lief vir die dorp. Die mense is mooi mense. Ek gaan 'n paar portrette maak vir 'n solo-uitstalling."

"Wie almal?"

"Jy en Johan en Rosie en Valery en Trewwie, Ciska en oom Swanie."

"Jy gaan besig wees! Waar wil jy begin?"

"By Tienke en Bakker. Die eerste dag toe ek hulle sien, het ek al gedink: As ek nog geteken het, sou ek hulle wou teken. Dit was net 'n vinnige gedagte."

"Nou?"

"Nou is dit 'n begeerte, amper soos sonde. Aan die begin is sonde net versoeking, later móét jy dit doen."

"Jou kuns is nie sonde nie."

"Nee, maar ek het lank skuldig gevoel omdat ek te hard gewerk het. Nou voel ek skuldig omdat ek opgehou het. Hoekom moet 'n mens alewig skuldig voel?"

"Omdat ons vergeet van Jesus en wat Hy vir ons wil doen."

Ragel weet nie of Emma haar betig of troos nie. Sluit sy haarself in as sy van "ons" praat, of is dit haar manier om reguit woorde te versag?

Emma kyk nie vir haar nie, sy hou haar oë op die pad. Hulle is naby 'n dorp en sy moet spoed verminder.

"Dis Piketberg," sê sy. "Nog so 'n halfuur, dan's ons in Malmesbury."

"Ek het hier oorgeslaap," sê Ragel, "die eerste aand. Toe beland ek in 'n gastehuis by 'n tannie Susan. Nooit gehoor wat haar van is nie, maar ek weet dat sy 'n weduwee is en aan slapeloosheid ly. Sy maak die oulikste sagte kinderspeelgoed, poppe, Afrika-diertjies en so aan. Sy't vir my gewys."

"Verkoop sy?"

"Ja, aan geskenkwinkels oral in die omgewing. Miskien moet ek 'n sak vol kom koop vir eendag as ek weggaan ... om vir die kleintjies in die kunsklas te gee. Of soek hulle winkelspeelgoed?"

"Nie die kleintjies nie, hulle hou van sagte speelgoed."

"Ek't vir ..."

Amper vertel sy vir Emma van Teddie en Apertjies en al die ander karakters – Eend en Kameelperd en Skaap en Leeu – wat sy vir Frankie gekoop het en hoe lief hy vir hulle was. Teddie en Apertjies was sy gunstelinge. Hulle het altyd by hom geslaap, maar die ander moes beurte maak om langs Teddie en Apertjies in te klim.

Hulle ry stadig deur die hoofstraat. Dis stil op die dorp, 'n lui Sondagmiddag. Rentia sê vir die eerste keer 'n woord. "Anette het een van daai tannie Susan se poppies, dis cute."

"Raai wie's wakker!" roep Emma uit.

"Ag, Ma," sê Rentia.

"Is jou broer nog hier?"

"Ja, Ma."

"Hulle hou nie daarvan om terug te gaan nie," sê Emma sag.

Ragel wil liewer nie kommentaar lewer nie. Sy ken die gevoel van haar eie koshuisdae. So 'n uit-naweek is nie lank genoeg om alles te doen wat gedoen moet word nie. Jan wou nog weer gaan perdry het en daar was nie tyd nie, hulle moes direk ná ete inpak en vertrek. Hy was dikmond, Rentia tranerig.

"Kêrelprobleme," het Emma gefluister.

Sy en Emma het waarskynlik 'n ma-en-dogter-gesprekkie gehad en Rentia is nie te gelukkig oor Emma se raad nie. Ragel kan haar voorstel wat Emma gesê het. Die mannetjie is onuithoudbaar arrogant en selfsugtig. Rentia behoort van hom af weg te stap en nooit weer terug te kyk nie. Sy weet natuurlik dis goeie raad, maar sy kan hom nie los nie al is hy soos hy is en al maak hy haar seer. Sy het hom gekies en sy sal vir hom wag tot hy eendag van geaardheid verander het. Hy sál, sy moet net geduldig wees. Die liefde is geduldig. Dit staan in die Bybel, die liefde is geduldig en soek nie eie belang nie, dit hou nie boek van die kwaad nie, dit bedek alles en glo alles en hoop alles en verdra alles.

Soos Stephan se liefde, dis hoe hy was, dis hoekom hy haar so lank kon verdra, dis oor hy haar opreg liefhet. Hy was so lankmoedig, hy het maande lank soggens aangetrek en werk toe gegaan sonder 'n woord van sy vrou. Maar sy onthou hoe hy kom groet het. Om seker te maak sy haal asem voor hy vertrek, het sy altyd gedink, en lê en luister hoe die deure toeklap en sy motor wegtrek. Sy het hom genoeg tyd gegee om weg te kom voor sy opgestaan het en in die huis rond-gesluip het, hier gevat en daar gelos het. Maar smiddae wanneer hy terugkom, was sy weer in die bed, die huis net so deurmekaar soos sy.

Aan die begin, voor Frankie, was dit anders.

Dis nie asof Stephan van haar verwag het om sy huishoudster te wees nie, maar sy het vir hulle 'n tuiste geskep. Sy het dit geniet. Sy kon, want haar werkplek was langs die huis in die ateljee wat hy vir haar help skep het. Hy het die dak gelig en groot vensters ingesit sodat lig van alle kante af ingeval het. Hulle was besig. Hy het apteek toe gegaan en sy werk goed gedoen, sy het tuis gebly en geteken en klas gegee. Daar was mense en kinders in en uit, geselskap. Toe word dit stil en sy maak die kamerdeur tussen haar en Stephan toe.

Hulle kon mekaar getroos het, hulle kon ten minste teen dié tyd al weer die deure oopgemaak het. Sy het hom nog lief, sy verlang na hom. Maar as sy geduld opgeraak het en hy haar nie meer liefhet nie, is dit haar eie skuld, nie syne nie. Was dit 'n speletjie wat te ver gegaan het? Nee, sy glo nie. Sy was te vasgespin in die web van haar eie verdriet, te siek om te speel. Nou is sy aan die beter word, maar wat van hom?

"Die koring is uit," sê Emma skielik langs haar.

Ja, daar is 'n groen skynsel op die landerye, 'n belofte van nuwe lewe.

Constance het dit reggekry om Stephan se trouring van sy vinger af los te wikkel. Sy glip dit om haar ringvinger. Dis te groot vir haar en hy is bang dit val af en beland tussen die beddegoed of rol so weg dat hulle dit nie weer kan opspoor nie. Dis sy trouring. Hy voel kaler sonder sy ring as sonder sy klere, maar hy is versigtig. Gryp hy dit, word dit 'n gestoei en dan kry hy dit nie weer terug nie. Hy wil dit terughê. Hoekom?

Hy kan homself nie verstaan nie. Seks met Constance is so goed, hy het sy manlikheid teruggekry. Hy voel fiks en gesond en lus om oor heuwels en berge te hardloop, in die see in te duik en agter die branders te swem, weer gereeld gim toe te gaan.

Constance teken sirkels in die lug sodat sy ring al om haar vinger draai.

"Ek wil nie hê ons moet beloftes maak wat ons nie kan hou nie," sê sy.

"Ek het vir jou 'n plekkie by die see belowe."

"Ek hou jou daaraan, maar die dakwoonstel is te duur. Skeur op daai kontrak, ek sal jou nie kwalik neem nie. Bel die vrou sommer nou."

"Dis Sondagmiddag."

"Bel haar môreoggend voor negeuur."

Hy draai na haar, stut hom op sy elmboog en verlustig hom aan haar skoonheid. Sy is so mooi, hy wil haar van voor af vir hom vat.

"Dankie, ek sal," sê hy en raak hier en daar aan haar sagte rondings. "Dan moet jy my belowe jy gaan volgende Saterdag weer saam met my woonstelle kyk."

Sy vang sy hand voor hy verder kan gaan. "Geen beloftes nie, Stephan. Maar ter wille van die ewewig sal ek gaan en jou keer voor jy 'n fout maak."

"Soos gisteraand?"

"Ons was amper dood."

"Wel, hier is ons nog."

Sy gaap. "Ons het nie vanmiddag veel geslaap nie. Ek stel voor ons bel vir 'n pizza, kyk 'n DVD en maak 'n vroeë aand. Gee my jou linkerhand."

Hy gee dit vir haar, verlig dat sy nie uithaak en die ring deur die venster gooi nie. Sy is vanmiddag redelik kalm, hoewel hy die afgelope week agtergekom het dat seks haar nie net onverantwoordelik maak nie, maar ook onredelik.

Sy druk die ring so gevoelloos aan sy vinger, dit maak seer. "Ek sal vir jou 'n nuwe een koop, tot dan moet jy tevrede wees met dié een."

Gelukkig wag sy nie vir kommentaar nie, sy klim van die bed af en tel haar japon van die vloer af op. Hierdie troupraatjies van haar maak hom bang. Voorheen, toe hulle vriende was, het sy nie 'n geluid gemaak oor skei en trou nie. Sy het na sy stories geluister. Sy was geduldig en simpatiek. Soms het sy sy hande vasgehou. Maar altyd weer teruggetrek, altyd as die gevoel tussen hulle verander het, vinnig opgestaan en gaan tee of koffie maak, hom soms bedroë agtergelaat, in vertwyfeling. Noudat hul verhouding fisiek geraak het, gaan sy te ver, te gou.

Hy antwoord haar nie oor die ring nie, druk net die trouring wat Ragel hom gegee het stewiger in.

Sy staan by die deur, haar japon oor haar skouers.

"Waarheen gaan jy?" vra hy, om darem te wys dat hy haar planne ernstig opneem.

"Ek gaan stort, my hare was en my beenhare skeer. Jy wil dit nie aanskou nie."

"Maak so, maar spaar vir my 'n bietjie warm water."

"Jy kan die pizzaman bel."

"Later, net voor ek my beurt in die stort kry."

"Oukei."

"Hoop die pizzaplek is nog oop teen daardie tyd," brom hy.

Constance kan lank stort, dan sê sy dis haar hare, lang hare neem tyd. Maar Ragel het ook lang hare en sy stort in helfte van die tyd. Hulle verskil, die twee. In die bed kan hy hulle nie vergelyk nie, hy wil nie. Anders kom staan sy skuld voor hom soos 'n laksman gereed om hom met die aarde gelyk te maak. Aan die ander kant – Ragel het gesoek hiervoor, dat hy haar bedrieg. Geen man kan onbepaald opkrop nie.

Maar hierdie woonstelletjie begin hom 'n vasgekeerde gevoel gee. Hy is gewoond aan die groot huis met twee badkamers, hier moet hulle beurte maak in een badkamer. Hy leef uit 'n tas, hoewel sy darem sy hemde en broeke in haar kas opgehang het in een klein hoekie. Die plek is te klein vir twee. Dis Constance se eenslaapkamerwoonstel, nie sy en Ragel se vierslaapkamerhuis met 'n ateljee en 'n studeerkamer en drie leefkamers nie. Constance is 'n netjiese vrou, maar dis asof sy soms vergeet wie sy is, en dan krap sy elke kledingstuk wat sy besit, uit haar kas en gooi dit op die bed, of hoop die skottelgoed op en los vuil bekers en bakke daglank op die koffietafel. Soms kan hy nie glo dat sy 'n apteker is en nooit agtelosig is by die werk nie. Sy vergeet om melk en brood te koop, en as sy 'n resep wil maak, het sy selde al die bestanddele in haar koskas. Miskien is sy net nie 'n goeie huisvrou nie.

Ragel was 'n fantastiese huisvrou. Met alles wat sy tuis aan die gang gehou het, soos die kunsklasse en die tuin, het dit spanne beter gegaan as hier. Sy het wel Saar en Simon se hulp gehad, maar sy moes hulle ook organiseer. Kyk wat het gebeur toe sy in die bed beland. Hy kon dit nie byhou nie – die hele infrastruktuur het in duie gestort en hulle huis is vandag weinig meer as vier wankelende mure en 'n lekkende dak.

Inbrekers sal die plek leegdra en dit sal nie saak maak nie. Miskien tog. Hy moes die naweek 'n draai daar gaan maak het, maar dis laat. Al voel hy skuldig, hy ry nie nou soontoe nie. Selfs al het Ragel vir hom 'n boodskap op die huisfoon gelos, hy wil dit nie hoor nie. Hy kan kyk wat op die selfoon is. Miskien is daar iets van Amir. Hy het gister en vandag na-ure gewerk.

Die selfoon lê langs sy horlosie op die bedkassie. Dis Sondagaand kwart voor ses.

Hy skakel aan en lees eers die SMS-boodskappe. Daar is advertensies en bevestigings van sy bank dat hy sy kredietkaart gebruik het. Nou eers sien hy die bedrae! Constance is reg, hulle moet briek aandraai. Sewe stemboodskappe, 'n rits onbeantwoorde oproepe. Hy gaan na die lys van inkomende oproepe, die nommers is nommers wat hy nie aan 'n naam kan koppel nie. Al weer mense wat nie verstaan dat hy soms nie aan diens is nie. Hy vee alles uit sonder om twee keer te dink en bel dan die verskaffer om na die stemboodskappe te luister.

Die eerste een is seker van 'n verkeerde nommer, want die persoon haal net asem en verder niks. Dan volg daar 'n paar benoude oproepe van mense in nood wat nie mooi na sy stemboodskap geluister het nie. Een is van Tienie wat wil weet of hy al iets gehoor het. Sy pla hom! Daar is nog iets wat hom meer pla. Sy pa het nie gebel nie. Ragel natuurlik ook nie.

"Rentia het talent. Haar tekeninge lyk baie soos myne gelyk het toe ek in matriek was – bietjie soos inkleurprente, te netjies, te styf, en sonder insig in die karakter van die model. Die beste een is die een wat sy van Herman Bezuidenhout gemaak het. Sy het dit met insig gedoen. Sy ken hom, die houding is tipies, en ek het hom net vanoggend by die kerk gesien."

Emma se nekspiere span styf, sy frons. "Dis nie die enigste skets wat sy van hom gedoen het nie, sy het dosyne en ek het hulle gesien, per ongeluk, toe haar sketsboek met los bladsye in op die vloer geval het. Sy het hulle letterlik bespring en teruggepak, haar rug na my toe. Ek het haar jammer gekry en gemaak of ek nie sien nie. Maar van toe af is ek bekommerd."

Emma en Ragel is op pad terug, die kinders veilig in hul koshuiskamers, in 'n ou gebou met rooi stoepe en koue kamers. Rentia is 'n prefek en het 'n enkelkamer. Hulle het 'n rukkie by haar gekuier. Ragel het haar geprys – meer as wat nodig was. Rentia was so ongelukkig, so anders as die eerste dag toe sy die sak met kunsbenodigdhede vir haar gebring het en die Saterdag toe sy daar aangekom het met Emma se esel. Toe was dit sy, Ragel, wat van koers af was.

Sy het lanklaas iemand anders moed ingepraat, maar sy wil vir Emma.

"Die seun is tog seker nie so sleg nie?" vra sy versigtig.

"Ek sal nie sê hy is sleg nie," antwoord Emma, "maar Herman is 'n rykmanseun. Hy is twee en twintig en hy studeer nie. Hy het, en hy't drie keer in drie jaar van kursus verander. BCom Regte, toe BCom, toe los BA-vakke, toe niks. Sy pa het vir hom 'n woonstel en 'n motor gekoop. Hy het elke naweek 'n ander meisie huis toe gebring. Ons het dit alles gesien. Nou neem hy kastig die bestuur van die boerdery oor.

Hy het Saterdagnag van Duitsland af teruggekom. Wat hy Sondag-oggend in die kerk kom soek het, weet ek nie."

"Vir Rentia."

"Sy is 'n onskuldige kind."

"Dit interesseer hom, haar onskuld. Hoe lank ken hulle mekaar?"

"Vandat ons op die dorp aangekom het, toe was sy in graad nege en hy in matriek. Sy't baie op die plaas gekuier, van die begin af dolverlief op Herman. Maar hy speel kat en muis met haar, Marinda, en ek kan dit nie verduur nie. My pragtige dogter stuur af op 'n ramp en ek kan nie keer nie."

Ragel luister na Emma en skielik tref dit haar. Sy kon ook nie keer nie. Haar seuntjie wat sy met haar lewe sou beskerm het, is dood. As sy kon, sou sy voor daardie motor ingehardloop het en die botsing namens hom geabsorbeer het. Maar sy was nie daar nie, 'n ma kan nie altyd daar wees nie.

"Emma ... neem dit van my. Kinders moet beskerm word teen alle gevare – van binne, van buite, die kruipendes, die vlieëndes, dié wat seermaak, dié wat ... doodmaak. Ons kan nie. As God en sy engele nie eens altyd by is nie, hoe kan ons?"

Ragel wil haar woorde terugtrek, maar dis uit. Sy pers haar lippe saam, sy veg teen die trane wat haar oë brand.

Emma antwoord haar nie. Sy ry stadiger en stadiger. Asof sy gaan stilhou. Sy doen dit ook. 'n Ent buite Clanwilliam trek sy van die pad af en parkeer in 'n inham waar rotsformasies stapels maak en die witmagriete tussen blou sambreeltjies en geel stinkkruid hul nekke teen die wind buig.

"Jy het na my geluister, nou is dit jou beurt om te praat. Wat het met jou gebeur – met julle?" vra sy.

Ragel druk haar hand voor haar mond en knyp haar oë toe.

"Ek vra nie uit nuuskierigheid nie," hoor sy Emma sê. "Ek vra om-dat ons mekaar kan help."

Skielik voel Ragel nie meer alleen nie. Dis asof sy eindelik eerlik na haar eie wonde kan kyk en hulle vir die eerste keer in 'n lang tyd goed kan sien. Die rowe kom af, hulle is aan die gesond word en die vel onder is nuut.

"My naam is nie Marinda Boshoff nie," sê sy. "Ek is Ragel Steinbach-Naudé, die portretskilder, ek is internasionaal bekend. Van my portrette hang in portretgalerye in Londen en Parys, in banke en ambassades wêreldwyd. Ek skilder al veertien jaar professioneel. Dit het my tien jaar geneem om net in die Kaap erkenning te kry, twaalf jaar se baie harde werk om 'n plekkie te kry in die galery van bestes. Dit was moeilik, maar ek het dit geniet en ek het my man se volle ondersteuning gehad. Ek het dit alles weggegooi, toe my seuntjie dood is – dit was my man se skuld."

Toe sy dit sê, breek haar stem en moet sy met haar emosie stoei. Emma sit haar hand op haar arm en wag. Buite trek die wind met 'n warreling deur die veldblomme, skemer is aan die toesak. Die kroonblare vou toe.

"Dit was 'n Dinsdagoggend, ek was besig met die laaste afrondings aan 'n solo-uitstalling met die tema … pa en seun …"

Trane stroom en Ragel keer dit nie. Sy huil.

"Stephan het die dag vry geneem. Hy's 'n apteker met sy eie apteek. Hy't die dag vry geneem om Frankie op te pas. Frankie is … was ons seuntjie. Ons het gesukkel om hom te kry, ons moes vir in vitro gaan en ons … Ons het die Here gesmeek om ons net een kindjie te gee. Hy het. Frankie was die lig van ons lewe. Daardie dag … Ek was gelukkig en tevrede met myself. Die uitstalling het goed gelyk. Toe bel hulle my … Frankie het agter sy hondjie aan by die voordeur uitgehardloop en Stephan het nie gesien nie. 'n Meisiekind het hom doodgery … Net so skielik … so is hy … weg."

Sy kan nie meer praat nie, die trane neem oor en sy soek na haar handsak vir snesies. Sy kan nie sien nie. Die rotse en blomme, die lug buite is net 'n dowwe kol, 'n veegsel kleur. Emma druk 'n bondel snesies in haar hande.

"Ek het … ek blameer Stephan. Ek kan hom nie vergewe nie. Hy moes gekyk het. Moes hy nie? Maar ek sien nou … 'n mens kan nie, hy kon nie, jy kan nie al is jy hoe lief vir jou kind. Sy lewe is nie honderd persent in jou hande nie. Emma, hoe kan God so onregverdig wees, so wreed? Hy is dan God van lewe en liefde. Ons is so lief … lief vir Frankie. Nogtans het Hy hom weggevat. Dit maak my deurmekaar."

Emma is teen dié tyd ook in trane. Sy druk 'n snesie teen haar gesig en bring haarself eers tot bedaring voor sy praat.

"Ek weet nie, ons kan nie weet nie, want ons sien nie die hele prentjie nie, dis al. Ons – ek en jy – is nie die enigstes nie. Ek kan jou ware verhale vertel wat jou slapelose nagte sal gee. Johan sê dis nie God nie, dis sonde, dis Adam se val, ons leef nie meer in die paradys nie. Ek voel nou so gemeen om jou met my kind se kêrelprobleme op te saal en jy rou oor joune wat … weg is."

"Wat doen ons?" vra Ragel.

"Ons bid, ons aanvaar, ons gaan aan met die lewe. Ons weet mos, ons wat glo in die opstanding ná die dood, dat hierdie lewe nie al is nie. Ons het 'n toekoms by ons Vader in die hemel, jou seuntjie ook." Emma steek haar hande uit. "Kom ons gaan na Hom in gebed. Mag ek, namens ons al twee?"

Ek glo nie meer nie! wil Ragel uitskreeu, maar sy doen dit nie. Sy gee haar hande vir Emma.

Emma bid vir aanvaarding, sy bid om vergifnis, sy bid vir berusting. Haar woorde kom en gaan. Ragel hoor sommige daarvan, ander nie. Frankie hardloop voor haar uit, maar dié keer is dit nie straat toe agter Vlekkie aan nie. Hy hardloop langs die see, die wind is in sy hare, skuimbrandertjies teen sy stewige beentjies. Sy elmbogies maak vlerkies, hy hardloop agter Stephan aan. Stephan weet dit, hy loop stadiger, hy gaan staan en wag vir hom. Hy skep sy seun in sy arms op, hy soen hom, hy druk hom teen sy bors en tel hom op sy skouers. Hulle loop De Beers se kant toe. Helder lig val op hulle. Hulle smelt weg in blou water en wit skuim. Ragel staan te ver om te kan sien wat aangaan, die son is in haar oë. Haar hart wil breek, hoe kan sy hulle albei verloor? Daar is niks wat sy op die oomblik meer begeer as om by hom te wees nie.

Agt en twintig

Stephan en Constance kyk DVD's en eet pizza voor die televisie. Dis die *Men in Black*-trilogie en hulle wil hulle pap lag vir die monsters en vir Will Smith en Tommy Lee Jones wat hulle so koel en kalm hou.

"Dis nie alles net aksie nie, dis slim geskryf," sê Stephan na aanleiding van die kat wat 'n heelal in 'n juweel om sy nek dra. "Steven Spielberg is briljant."

"Ek gril my dood. Kan jy glo ons eet terwyl ons sulke slym sit en kyk?"

"Slym met oë. Dis jy wat wou ontspan."

Stephan prop 'n stuk pizza in sy mond. Dis nie sleg nie maar taai, soos alle pizzas is as hulle afkoel. Sy vingers is so olierig, hy soek 'n servet en kry net 'n opgefrommelde bolletjie.

"Het jy nie nog servette nie?"

Constance se oë is vasgenael op die televisieskerm. "In die kombuis in die laai."

"Watter laai?"

Stephan se selfoon lui.

"Jou selfoon."

"Ek kan nie nou antwoord nie."

Hy staan op en loop kombuis toe. Die gelui hou 'n rukkie aan en stop dan. Klink nie of Constance geantwoord het nie. As dit belangrik is, sal die persoon wat gebel het, wel 'n boodskap los. Hy vee sy hande met 'n vadoek af. Die skottelgoed is al weer aan die ophoop. Dalk moet hy maar sy deel doen en help was en afdroog voor hulle gaan slaap, anders is daar weer môreoggend 'n geskarrel om ontbyt reg te kry. Constance het die gewoonte om werk toe te gaan sonder ontbyt, hy moet eet. Stephan sug. Hulle sal sulke dinge moet uitsorteer voor hul verbintenis permanent raak. Hy is nie meer lus om aan te pas nie, hy het sy gewoontes en hy kan hulle nie almal opgee nie, nie ter wille van seks nie.

"Jy mis die fliek!" verwyt Constance toe hy inkom.

Sy selfoon stuur 'n SMS deur en hy tel dit op voor dit klaar is.

"Jy't 'n SMS," sê Constance onnodig.

"Ja."

Hy is nie lus vir 'n krisis nie en daar is nie 'n naam by die nommer nie, dalk 'n advertensie wat hy net kan uitvee. Hy maak dit oop, sy een oog op 'n monstervergadering.

Stephan, dis Ragel.

Stephan laat val amper die selfoon.

Kan nie verduidelik nie, boodskap sal te lank wees, moet met jou praat, bel my na hierdie nommer sodra jy kans kry. Liefde.

Liefde!

Hy spring op asof 'n by hom gesteek het en gaan staan 'n ent weg.

"Wat gaan nou met jou aan? Is dit die balju?" grap Constance.

"Ragel."

"Wat!"

Constance stamp haar glas om, sy keer woes. Wyn drup op die Sondagkoerant en op haar pantoffelvoete. Sy spring op en gryp na gefrommelde servette om die skade te herstel.

"Sy wil hê ek moet haar bel," sê Stephan.

"En jy gaan dit doen, nou dadelik?"

"Ja."

Constance snork, sy kyk hom aan met daardie boosaardige uitdrukking wat hy die laaste tyd so goed leer ken het – die voorspel tot die storm. Daar is rooi kolle op haar gesig, 'n sloot van 'n frons tussen haar oë en hulle skiet vonke.

"Hoekom? Sy't jou gelos sonder 'n woord, sonder enige poging om te sê waar sy is. Sy't jou in jou siel verniel, maar as sy haar vingers klap, bel jy. Los haar, laat sy 'n slag voel hoe dit voel."

"Nee, ek moet haar bel."

"Môre, bel haar môre."

"Ek gaan dit nie uitstel nie."

"Dis waarvoor jy gewag het, nè?"

"Natuurlik, jy ook."

"Ja, maar nie so nie."

"Hoe?"

"Ek kyk na jou, Stephan, jy is so opgewonde soos 'n kind wat 'n present gekry het."

Hy is, hy weet, sy hande bewe en sy keel trek toe en hy kan nie wag om haar stem te hoor nie. Waar is sy, wat doen sy, is sy veilig, het sy genoeg geld?

"Ek sal langsaan gaan praat."

"Ja, hardloop, loop, doen wat jy wil. Jy moet hoop ek is nog hier as jy daar uitkom!"

Stephan maak die kamerdeur agter hom toe. Die gordyne is oopgetrek en die ligte van die parkeerarea skyn so helder deur die venster, hy kan goed sien. Die plek is beknop met sy kleretas wat eenkant staan, sy skoene in 'n ry teen die muur. Die bed is omgekrap. Hy skakel die leeslampie aan. Daar lê 'n pakkie kondome op die bedkassie, oopgemaak en uitgeskud. Hy haal diep asem. Hy gaan sit op die kant van die bed en kyk na die selfoon in sy hande.

Constance is reg, hy moenie haastig wees om te bel nie.

Daar is 'n knop in sy keel. Wat doen hy, wat doen hulle?

Hy kyk na die nommer. Hy kan nie met haar praat nie, nie hier nie.

Maar Ragel het gebel en hy moet so gou as moontlik terugbel.
Met dié staan hy op, tel die tas op die bed en begin inpak.

ა﹏ა

Ragel kyk na die selfoon. Sy maak seker dat die boodskap gestuur
is. Sy huiwer. Sal sy weer een stuur om dubbeld seker te maak? Haar
hande bewe. Sy het nog sigarette. Dalk 'n laaste een aansteek. Valery
rook ook. Ragel vermoed daar het 'n paar verdwyn Vrydag toe sy hier
gewerk het. Dit maak nie saak nie. Valery het dit nodig, nodiger as sy.

Op pad het Emma haar die waarheid vertel, eers oor Ciska. Haar
diabetesvoet is so septies, die moontlikheid dat sy gangreen gaan kry,
raak elke dag sterker. Haar seuns was twee jaar laas in Suid-Afrika.
Sy wag vir hulle, en wil nie hospitaal toe gaan dat hulle haar daar
moet sien nie. Sy glo bo alle tekens in dat die seuns enige oomblik sal
opdaag. Sy, wat soveel vir die gemeenskap beteken het, verdien nie
soveel pyn nie.

Maar so leef byna almal met hul ongelukkigheid saam. Suster
Dora is dertig jaar al vroedvrou op die dorp en in die omgewing. Sy
weet hoe elke familie inmekaarsit, ook Rosie en Valery s'n. Die hele
dorp weet, almal weet. Maar daar is te veel te wete, tragedies kom en
gaan en niemand praat juis meer oor Valery en Angeleen nie. Daar
is ander buite-egtelike kinders, ander molesterings en verkragtings
en bloedskandes en moorde. Die waarheid word oopgevlek en dan
weer toegesmeer. Onskuldige kindertjies moet beskerm word, moet
opgepas word. Dis nie maklik nie.

"Tragies hoe die geskiedenis herhaal word," het Emma vertel.
"Angeleen was die produk van verkragting en toe gebeur dieselfde met
haar. Ag, sy was so verniel, sy het ses weke op die rand van die dood
gelê. Toe hulle uitvind sy's swanger, het die dokter aanbeveel dat hulle
die fetus aborteer. Maar Valery, wat toestemming moes gee, wou nie
en sy't die arme kind voorgesê. Kan jy jou dit voorstel – skaars dertien
en verwagtend! Dora het my vertel Valery was darem al sestien toe

Angeleen gebore is en sy was reg vir 'n aborsie, maar haar ma het uitgevind en haar die skrik op die lyf gejaag met die straf van God op kindermoord. Die oumense was konserwatief, streng kerkmense. Maar een ramp lei tot 'n ander, dan gaan dit al slegter. Dis hoekom ons vir Trewwie wil wegkry. Die sirkel moet gebreek word."

Dis die woorde wat by Ragel vasgesteek het.

Die sirkel moet gebreek word.

Emma het voor die Visser-huis stilgehou en die motor laat luier. Sy het haar hand na Ragel uitgesteek.

"Is jy oukei?" het sy gevra.

"Ek is."

"Ek moes jou nie al hierdie goed vertel het nie."

"Nee, jy moes. Dit het my die perspektief gegee wat ek nodig het."

"As jy alleen voel, sê net. Die Duitsers is teen dié tyd vort en daar is plek as jy liewer in die pastorie wil kom slaap."

"Ek gaan vir Stephan bel, ek wil alleen wees as ek met hom praat. Dankie, Emma."

"Ek bid vir jou," het Emma gegroet.

Nou sit sy met die selfoon. Sy het gebel, sy het 'n boodskap gelos, sy het ge-SMS.

En Stephan antwoord nie. Sy oorweeg dit om Tienie of Anke te bel, maar besluit daarteen, ingeval hy terugskakel en 'n besettoon kry.

Sy gaan maak vir haar koffie, haal 'n stukkie beskuit uit die blik en sit by die kombuistafel en wag. Daar is 'n mot in die lampskerm, sy vlerke vibreer teen die metaalkap.

Sou die insek ook pyn voel, ook bewus raak van die einde? Het Frankie geweet, of het hy skaars geskrik en die volgende oomblik …

Was daar 'n volgende oomblik of het tyd vir hom stilgestaan?

Toe kyk hy in Jesus se sagte oë en Jesus tel hom op sy skoot en hou hom vas. Daar is duisende kinders op Jesus se skoot, in sy arms en teen sy bors. Die seuntjies wat Herodes laat doodmaak het, speel by sy voete. Kinders wat in kankerhospitale gesterf het, huppel om Hom rond. Seuntjies en dogtertjies wat geskiet is en deur skrapnel getref is en aan die brand geslaan het in grootmense se oorloë, is blosend gesond. Hulle lag en gesels met mekaar in een taal wat almal kan verstaan. Angeleen is ook daar, want sy was ook net 'n kind toe sy gesterf het. Al die misgeboortes, al die geaborteerde fetusse, al die bevrugte eiertjies wat nie ontwikkel het nie, almal is daar en hulle leef.

Here, kan dit waar wees?

Ragel het die selfoon op die tafel neergesit. Sy het haar hande gevou en sy kan nie eens onthou dat sy dit gedoen het nie.

"Ek was so kwaad," prewel sy sag. "Ek het alles wat goed is, vergeet. Vergewe my sodat ek Stephan kan vergewe, vat my terug, liewe Here, vergewe my."

Sy voel dit nie, sy is nie seker of Hy gehoor het nie.

Die mot val uit die dak op die tafel, hy tol in die rondte en lê stil, 'n mooi mot met grys gestreepte vlerke. Dalk is dit die antwoord.

Ek sal Stephan kans gee tot middernag, dan is dit verby.

"Dan gaan ek na Frankie toe."

Ragel skrik vir die klank van haar stem.

Stephan vou en pak sy gestrykte hemde netjies bo-op die ander goed in sy tas. Hy knip dit toe en dan is daar 'n klop aan die kamerdeur. Sy doen dit nie gewoonlik nie, maar miskien reken sy hy is besig met Ragel.

"Jy kan inkom," sê hy en dink: Hier kom dit, die groot konfrontasie.

Sy bly naby die deur staan.

"Het sy jou ontbied of wat?"

"Ek het nog nie met haar gepraat nie."

"Maar jou gewete pla jou so dat jy dadelik jou goed moet vat en loop."

"Ek moet huis toe gaan."

"So, sy is op pad."

"Ek het gesê ek het nog nie met haar gepraat nie, het jy nie gehoor nie?"

"Ek maak my afleidings, Stephan. Óf sy kom, óf jy gaan haar haal."

"Ek weet nog nie waar sy is en of sy wil terugkom nie."

"Dis nogtans beter dat jy nie hier is as julle praat nie."

Hy onthou dat sy skeergoed in die badkamer is en maak weer die tas oop. "Ek voel ons moet eers ons … ding …"

"Ding?"

"Verhouding, ons moet ons verhouding op ys sit tot ek sake met Ragel uitgemaak het."

"Seker maklik, noudat jy nie meer so warm is nie."

Hy sug. "Dit het niks te doen met seks nie."

"Ek glo jou, seks was 'n bysaak." En skielik bars sy in trane uit. Sy vou haar arms om haar lyf, sy wieg haarself asof sy seergekry het en sy huil, sy huil soos 'n dogtertjie.

Dit laat hom nie onaangeraak nie. Wat doen ek? dink hy. Wat is ek besig om te doen?

Hy kan nie, hoe kan hy haar los terwyl sy haar huis vir hom oop-gestel het, hom versorg het toe Ragel hom verstoot en verafsku het? Sy is sy regterhand, 'n mens kap nie jou regterhand af nie! Sy staan in die skaduwee en sy is so dun en verwese, hy kan dit nie oor sy hart kry om haar so te sien nie. Met vier groot treë is hy langs haar. Hy sit sy arms om haar en hou haar teen hom vas. Haar hare gly soos sy tussen sy vingers deur, die sagste hare, hy verwonder hom steeds daaraan.

"Moenie huil nie."

"Jy het my gebruik."

"Ek het nie, ek was … Ons was saam."

"Jy's nie … lief … vir my nie."

Sy is reg. Dit kan hy nie sê nie en dis wat sy wil hoor – 'n liefdes-verklaring.

Sy voel al so bekend in sy arms, sy smelt teen hom, haar hart klop teen syne. Hy kry haar geur, die geur wat hom so kan bedwelm en tegelykertyd troos.

"Laat my gaan," sê hy dan. "Sodat ek kan sekerheid kry."

'n Siddering trek deur haar, byna asof sy haar laaste asem uitblaas.

"Ek gaan jou nie aan my katelstyl vasbind nie, Stephan," sê sy skor. "Jy is groot genoeg om jou besluite te neem, soos jy die afgelope jaar reeds doen. Jy het elke keer hiernatoe gehardloop en ek het jou elke keer laat inkom. Weet jy hoekom? Omdat ek my keuse gemaak het. Ek wil jou hê, Stephan Naudé, en ek gaan nie opgee nie. Trouens, ek het reeds vir my versekering uitgeneem."

Hy hou haar 'n entjie weg van hom, kyk haar in die oë.

"Wat bedoel jy?"

"Ek sal jou teen volgende maand hierdie tyd kan sê."

'n Rooi gloed trek deur sy kop. Dit kan net een ding beteken.

"Jy is nie op die pil nie?"

"Jy is nie 'n versigtige vryer nie."

Hy grinnik. "Ek sal aandring op 'n vaderskaptoets."

Toe ruk sy los, klap hom dat sy kop eenkant toe ruk en draai om en stap uit.

Stephan vryf oor sy wang.

Die loon van die sonde is verderf.

Waar kom hy aan die woorde wat deur sy gedagtes vlieg?

Die mens word in sonde ontvang en gebore.

Julle is duur gekoop.

Hy skud sy kop, hy skud dit uit sy kop en loop badkamer toe, maak seker dat hy elke item wat aan hom behoort, bymekaarmaak en inpak. Die woonstel is stil. Constance het die televisie afgeskakel. Sy kruip iewers weg, in die kombuis of in die gastetoilet. Hy sien een van sy truie op die sitkamerbank. Hy vat dit. Die pizza is pers van die wyn wat omgeval het. Sy motorsleutels is in sy baadjiesak. Sy handtas lê op die tafel, bo-op die dakwoonstel se kontrak wat hy nog nie deurgelees het. Hy maak alles bymekaar. Hy gaan staan in die middel van die sitkamer.

"Constance, ek gaan!" Geen antwoord nie. "Ek loop!" Hy loop na die gastetoilet, dis die enigste deur wat toe is. Hy klop aan. "Sien jou môre by die werk."

Sy is besig om Ragel se streke uit te haal en hy is daaraan gewoond.

Hy vat sy tas en loop.

Toe hy die voordeur agter hom sluit, maak die buurman langsaan syne oop.

"Op pad?" vra hy vriendelik.

"Ja," sê hy.

"Besigheid?" vra die buurman.

Stephan is lus om te skree: Hou jou neus uit my sake! Maar hy trek sy rug regop en knik. "Goeienag!"

Die plek is soos 'n klein dorpie en almal is so nuuskierig soos katte. As hy die opsigter-omie nou moet teëkom, is sy aand finaal bederf. Sy tas se wiele maak ook so 'n helse lawaai op die stoep, hy sal nie die oom kan kwalik neem as hy hom voorkeer en aanspreek nie. Daarom tel hy die swaar tas op en dra dit verder. Gelukkig vir hom is die hysbak leeg.

Hy haal sy motor sonder voorval. Hy laai in en ry. Dis laat, sien hy op die motorhorlosie, byna elfuur. Moet hy Ragel dié tyd van die nag bel of wag tot môreoggend vroeg? Maar môreoggend sal hy stiptelik werk toe moet gaan, die kanse is goed dat Constance siekteverlof sal insit. Amir sal nie werk nie, hy was die hele naweek aan diens. Hy sal dus môre die fort moet hou, tensy hy vir Lester op kort kennisgewing in die hande kan kry. Sy skouers pyn, sy maag voel ook nie te wel nie. Hy is so ingedagte, hy ry oor 'n rooi verkeerslig.

Ragel het gebel!

Sy en Teddie sit op haar enkelbedjie en wag. Sy het gebad en hare gewas, die selfoon altyd binne hoorafstand. Dis elfuur en hy het nog nie gebel nie. Slaap hy vanaand vroeg? Is sy selfoon in sy tas, reg vir werk môreoggend? Het hy nie haar SMS gekry nie?

Twaalfuur, dis die laatste.

Sy staan op, stoot haar voete in haar pantoffels en loop kombuis toe. Die mot lê nog in die middel van die tafel. Een van sy vlerkies het afgebreek. Sy tel hom versigtig op, hou hom in die palm van haar hand, arme ding. Sy pote en voelers is so fyntjies, sy oë klein swart speldekoppies. Sy trap op die asblik se pedaal, die deksel gaan oop. Sy gooi die motjie weg en vryf haar hande skoon.

Dan trek sy die laaie oop. Tannie Visser het 'n versameling van skerp messe, maar miskien is haar nuwe kunsvlytmessie nog die beste, sy ken hulle, hulle is vlymskerp.

Toe lui haar selfoon! En hy is in die kamer. Noudat sy hom nie meer saamdra nie, lui hy!

Sy spring uit haar pantoffels en hardloop.

Betyds!

"Hallo."

"Ragel?"

"Stephan?"

"Ek is jammer ek bel so laat."

"Nee, jy bel nie laat nie, jy bel betyds!"

"Is jy op die lughawe, gaan jy oorsee? Wag jy vir 'n vliegtuig?"

"O nee, ek is nog hier. Ek huur 'n huis, en die mense is goed vir my."

"Mevrou Visser se huis?"

"Hoe't jy geweet?"

"Tienie het my gesê, maar ek wou haar nie glo nie. Sy ken die mevrou Visser, dis toevallig dat sy uitgevind het. Ons wou jou kans gee. Ek is 'n slegte mens."

"Ék is sleg, ek het jou 'n onding aangedoen. Ek verlang na jou."

"Ragel, ek was gek."

"Ons het baie om reg te maak."

"Luister, ek moet môre werk, maar ek kom. Ek sal 'n aflos kry, dan ry ek. Moenie jy ry nie, die paaie is gevaarlik."

"Ek kan nie, hier is te veel om te doen. Ek sal 'n paar maande moet bly om alles klaar te kry."

"Kom jy nie huis toe nie?"

"Nie nou al nie."

"Ek sien. Het jy … ? Is dit Anke?"

"Nee, dis ek. Ek het tyd nodig."

"Ek verstaan."

"Dankie, Stephan."

Teen dié tyd huil sy so, sy kan nie meer praat nie. Dis net so moeilik vir hom. Sy kan hoor hy kry skaars sy woorde uit.

"Tot … siens, Ragel. Jy hoor van my, ek belowe. Slaap … lekker."

"Jy … ook."

Toe sy die selfoon neersit, daal vrede op haar. Dit het begin, die lang herstel. Dit het dae gelede al begin, nou kry dit spoed.

"Here, ek kon dood gewees," sê sy saggies. "Maar miskien het U vir my werk?"

Nege en twintig

Dis gedoen, sy het hom gebel en hy het teruggebel. Hulle het gepraat, soos lank gelede, gewoon – sonder bedekte agendas. Hoewel, Stephan weet nog nie wat sy beoog nie. Sy is self onseker.

Sy slaap rustig en staan vroeg op. Dis skoonmaakdag. Sy verwag Valery en Trevor enige oomblik, maar sy wil gaan stap, 'n ver ent om oefening te kry en fiks te word. As sy terugkom, wil sy die haarkapper bel en hoor of sy vandag werk. Sy moet iets met haar hare doen, hulle is pap en vaal. Dalk het die haarkapper, dié Marta, 'n kleursjampoe. Ciska se grys hare lyk juis of dit getint is.

Ragel het lanklaas rede gehad om haar op te knap, maar sy wil beter lyk vir Stephan.

Sy maak koffie, vat vir haar twee van Rosie se beskuite en gaan sit in die sitkamer. Is dit te vroeg om Tienie te bel? Sy glo nie, Tienie is een van daardie mense wat haar hele lewe lank halfses in die oggend opstaan. Maar sy doen eers Bybelstudie, en dan sal sy nie die telefoon beantwoord nie. Anke se huis is dié tyd van die oggend in 'n warboel, want Larissa en Ethan moet reggekry word vir skool en die baba is wakker. Sy sal Anke ook later bel.

Die Bybel wat sy Sondag wou saamgeneem het kerk toe, lê nog op die koffietafel. Sy sit haar beker neer en trek dit nader. Vreemd dat die Visser-tannie dit hier gelos het. Het sy geweet iemand sal dit nodig kry? Sy het dit vandag nodig. Sy wil Bybel lees, sy wil hoor wat God vir haar sê. Hoe begin sy, waar begin sy? By Rut wat sy vir Ciska moet voorlees, by Hanna en Elkana oor wie Johan Sondag gepreek het? Sy blaai deur die boeke Rut en Samuel, haar blik val op 'n opskrif: *Hanna se ander kinders.* 1 Samuel 2:18.

Sy lees van Samuel wat as kind in die tempel gewerk het en 'n linneskouerkleed gedra het. Sy moeder het elke jaar vir hom 'n manteltjie gemaak en dit vir hom gebring wanneer sy en haar man die jaarlikse offers gebring het.

In vers 20 staan: *Dan het Eli vir Elkana en sy vrou geseën en gesê: "Mag die Here jou uit hierdie vrou 'n nageslag gee in die plek van die seun wat van die Here afgesmeek is."* In vers 21 staan: *Die Here het Hom oor Hanna ontferm, en sy het swanger geword en nog drie seuns en twee dogters gehad.*

Ragel gee 'n laggie – hoekom hierdie gedeeltes? Sy sal nie weer swanger raak nie, die laaste keer was dit ná mediese ingryping en aanhoudende gebede. Hanna was waarskynlik baie jonger as veertig om nog drie seuns en twee dogters te kon baar, en Hanna was 'n beter mens as sy. Sy het die kind wat sy met soveel trane afgesmeek het, vrywillig teruggegee. Sy en Stephan het Frankie ook van die Here afgebid en hulle moes hom ook vir die Here teruggee, maar nie soos Hanna en Elkana nie. Is dit haar trooswoord dié? Kan sy en Stephan nog 'n kindjie in die wêreld bring? Sy glo nie sy sal so voorbarig wees om te vra nie, sy wat met die Here gestry het. Sy moet eers vrede maak.

"Ag, Here, ek het gesondig, ek het u ingryping in ons lewe nie aanvaar nie. Ek verstaan dit nie, maar ek besef ek is nie die enigste Ragel wat treur nie. Ek het gedink ek is alleen met my pyn. Ek het vir Stephan wat ek so liefhet, blameer. Ek het U beskuldig. Hoe kan ek dit omkeer?"

Ragel lig haar kop, sy luister fyn.

Maar daar is geen antwoord nie.

Dan maak sy die Bybel toe, eet haar beskuit en drink haar koffie.

Geduldig wees, het ouma Ragie altyd gesê. Die Here het sy eie tyd.

Dis kwart oor ses. Sy het Bybelstudie gedoen en gebid. Beteken dit dat sy weer glo?

Teen dié tyd gooi Tienie haar stoepplante nat en sit saad vir die tuinvoëls uit. Dalk hoor sy die huisfoon, dalk kom sy betyds. Ragel soek haar naam en nommer, sy kies die huisnommer. Die telefoon lui en lui, dit lui so lank dat Ragel amper wil moed opgee. Toe word dit skielik opgetel en Tienie antwoord uitasem.

"Mevrou Brodie hier, goeiemôre!"

"Môre, mevrou Brodie."

"Ragel? Is dit jy, Ragel!"

"Dis ek, en ek's oukei. Hoe gaan dit met jou?"

"Baie goed, noudat ek van jou gehoor het. Is jy nog in mevrou Visser se plek?"

"Ek't gisteraand met Stephan gepraat, toe't hy gesê jy weet."

"Ons wou jou kans gee, maar ek moet jou sê ek was van plan om Stephan in die rug te steek en jou te kom soek. Tannie Visser het my darem op hoogte gehou. Daar is glo 'n baie oulike predikantspaar daar."

"Emma en Johan, ja. Hulle het my onder hulle vlerke geneem. Hulle het my so versigtig hanteer. Ek was gister in die kerk."

"Ek is bly. Ek het so hard vir jou gebid – vir Stephan ook."

"Hy het dit nodiger as ek."

Tienie huiwer 'n oomblik. "Ons kan nie alles oor die telefoon be-spreek nie. Ek gaan dadelik my tassie pak, my motor vol petrol tap en reguit na jou toe ry – as jy nie omgee nie. Ek hoor die blomme is uit."

"Ja, en dis pragtig, selfs die dorp se sypaadjies blom, jy moet kom."

"Het jy en Stephan iets afgespreek?"

"Hy sal vandag bel."

"Ek sal ook met hom reël. Is daar iets wat ek kan saambring?"

"Nie juis nie, hier is alles. Ons het 'n baie bekwame bakker, elke dag vars brood en koek as jy wil gewig aansit."

"Jy het dit nodig, nie ek nie!" Tienie lag, maar dan raak sy weer ernstig. "Jy klink weer so baie soos die ou Ragel."

"Ek is nog nie daar nie, maar ek teken, ek gee kunsklas vir kinders. Emma het my in die werk gesteek. Dinsdag en Vrydag gaan lees ek vir 'n vrou wat blind word. Ek wil hê jy moet haar ontmoet."

Ragel praat vinnig, want sy dink sy hoor Valery en Trewwie buite.

"Is dit Ciska Swanepoel?"

"Hoe weet jy?"

"Ek kuier by tannie Visser. Jy is op die regte plek, Ragel. Die Here het jou met 'n ompad terug na ons toe gebring. Ek is so dankbaar."

Hulle klop aan die agterdeur, nogal ongeduldig.

"Die skoonmaakvrou is hier, ek moet gaan. Bel my voor jy ry."

"Ek sal, totsiens!"

Ragel vat die selfoon saam kombuis toe. Sy voel of sy sweef, sy voel onwerklik.

Stephan kon nie sover kom om in die dubbelbed te slaap nie, hy slaap in die vrykamer waar hy hom noodgedwonge die afgelope tyd tuisgemaak het. Die huis is stil en leeg, soos 'n grot, koud en klam. Toe hy wakker word, verwag hy om druppende water te hoor, maar hy hoor voëltjies sing en sien deur die venster 'n geelvink hang aan 'n wingerdtak van die patioprieel. Die vink is fluks besig om nes te bou terwyl die wyfietjie hom 'n ent verder sit en dophou. Die wingerdblare is oop in sagte groen. Lente is hier. Dis blomtyd al langs die Weskus tot bo in Namakwaland en Ragel wag.

Maar, Here, hoe kan ek dit waag?

Stephan skrik toe hy besef dat hy bid, dat hy met die Here praat, die God wat hy maande al blameer vir die ongeluk in sy huis, vir sy kind wat dood is en sy vrou wat weg is. Hy waag dit om met Hom te praat, terwyl hy ontrou was. Dis so erg soos om voor ontbyt 'n stywe dop te sluk. Ongelukkig weet hy nie waar om vanoggend krag te kry nie. In die verlede was dit by Hom, by God, nou sit hy iewers in die middel tussen die boom en die bas – tussen Constance en Ragel. Tienie is op pad soontoe, sy het gebel om te sê. Sy weet nie van hom en Constance nie – altans, hy hoop nie so nie. Maar hy gaan dit nie waag om Anke te bel nie. Sy sal wel self te voorskyn kom en, soos hy haar ken, hom reg van voor af aanval.

Hy sit op die rand van die bed. Sy skouers is seer, dit voel asof hy die hele wêreld se skuld op sy rug dra. Wat het hom besiel om Constance te betrek? Maar hy wag al sewe maande vir Ragel om tot inkeer te kom, hom raak te sien, net iets te doen. Hy was geduldig, tot sy hom die finale nekslag toegedien het, en hom gewys het sy het hom nie meer nodig nie. Skaars sewe dae toe keer hy sy lewe om, gaan kruip in by 'n ander vrou – en daar is moeilikheid op pad. Hoe kan hy van Ragel verwag om hom vir een oortreding te vergewe as hy willens en wetens 'n ander een begaan het? 'n Geheim sal dit nie kan bly nie, dis te groot, te moeilik selfs om homself te vergewe.

Hy sal Ragel moet vertel, hy sal by haar voete moet sit en haar smeek om hom terug te neem. Vreemd, hy het Constance gisteraand gemis.

Miskien kom sy werk, miskien kry hulle kans om te praat. Nie by die apteek nie. Daar is te veel oë en ore. Maar hy moet prakties dink, reëlings tref om verlof te neem, iemand kry om vir hom waar te neem, vir Lester bel voor hy vanoggend hier uitstap, of die apteek maar aan Amir oorlaat.

Eers stort en aantrek, skeer en ontbyt eet. Hy maak hawermoutpap in die mikrogolfoond en tel net sy selfoon op om Lester te bel toe die foon in sy hand lui. Dis Constance!

"Ek staan voor jou hek, kan jy oopmaak?"

"Ekskuus?"

"Mag ek inkom? Dit sal nie lank wees nie."

Sy sleutels lê langs die koffiebeker. Hy druk die elektroniese sleutel en haal vir haar ook 'n beker uit. Dan maak hy die garagedeur aan Ragel se kant oop en gaan wag in die binnedeur van die kombuis. Sy ry nie tot in die garage nie, sy stop in die oprit en klim uit. Sy is gemaklik aangetrek in 'n paar stywe jeans en 'n goudgeel T-hemp. Haar hare is in 'n poniestert en sy dra haar donkerbril met die pers raam, skoene met wighakke. Dis duidelik sy is nie op pad werk toe nie.

"Hoekom trek jy nie in nie?"

"Omdat ek nie in die geheim gekom het nie."

Hy hou die deur wyd oop.

"Ek maak vir jou koffie."

"Ek het nie tyd vir koffie nie." Sy haal 'n koevert uit haar skouersak. "Hier is my bedanking met vier en twintig uur kennis."

Dis drasties. Hy het nooit gedink sy sal so maak nie.

"Jy dros mos nou, Constance."

"Ons kan die tegniese goed later uitsorteer. Ek moet weggaan, ek kan nie bly nie."

"Waarheen gaan jy?"

"Vra jy vir my?"

"Wel, jy is my vennoot, enigiets kan gebeur."

"Ek sal met jou kommunikeer deur my prokureur."

"So, alles is verby."

"Ek was 'n gek, ek moes nooit toegelaat het dat ons verhouding ontaard nie."

"Jy laat dit klink soos ... soos misdaad."

"Ons is skuldig. Ek is."

"Dit vat twee ..."

"Jy en Ragel is nog getroud en ... die onmoontlike het ... gebeur." Haar stem breek, sy bly 'n ruk stil, trap rond, pers haar lippe op mekaar. Die deernis wat hy vir haar voel, raak so oorweldigend, hy wil haar troos, haar vashou al kyk die bure ook tot hul oë uitval. Maar sy tree agteruit, weg van hom. "Wat sê Ragel?"

"Sy sê sy is beter, nog nie reg nie, maar sy's tussen goeie mense en sy's veilig. Sy besef sy was onregverdig, sy wil regmaak. Sy verlang."

"Goed, julle hoort saam." Toe gee Constance 'n tree vorentoe en soen Stephan vlugtig. "Ek is lief vir jou, van altyd af. En ... ek is op die pil, jy hoef jou nie te bekommer nie. Ek was sommer weer aaklig omdat ek simpel is – jammer, Stephan."

Sy draai om en maak die motordeur oop. Hy kan haar nie so sien gaan nie. Twee vroue vir een man is wettig in sommige kulture. Hoekom moet hy hom aan bande laat lê? Hy gryp die deur en hou dit oop.

"Moenie gaan nie. Asseblief, ons kan dit uitwerk."

Sy kyk nie vir hom nie, maar sukkel met die sleutel. Hy kan sien sy huil, trane loop onder haar donkerbril oor haar wange.

"Jy was goed vir my, Constance."

"Ja," sê sy sag en skakel die motor aan.

Sy wag skaars vir hom om die deur toe te maak voor sy wegtrek en ry.

Ragel wou nog haar kunswerke oppak en wegsteek, maar Valery is vanoggend te vroeg en nou staan hulle alles en deurblaai.

"Maar dis mos Bakker en Tienke, en kyk vir mevrou Swanepoel! Grênd, hè? En jy? Kyk hierso vir jou!"

Ragel het klein Trevor se portret in pastel gedoen. Sy is nog nie klaar nie. Maar wat sy reeds daar het, is so lewensgetrou sy is self verbaas noudat sy die kind in die oë kan kyk. Sy het die verwondering waarmee hy die wêreld aanskou, goed vasgevang.

Valery hou die portret voor hom.

"Kyk vir jouself in die spieël, dis mos jy."

Hy kyk, en 'n skamerige glimlaggie speel om sy mondhoeke.

Wat gaan in sy kop aan? wonder Ragel. Maar sy sal hom nie vra nie.

"Ek sien jy moet nog hier inkleur," sê Valery en wys na die onderste regterkantste hoek waar Ragel altyd haar pastelwerke voltooi.

"Ja, sy hempie."

Valery hou die portret in die lug. "O, ek sal so graag die een wil kry om in ons voorkamer op te hang. Bakker kan raam, hy raam al die skool se sertifikate."

Bakker kan raam, maar Ragel sal hom moet wys hoe hanteer 'n mens pastel.

"Gee vir my dié een," vra Valery nou skaamteloos.

Dit sal jou vyftig duisend rand kos, wil Ragel sê. Maar Valery sal dink sy maak 'n grap.

"Ek werk nog," keer sy.

"As jy klaar is, asseblief, ek wil hom hou."

"Ek kan nie vir almal weggee nie. As ek vir een gee moet ek vir almal."

"Ek sien, dan koop ek hom. Die kind is darem so mooi."

Trewwie raak verleë, hy gaan staan met sy rug na hulle en blaai stadig deur die res van die sketse.

"Dis duur, kuns soos hierdie is duur."

"Trewwie sal ook eendag so teken, ek weet. Dan gaan hy weg en vergeet van ons, van sy antie Valery en van sy antie Rosie. Miskien sal hy terugkom en ons kom teken as ons oud is. Hy is slim, hy kan nie hier bly nie. Dominee en mevrou praat lankal van weggaan, dan kom hy net skoolvakansies en Krismis soos die ryk mense se kinders. Ek sal hom mis, hy speel mos nie met ander kinders nie, net party-keer. Volgende jaar gaan hy skool toe, dan neem die skoolfotograaf sy klasfoto. Hy neem so vinnig en die kamera sien nie wat jy sien nie, mevrou. Jy kyk reg in sy hart, jy verstaan hom. Ek sal dié een koop, al moet ek afbetaal."

"Nee, dis 'n geskenk," besluit Ragel. "Ek sal my naam teken en dit laat raam ook. Sê vir die ander dis omdat jy so hard gewerk het, dis jou Krismisboks, ek gee dit vooruit. Die ander portrette is vir 'n groot uitstalling, miskien in die Kaap. Jy is reg, Valery, Trevor het 'n wonderlike toekoms, ons moenie dat dit by hom verbygaan nie."

"Ja," beaam Valery, "ons moenie."

Ragel haal die sak met Trewwie se tekenboek en vetkryt en inkleurboek agter die broodblik uit. Sy gee dit vir hom. "Dis joune," sê sy, "jy weet mos hoe om in te kleur. Maak vir my mooi prentjies, dan wys ek jou anderdag hoe werk pastel. Vanoggend is ek besig, ek gaan haarkapper toe."

Inderdaad, sy moet nou dadelik 'n afspraak maak. Tienie sal teen vanaand hier wees en sy wil goed lyk voor Stephan ook opdaag. Sy haas haar kamer toe en bel die nommer wat Ciska haar gegee het.

"Marta hier!" antwoord 'n vrolike stem.

Ragel verduidelik wie sy is, wat sy gedoen wil hê en waar sy die nommer gekry het.

"O, ja!" roep Marta uit. "Jy's die kunstenaar wat by mevrou Visser huur. Kom gerus, ek is in Leipoldtstraat 15. Sal tienuur goed wees?"

"Dankie, dis perfek."

"Het jy gehoor?" vra Marta net voor sy wil aflui.

"Nee, wat?"

"Deon en Gunther is hier!"

"Deon en Gunther?"

"Die Swanepoel-seuns."

"Ciska en oom Swanie se seuns?"

"Ja, hulle. Glo gisteraand laat gekom, en Deon is verloof aan 'n pragtige meisie van Pretoria wat hy in Bahrein ontmoet het, kan jy glo?"

"Dis wonderlik, dis net wat Ciska wou hê."

"Dis waarvoor sy gebid het, waarvoor ons almal gebid het. Nou moet haar voet ook net gesond word. Ek hoor jy lees vir haar. Sy is 'n besondere mens, is sy nie?"

"Ja, sy is. Dankie dat jy my gesê het van Deon en Gunther."

"My plesier, sien jou tienuur."

Ragel sit haar selfoon neer en glimlag. Dis groot nuus van Ciska se seuns, en nuus trek vinnig op die dorp. Net Emma weet van Frankie en Emma het duidelik nie gepraat nie.

Daarvoor is sy baie dankbaar. Sy kan Emma bel en sê Stephan is op pad, maar teen dié tyd is Emma by Ciska om haar voet te verbind. Direk daarna loop sy kliniek toe om nog wonde te dokter en nog trane af te droog, haar eie kommer diep in haar hart weggesteek.

Sommige mense is gebore om liefde te gee, ander om te ontvang, het ouma Ragie altyd gesê.

Ragel wil stadig by die Swanepoels se huis verbystap haarkapper toe. Miskien nooi hulle haar om in hul vreugde te deel. Maar eers deursoek sy haar handsak en haar tas en kry nog drie pakkies sigarette. Sy maak hulle bymekaar en vat ook die halwe pakkie op haar bedkassie saam kombuis toe vir Valery.

Sy sal vanmiddag aan tafel met Johan praat oor vergifnis. Sy het raad nodig van iemand wat God ken. Sy het God nodig, nie om Hom te verwyt nie, maar om weer by Hom te skuil. Hy wat verlore seuns teruggee.